A guerra dos conglomerados globais de mineração pela conquista da Carajás africana

O MAPA DA MINA

André Guilherme Delgado Vieira

KOTTER
EDITORIAL

CB061127

Copyright ©André Guilherme Delgado Vieira, 2020

Direitos reservados e protegidos pela lei 9.610 de 19.02.1998. É proibida a reprodução total ou parcial sem autorização, por escrito, da editora.

Coordenação editorial: Sálvio Nienkötter
Editora-executiva: Francieli Cunico
Editor-adjunto: Raul K. Souza
Editor-assistente: Daniel Osiecki
Produção: Cristiane Nienkötter
Projeto gráfico: Carlos Garcia Fernandes
Preparação de originais e revisão: o Autor

Dados Internacionais de Catalogação na Publicação (CIP)
Angelica Ilacqua CRB-8/7057

Vieira, André Guilherme Delgado
  O Mapa da mina / André Guilherme Delgado Vieira. -- Curitiba : Kotter Editorial, 2020.
  272 p.

  Apêndice
  Bibliografia
  ISBN 978-65-86526-84-4

  1. Ferro - Minas e mineração - Aspectos econômicos 2 Ferro - Minas e mineração - Aspectos políticos 3. Simandou (Guiné) - Minas de ferro - Investigação jornalística I. Título

                                    CDD 553.30966.52
  20-4500

Kotter Editorial Ltda.
Rua das Cerejeiras, 194
CEP: 82700-510 - Curitiba - PR
Tel. + 55(41) 3585-5161
www.kotter.com.br | contato@kotter.com.br

Feito o depósito legal
1ª Edição
2020

O MAPA DA MINA

A guerra dos conglomerados globais de mineração pela conquista da Carajás africana

André Guilherme Delgado Vieira

Prefácio do autor

A história da guerra de corporações pela doação ou aquisição das licenças para exploração de Simandou, a maior mina de ferro do planeta, tem me interessado desde que comecei a tomar conhecimento do assunto, no final de 2018, quando a disputa arbitral fervilhava em Londres. Desde então venho acumulando e concatenando informações a respeito. Vejo ali uma sinédoque, ou seja, um modelo pelo qual se entende em grande parte toda a máquina do universo das grandes corporações, um ambiente em guerra permanente, em que as regras, na maioria das vezes, é que são a verdadeira exceção.

Não bastasse o interesse pessoal que me moveu a escrever sobre ele, que emerge da inquietação jornalística que me é inata, trata-se de um assunto por si só suficientemente interessante para que o tema fosse aprofundado em um livro, um suporte no qual se pode descer da superficialidade das manchetes, da urgência das notícias, para mergulhar nos eventos de que dispomos e nas minúcias que julguei necessárias para a composição de um raio-x honesto e verdadeiro. Sempre entendi que a riqueza está nos detalhes, imprescindíveis para entender o jogo nos meandros que importam, aqueles que os grandes jogadores omitem.

Para além do mundo frio das corporações e dos negócios escusos, a análise desta trama internacional nos permite vislumbrar também a alma humana, não somente, mas notadamente no que ela tem de mais primitivo, mais predador. Isso por meio de uma perspectiva analítica de aspectos de personalidade, caráter, desejos e anseios dos personagens retratados nesta intrincada história de poder. Ainda que muito do que aqui esteja relatado tenha sido extraído de processos judiciais e ações arbitrais que tramitam em tribunais mundo afora, da sucessão de batalhas travadas em buscado Eldorado africano de ferro, permite vislumbres das mentes e corações dos homens de negócios envolvidos na trama.

Por mais que esses embates digam respeito a estratégias de corporações e conglomerados empresariais com poderio econômico multiplamente maior do que a soma do PIB do continente africano inteiro, eles descortinam o modo de pensar e agir de altos executivos brasileiros e europeus. Estes últimos, aliás, importa destacar, acumularam conhecimento e até fortunas, além de implementarem seu desenvolvimento social e tecnológico ao longo dos séculos, à custa de nações estrangeiras, seja da velha África, do Oriente, ou das nossas, que compõem o chamado Novo Mundo.

Só o trabalho gera riqueza e, se o europeu de hoje tem muito trabalhando pouco, é porque em algum lugar tem alguém trabalhando muito e tendo pouco. A África cedeu escravos para trabalhar em colônias de europeus e depois foi ela mesma por eles colonizada, à força.

Os tempos mudaram, e a riqueza produzida por africanos hoje, bem como a exploração de suas riquezas naturais, são controladas de forma indireta, por meio da desestabilização política, tramada muito longe do continente africano - como se verá inteiramente pelo menos um caso nas páginas deste livro.

Para muito além do meu interesse pessoal e, por assim dizer, filosófico nesses eventos, tratar de uma reserva de minério de ferro de valor bilionário e que pode ser decisiva para determinar a quem caberá o verdadeiro monopólio de extração e produção desse mineral, sem dúvida alguma é um assunto de indiscutível interesse público internacional e que merece ser abordado pelo viés da pesquisa, do levantamento factual propositadamente profundo e do comprometimento jornalístico. Isso interessa a todos, tanto mais a nós, brasileiros, que temos imensas reservas e uma das maiores mineradoras do mundo, a Vale.

SUMÁRIO

I.	A CATÁSTROFE DO FERRO	9
II.	'CARAMBA, É TUDO FERRO'	27
III.	"UMA MORDIDA NO SIMANDOU"	41
IV.	A CORTE MÍSTICA DE LANSANA CONTÉ	61
V.	PROJETO VENEZIA	77
VI.	DADIS SHOW	89
VII.	7 OLD PARK LANE, MAYFAIR, LONDON	99
VIII.	"MIERDA POR MIERDA"	111
IX.	"ENTÃO, A MÁQUINA FOI POSTA PARA FUNCIONAR"	127
X.	"ALPHA CONDE PAID"	141
XI.	O JOGADOR	147
XII.	LULA: "ESSE CARA É LOUCO"	161
XIII.	GUINEA PIG	171
XIV.	HORTON E O MUNDO DOS QUEM	183
XV.	"VAMOS TENTAR INICIAR O DIVÓRCIO"	201
XVI.	AS MANDINGAS DE MAMADIE	211
XVII.	"WOW!!!!"	221
XVIII.	"TALVEZ, EU TENHA AIDS, OK?"	231
XIX.	A MALDIÇÃO DE SIMANDOU	249
	APÊNDICE	261
	REFERÊNCIAS	269

I. A CATÁSTROFE DO FERRO

O que os seres humanos chamam de mundo começou pequeno. Uma nebulosa gelada de gases e partículas se contraiu gradualmente em torno de um ponto. Entre 4,7 bilhões e 4,6 bilhões de anos começou a produzir gravidade e atrair massas de gelo e rocha chamadas planetesimais, que colidiam entre si, fundiam-se e ganhavam proporção. Havia mais de uma centena desses corpos celestes, cujas origens remetem ao início do sistema solar, de acordo com a linha prevalente entre as hipóteses científicas. Alguns tinham poucos quilômetros de extensão. Outros eram gigantescos como Júpiter. Todos acabaram sendo absorvidos pelos quatro primeiros planetas do Sistema Solar. Menos bem-sucedidos, Mercúrio e Marte ficaram com dimensões acanhadas. Vênus conquistou o segundo lugar. A Terra tornou-se o maior entre os planetas rochosos do nosso sistema solar. Converteu-se em uma espécie de imã para meteoritos, que a povoaram com grandes quantidades de elementos químicos, como o oxigênio e minerais como o ferro. Este último será o nosso protagonista.

    O ferro é um dos elementos mais abundantes no mundo natural. Por essa razão, acaba sendo menosprezado na nossa escala de valores, que confere nobreza ao que é raro. Ainda assim, o ferro empresta o nome a eventos primordiais para a humanidade. Durante o período de formação da Terra, o metal afundou na crosta, fundiu-se e concentrou-se no interior do planeta. O núcleo da Terra foi forjado nesse movimento, que alguns cientistas chamam de a Catástrofe do Ferro. O metal é o principal componente do núcleo, cuja parte interna é sólida, constituída basicamente por níquel e ferro. O centro da Terra está para algo como uma enorme esfera de ferro envolvida por camada de rochas em estado líquido. Nas profundezas, com temperaturas que chegam a 6 mil graus, os metais em ponto de fusão movimentam-se e geram correntes elétricas que provocam o campo magnético – que garante condições para que haja vida como a conhecemos. Devemos ao ferro, portanto, nossa existência e a de tudo o que nos rodeia. Desse ponto de vista, não seria absurdo pensar que, em vez de Terra, nosso planeta poderia se chamar Ferro, o metal desprezado pela humanidade.

Desde o século XIX, os cientistas sociais usam a expressão Idade do Ferro para designar a última fase da pré-história. É a etapa na qual as sociedades descobrem os processos de extração, fusão e forja do metal em armas e outros artefatos. Às vésperas da Antiguidade, a posse dessas tecnologias determinou se os povos conquistariam ou seriam subjugados por seus adversários. Para as primeiras civilizações, significou a diferença entre o domínio e a escravidão, entre a fartura e a morte. As armas de ferro permitiram que pequenos grupos de europeus submetessem exércitos inteiros dos impérios pré-colombianos e que conquistassem a África e a Oceania. Séculos depois, foram fabricadas as máquinas que iniciaram a Revolução Industrial e deram forma atual à sociedade.

Não há vida sem ferro. O mesmo metal que ingerimos para evitar a anemia é minerado hoje em mais cinquenta países. Constitui a maioria das coisas que nos cerca. São ínfimas as possibilidades de algo processado pelo homem moderno não ter ferro em sua composição ou de não ter tido contato com ele durante seu processo de produção. Talvez por isso pareça ser irresistível narrar os fatos que compõem este livro fazendo aqui e acolá paralelos com a sociedade da Idade do Ferro. De alguma forma, o domínio do metal ainda diferencia os que mandam no mundo daqueles que obedecem.

Os episódios descritos a seguir tratam da competição pelo domínio da produção de ferro em escala global. Fundam-se em reservas de minério que movimentam as economias dos principais países mais ricos e poderosos. O metal, ainda que esteja soterrado, é a faceta mais visível da epopeia que envolveu ao longo do último quarto de século chefes de estado de pelo menos quatro países, os mais famosos magnatas do sistema financeiro internacional, as maiores mineradoras em atividade e, como não poderia deixar de ser, um exército de pobres em países de renda baixa, onde, em geral, se encontram as grandes jazidas. Os casos são extraordinários por si só, mas também revelam muito sobre as entranhas da forma como os negócios são conduzidos no mundo contemporâneo.

Desenrolam-se como capítulos de uma guerra. O objetivo é o controle do mercado mundial de minério de ferro. O butim é o domínio sobre a maior reserva não explorada conhecida, Simandou, localizada nas montanhas da República da Guiné, na África Ocidental. De um lado, estão as gigantescas mineradoras australianas BHP Billiton e Rio Tinto. Do outro, a Vale, orgulho brasileiro, no auge de sua excelência e sucesso empresarial. O teatro de operações começa na selva e na ilha do Atlântico que abriga Conacri, a capital da Guiné. Rapidamente se desloca para gabinetes, mansões, hotéis e restaurantes estrelados no Rio de Janeiro, em Sydney, Johanesburgo, Cidade do Cabo, Nova York, Londres e Paris.

Os lances decisivos incluem cenas de golpes de estado e tentativas de assassinato de ditadores, um deles baleado na cabeça pelo chefe de sua própria segurança. Não faltam denúncias de corrupção, fugas espetaculares, delações premiadas, prisões, espionagem, quebras financeiras, rituais de vodu e bruxaria. Os conflitos não terminam mesmo depois que a guerra é vencida. É quando entram em cena então os maiores escritórios de advocacia do mundo em processos que se arrastam em tribunais de justiça e cortes extrajudiciais em Londres, Nova York, Genebra e no Rio de Janeiro. A partir de então, os advogados fazem uma verdadeira necropsia do conflito. Usando as versões de seus clientes como ponto de partida, começam a recompor os fatos e a lhes conferir um sentido que escapou da cobertura da imprensa brasileira.

As batalhas nos tribunais foram mantidas em segredo por uma década inteira. Ao longo de 2020, enquanto a pandemia da Covid-19 mantinha grande parte da população em isolamento, as disputas chegaram a um ponto em que o teor dos processos não pôde mais ser ocultado. O sigilo foi levantado em muitas ações, tornadas públicas a partir de decisões dos tribunais americanos. O que antes se via apenas como uma imagem, agora pode ser assistido como a um filme. No caso, um thriller de espionagem.

Os documentos permitem contar de forma fidedigna e segura como o já lendário ex-presidente da Vale Roger Agnelli conduziu a empresa a um patamar espantoso, com o qual os brasileiros não poderiam sonhar uma década antes. Agora é possível entender com clareza o que Agnelli fez para instalar na Guiné uma operação semelhante à de Carajás, reserva que transformou a Vale na segunda maior mineradora do planeta. E por que Agnelli contou com o apoio integral do ex-presidente Luiz Inácio Lula da Silva, seu parceiro na luta para que a Vale se tornasse um gigante africano a partir de Simandou.

Trata-se do retrato de uma era e de um sonho. Lula e Agnelli compartilharam a mesma fantasia de Brasil grande. Ambos almejaram um assento na mesa em que se tomam as decisões realmente importantes no mundo. Tanto um como o outro foram movidos pelo desejo de serem contados entre os que ditam as regras. Lula na Presidência da República e Agnelli na direção da Vale ambicionaram dar ao Brasil uma fatia de hegemonia. A África surgiu como um palco sobre o qual poderiam estender os seus domínios.

Como costuma acontecer, a realidade não cabe em uma moldura ideológica e as criaturas lutam para ter vida própria além dos seus criadores. Lula escolheu e elegeu Dilma Rousseff para a presidência do Brasil, mas sua herdeira rapidamente abandonou o rumo que ele havia traçado. Tão logo assumiu o cargo, a nova presidente voltou sua artilharia contra Roger Agnelli. Primeiro general a perder o posto na guerra por Simandou, ele resistiu poucos meses no cargo.

Acabou substituído em 2011 por Murilo Ferreira, um alto executivo da Vale que no passado Agnelli relegara ao ostracismo.

Longe do centro de decisões, Lula e Agnelli só puderam observar a empresa abandonar os projetos africanos. Dilma Rousseff jamais conferiu às relações internacionais a importância que Lula lhes atribuía. O desejo de ser um ator global levou Lula à África, a fazer concessões econômicas e investimentos governamentais questionáveis em países latino-americanos e mesmo a tentar mediar os conflitos entre os Estados Unidos e o Irã em torno do enriquecimento do urânio.

A audácia de Agnelli e de seu projeto na Guiné casava com o ideário de Lula como um terno confeccionado sob medida. Não era apenas a ousadia que os unia. Havia muita semelhança em seus temperamentos. Tanto Lula quanto Agnelli eram personalidades extrovertidas comunicativas e gregárias. Sedutor e autoconfiante, Lula liderou greves, fundou frentes sindicais, um partido que chegou a ser o maior do país, se elegeu presidente duas vezes, emplacou e reconduziu sua sucessora. Na escala mais modesta do mundo corporativo, Agnelli fez algo semelhante no Bradesco, sua casa de origem, e na Vale. Como é presumível, Lula e Agnelli desenvolveram uma estreita relação pessoal, que, vez ou outra, era definida por seus amigos como fraternal ou até mesmo paternal.

Dilma Rousseff nunca teve vestido para dançar nesse salão. Não dava a mínima para relações internacionais e não tinha nenhuma paciência com os maneirismos típicos dos diplomatas. Em seus dois governos, dirigiu suas preocupações ao front interno. Gastar energia com uma operação africana jamais esteve em seus planos. A presidente conhecia em detalhes a construção da Ferrovia de Integração Oeste-Leste (FIOL) e da Transnordestina, mas não perderia tempo matutando em como pôr de pé algo equivalente do outro lado do Atlântico.

Lula se dispôs a correr riscos para expandir a área de influência do Brasil e valorizar sua imagem de líder global. Não hesitou em fazê-lo, mesmo que tivesse de pagar o preço de posar para fotos ao lado dos mais cruéis autocratas africanos – muitos dos quais genocidas contumazes. Esse universo da realpolitik nunca foi o ambiente onde Dilma Rousseff se sentisse realmente confortável. A ex-presidente, que não contabiliza a covardia entre seus defeitos, mais de uma vez manqueteou em ocasiões que exigiam o uso das armas que o poder lhe conferia. No caso da Guiné, entre a intrepidez e a aversão ao risco, ficou com segunda alternativa. Substituir o arrojado Agnelli pelo ortodoxo Murilo Ferreira foi a saída perfeita.

O Brasil quis se sentar à mesa principal, perto do piano de cauda. Mas teve de se contentar com uma bancada a látere, fora do alcance da ribalta. As travessuras da fortuna ainda reservariam destinos trágicos aos arquitetos do sonho africano. Agnelli morreu com toda a família em um desastre de avião. Lula foi condenado por corrupção e lavagem de dinheiro relacionadas ao escândalo da Petrobras e acabou encarcerado por causa do relacionamento que manteve com as grandes empresas do país. Com a dupla de ataque no banco de reserva e o time na retranca, os adversários dominaram a partida. Os processos em Londres, Nova York, Genebra e no Rio mostram quem tomou o lugar do Brasil e de que modo isso ocorreu. Permitem vislumbrar o jogo dos atores principais, todos nomes estelares do cenário das finanças, dos negócios e da política internacional.

Os autos revelam como George Soros, supercelebridade do mundo das finanças, conquistou influência no atual governo da Guiné e o que ele fez para implodir os planos da Vale. Judeu de origem húngara, Soros conquistou assento cativo no Panteão do capitalismo ao encurralar o Banco Central da Inglaterra com uma aposta especulativa que lhe rendeu nada menos que 1 bilhão de dólares. Referência entre os líderes liberais globais, contou com o apoio do ex-primeiro-ministro britânico Tony Blair em sua incursão na Guiné. Numa disputa fratricida, encurralou e levou à lona Benjamin Steinmetz, que já foi considerado o maior empresário de

Israel, um conservador que tinha o respaldo do então presidente da França, Nicolas Sarkozy.

Os processos oferecem uma perspectiva rica em detalhes e permitem que a história seja contada como ocorreu. Ou, pelo menos, como os seus personagens alegam nas cortes que ela aconteceu. Autorizam a descrição dos episódios em primeira pessoa, de acordo com os depoimentos, e-mails e outros tipos de correspondência fartamente inseridos nos autos. Amparam o trabalho jornalístico em provas documentais. No fim, descortinam os bastidores mais controversos do mundo dos negócios.

Antes de mergulhar nos relatos dos documentos e nas entranhas da disputa por Simandou, é preciso ter claro o panorama da indústria que esteve em jogo. Só é possível ter a exata compreensão do caso ao entender a distribuição do minério no mundo e por que as reservas da Guiné são tão cruciais. Para isso, não existe outra maneira. Será necessário retornar aos primeiros parágrafos. Já sabemos que o ferro fez surgir a Terra. Agora, é preciso saber como ele se distribuiu em reservas exploráveis e por que os maiores depósitos de minério com grande concentração de ferro se encontram onde estão. E isso aconteceu em meio à formação da Terra.

No princípio era a Pangeia. Esse era o único continente do nosso planeta. Há 175 milhões de anos, ele começou a se dividir. Laurásia, como faz supor o nome, foi a parte que deu origem à Ásia, à Europa, à América do Norte e ao Ártico. A porção que antecedeu a África, a América do Sul, a Oceania e a Antártida foi batizada de Gondwana. As melhores reservas de ferro conhecidas atualmente estão nesse pedaço original dos continentes.

A Austrália foi a primeira a se desprender de Gondwana. Levou consigo imensas jazidas de diamantes, ouro, metais preciosos e, como não podia deixar de ser, de ferro. É o maior produtor mundial e conta com depósitos estimados em 24 bilhões de toneladas de minério bruto. Convertidos em ferro, eles chegam a 10 bilhões de toneladas. É o suficiente para lhe garantir mais meio século de exploração no ritmo atual. Mas o minério australiano exibe menor concentração ferrífera. Por isso, precisa passar por um processo industrial mais custoso antes de ser utilizado pela indústria siderúrgica.

O Brasil, segundo maior produtor global, detém a melhor mina, Carajás, no sudeste do Pará. Tudo lá é superlativo. O minério de Carajás tem 67% de concentração de ferro, o que o torna comercialmente atrativo apesar do custo logístico para levá-lo até os compradores finais. Além disso, Carajás é uma mina a céu aberto, fato que barateia o gasto com extração, e conta com ferrovias e portos em operação. A escala alcançada pela Vale, a quem Carajás pertence, é ainda maior por causa das reservas localizadas em Minas Gerais, que continuam sendo exploradas.

Juntos, Austrália e Brasil detêm dois terços do comércio mundial de ferro. A fronteira inexplorada está na irmã de Gondwana, a África. A 650 quilômetros da costa ocidental do continente africano, no interior da Guiné, estende-se a Cordilheira de Simandou. Um manto verde de vegetação ripária e floresta úmida, ela se espalha por 110 quilômetros de extensão da cadeia de montanhas. No período da seca, é possível enxergar através do manto verde a poeira vermelha que esconde jazidas de minério no meio das montanhas, lar de chimpanzés, hipopótamos pigmeus e pequenos roedores raros. E isso é apenas o aparente sobre a terra. Embaixo, tudo tem dimensões titânicas.

Os estudos já realizados indicam que o minério de Simandou é tão rico em ferro quanto o de Carajás e as proporções são igualmente gigantescas. É dado como certo por pesquisadores que Simandou dispõe, no mínimo, de 2,4 bilhões de toneladas de minério. Alguns especialistas estimam que a província mineral pode atingir 8 bilhões de toneladas. É ferro suficiente para que mesmo os geólogos encarregados de sua medição tenham escorregado na tentação dos trocadilhos ao dar nome aos montes que se sucedem um após o outro. Um dos picos recebeu a alcunha de Iron Maiden. Os outros seguiram no mesmo estilo rockeiro: Metallica, Simply Red, Steely Dan...

No embalo musical, um geólogo mais saidinho poderia, quem sabe, chamar uma elevação de Nirvana, caso traga, afinal, alguma riqueza à Guiné. Ou então de Sepultura, na hipótese de tudo se manter inumado como hoje está.

As semelhanças do hard rock/pop africano com Carajás são tantas que alguns especulam que sejam reservas irmãs separadas pela dissolução de Gondwana. O teor de ferro das jazidas africanas se estabelece entre 62% e 66%, quase o mesmo grau de concentração encontrado em Carajás. As semelhanças entre as duas reservas certamente chamam a atenção dos cientistas e permitem inúmeras conjecturas sobre a formação dos continentes tal como os conhecemos. Contudo, não entusiasma elucubrações intelectuais e muito menos trocadilhos musicais no corpo técnico da Vale e nas autoridades brasileiras encarregadas do setor mineral.

Simandou é uma grave ameaça à mineradora nacional e aos interesses do Brasil. A produção brasileira abastece basicamente a indústria siderúrgica chinesa. A Austrália é muito mais próxima da China e o custo de transporte de seu produto é menor. A Vale consegue concorrer nesse mercado porque entrega um minério com uma concentração ímpar de ferro.

O problema é que as reservas de Simandou reúnem as duas vantagens. São bem mais próximas da China e, se seu minério, de fato, tiver a qualidade que se presume, a Guiné poderá oferecer um produto similar ao da Vale a menor preço. Depende basicamente de investimentos em logística. Desse ponto de vista, não é difícil inferir que o futuro da empresa brasileira pode estar em risco se essas reservas forem exploradas por seus concorrentes. Ou, pior ainda, pelos seus clientes chineses.

Simandou nunca entrou de fato em operação por uma confluência de males típicos dos países em desenvolvimento. Desconhecimento, negligência, desafios logísticos, incapacidade de financiar e gerir recursos para viabilizar a exploração das minas e garantir o transporte do minério. Todos esses fatores conspiraram para manter as reservas intactas. E a instabilidade política local adiciona o elemento final para espantar investimentos.

Nada é fácil na vida da Guiné. Primeiro, há outros dois países com nomes semelhantes. A Guiné Equatorial, antigo domínio da Espanha, conseguiu chegar ao maior PIB per capita da África graças à exploração de petróleo. A riqueza, porém, não foi distribuída para a população, que continua na pobreza. A situação é ainda pior na Guiné Bissau, outrora reduto português, e na Guiné, ex-colônia francesa. Em ambas, a população é miserável e a economia, capenga. Todas as três Guinés se tornaram independentes na segunda metade do século XX. Nenhuma alcançou um mínimo de estabilidade institucional. A ditadura foi a única forma de governo que prosperou.

Maior e mais populosa das três, a Guiné se tornou independente em 1958. Dependendo da perspectiva, pode-se entender o episódio como uma conquista ou um abandono. A França de Charles de Gaulle perdera as guerras sangrentas de independência da Argélia e da Indochina, composta por Vietnã, Laos e Camboja. Derrotada, ofereceu às suas demais colônias que decidissem pela independência total ou pela participação em uma comunidade de países lideradas por Paris. A população da Guiné votou pela separação total. Em retaliação, de Gaulle ordenou que os franceses saíssem imediatamente do país, levando tudo o que pudessem e destruindo o que ficasse para trás. Os documentos acumulados pela burocracia francesa foram encaminhados para a Europa ou destruídos. Até as lâmpadas da capital Conacri foram retiradas e os estoques de remédios, queimados.

A devastação tinha raízes históricas. De Gaulle queria dar às demais colônias francesas da África um exemplo do que faria caso não seguissem seus ditames. As origens estão no passado colonial. Seu objetivo era explorar as riquezas locais, sejam naturais ou produzidas pela população nativa, e distribuir seus benefícios na metrópole. A França promoveu uma guerra para conquistar territórios na África. A Guiné foi arrancada de Samori Touré, um comerciante de escravos que se tornou rei e resistiu às investidas francesas por quase 20 anos, até ser capturado em 1898 e morrer de pneumonia dois anos depois.

Banhada por três grandes rios da África, o Níger, o Senegal e o Gâmbia, a Guiné tinha tudo para se tornar uma potência na produção de alimentos. Não deslancha porque só utiliza 25% da terra que pode ser destinada à agricultura e apenas 10% do que poderia ser irrigado. As maiores culturas são de arroz, principal alimento da população, castanhas, café e cacau. Tem imensas reservas minerais. É riquíssima em minério de ferro, mas não somente. Possui as maiores jazidas de bauxita do planeta. Conta também com depósitos de diamantes e urânio. Mas ocupa a 175ª a posição em desenvolvimento humano numa lista de 189 países. A pobreza que já atingia 48% da população saltou a 60% em 2014 em consequência da epidemia de ebola. Em vez de evoluir, viu seus índices de educação e expectativa de vida declinarem entre 2011 e 2015.

Afortunada do ponto de vista dos recursos naturais, a Guiné enfrenta desde o início desafios aparentemente intransponíveis para se desenvolver. No fim dos anos 1950, o país teve de se inventar a partir do nada em um mundo dividido pela guerra fria e na África ainda colonizada por potências europeias. A Guiné Equatorial, por exemplo, levaria mais dez anos para se livrar do jugo espanhol. No caso da Guiné Bissau, seriam ainda dezesseis anos de domínio português. A situação não era muito diversa nas fronteiras do país. Senegal, Mali e Costa do Marfim continuariam como colônias francesas até 1960. Serra Leoa, por sua vez, ainda fazia parte do Império Britânico. O único vizinho independente era a Libéria.

O destino – ou a ironia que costuma acompanhar seus percalços – proveu um líder para a nova Guiné. Ahmed Sékou Touré descendia do rei derrotado e aprisionado sessenta anos antes pelos franceses, Samori Touré. Muçulmano como o avô, Sékou Touré teve problemas com a dominação francesa desde a adolescência. Expulso da escola por se rebelar contra a má qualidade da comida, conseguiu emprego na administração colonial. Nos anos 1940, ingressou na vida pública como líder sindicalista de inclinação marxista. Depois da Segunda Guerra Mundial, intensificou a militância em prol da independência de seu país.

Quando a França sugeriu um plebiscito em suas colônias para que as populações decidissem entre a autonomia e a participação em uma comunidade liderada por Paris, Touré encabeçou a campanha pela independência. Com a vitória no plebiscito o poder naturalmente lhe caiu no colo.

A vida era sofrida na Guiné colonial. Ficou ainda pior depois do êxodo francês. Sem os investimentos, a tecnologia e a burocracia profissional treinada na Europa, a economia entrou em colapso. A repulsa à opressão francesa tão entranhada em Touré já era compartilhada pelos seus compatriotas, como provou o plebiscito. A política de terra arrasada adotada pela metrópole deu empurrão adicional em direção à ruptura radical com o passado colonial. Se a França se alinhava ao bloco capitalista liderado pelos Estados Unidos, Touré seguiria o caminho oposto.

Touré instalou sua própria versão do socialismo. Não aquele previsto por Karl Marx em livros devorados durante a juventude pelo novo presidente. Na África Ocidental, o socialismo estava longe de ser um imperativo histórico de uma sociedade industrializada. A Guiné sequer dispunha de um parque industrial. Era preciso amalgamar o ideário socialista à miséria econômica local. Mas não seria uma tarefa simples. Tratava-se de adotar um modelo, idealizado para nações de economia avançada, em um país no qual uma língua europeia se fundia a dialetos tribais; grupos étnicos se estranham desde sempre; e povos professam o islamismo em público e cultos africanos em privado.

Touré deu início a uma verdadeira operação de guerra. Começou nacionalizando fazendas e empresas estrangeiras. No front internacional, ganhou estatura defendendo o fim das relações coloniais da Europa com a África e a união dos países recém-libertados em torno de um projeto comum, o pan-africanismo. Impôs a maior distância possível de tudo o que a França representava. Aproximou a Guiné dos países da Cortina de Ferro. Aliou-se à China e, de forma inteligente, manteve laços diplomáticos com os Estados Unidos e o Ocidente. Com o tempo, adotou uma política externa pendular, ora pró-soviética ora pró-americana, movimento que lhe rendeu investimentos externos.

A dubiedade das relações diplomáticas não se repetiu na política interna. Nesse campo, Touré não poderia ser mais direto. Aboliu todos os partidos exceto um – o seu Partido Democrático da Guiné, cuja principal função era reelegê-lo indefinidamente. Intensificou as perseguições políticas. Seus adversários – reais ou criados por ele – enfrentaram a tortura e a morte. A devastação econômica e o terror político provocaram um êxodo de refugiados para países vizinhos. Impávido, o presidente seguiu reinando. Fincou-se no poder por 26 anos, até 1984, quando sucumbiu durante uma cirurgia cardíaca a que se submeteu em um hospital de Cleveland, nos Estados Unidos.

O desaparecimento de Touré lançou a Guiné no vácuo de poder. O partido socialista do ex-ditador tentou organizar eleições, abortadas por um golpe de estado liderado pelo coronel Lansana Conté. Uma vez no poder, Conté girou a chave de Touré para o sentido contrário. Soltou presos políticos internados em um campo de concentração da capital, chamou os exilados de volta e, como não poderia deixar de ser, começou um novo ciclo de perseguição, dessa vez aos apoiadores de Touré. Se este se dizia socialista, Conté, antigo militante e deputado do Partido Democrático da Guiné, se apresentou como liberal. Privatizou empresas, reduziu o tamanho do estado e buscou atrair corporações estrangeiras. A economia reagiu bem às medidas.

Nos nove primeiros anos de sua gestão, Conté governou seu estado de exceção. Estabeleceu um regime pluripartidário e promoveu eleições presidenciais em 1993. Ele mesmo se lançou candidato, mas enfrentou uma votação apertada e controvertida contra Alpha Condé, um advogado e sociólogo com viés esquerdista e carreira acadêmica na Sorbonne. Até o sobrenome dos dois políticos, quase idêntico, acrescenta uma nova dificuldade à compreensão dos meandros da Guiné. Seja como for, Condé (com "d", que estava fora do poder) não aceitou a derrota, mas evitou um conflito aberto com o presidente Conté (com "t", o ex-ditador, agora metamorfoseado em democrata). Novamente candidato em 1998, Condé acabou preso e Conté, reeleito. Este último ganharia ainda um terceiro mandato em 2003.

Conté só deixaria o poder ao morrer, em 2010. Como Ahmed Sékou Touré, passou 26 anos à frente da Guiné. Apegou-se à vida e ao poder até o fim. Resistiu a um golpe de estado em 1985. Em 1996, sofreu outra tentativa de assassinato, na qual os insurgentes explodiram seu gabinete. Conté saiu ileso. Diabético e com problemas cardíacos, foi desenganado pelos médicos em 2002. Sobreviveria por mais oito anos, vencendo a doença e uma tentativa de assassinato adicional. O comboio presidencial foi cercado e atacado ao sair do aeroporto de Conacri. Nada aconteceu ao ditador. Conté atribuiu sua sobrevivência ao aviso que teria recebido de uma de suas "bruxas". Na África Ocidental era comum que déspotas mantivessem suas bruxas particulares, com quem se consultavam sobre temas variados, de saúde a política.

As reformas econômicas liberais promovidas por Conté e o seu desejo de atrair investimentos estrangeiros para a Guiné impulsionaram as primeiras investidas das grandes mineradoras sobre a província mineral de Simandou. Conté queria converter a riqueza do subsolo em dinheiro no bolso. Em 1997, concedeu os direitos de prospecção da área para a gigante australiana Rio Tinto. Parecia ser um grande negócio. À época, a empresa disputava o título de maior mineradora do planeta e ostentava um currículo de mais de sessenta anos de operações na África.

Nos anos seguintes, a Rio Tinto se movimentou muito. Estabeleceu um braço na Guiné. Fez investimentos e pesquisas. Mas nunca extraiu uma pelota de minério de ferro. Há muitas razões para isso. A conta da exploração de Simandou se faz na casa das dezenas de bilhões de dólares. Ali, não basta minerar. Para que o projeto tenha viabilidade econômica, é preciso criar uma complexa logística ferroviária e portuária.

Como é abundante, o minério de ferro, por melhor qualidade que tenha, só vale a pena ser extraído se chegar ao consumidor final a preço competitivo. Simandou é um projeto "greenfield", como dizem os financistas. Ou seja, tem de se partir do zero. É preciso construir uma ferrovia com trilhos de bitola larga para transportar o pesado minério até grandes cargueiros que irão levá-lo aos consumidores finais. Esses navios precisam de portos de grande calado, de mais de treze metros de profundidade. A Guiné não tem nada parecido com isso. Pior: não possui sequer as condições topográficas necessárias para vir a ter. Restam-lhe, então, duas alternativas: construir, em mar aberto, um cais de ancoragem remoto – estrutura de engenho caríssimo e talvez inviável sob o aspecto econômico – ou dispor das condições mais favoráveis de ancoragem na vizinha Libéria.

Mal ou bem, a Rio Tinto sequer chegou a produzir um estudo de viabilidade para a exploração de Simandou. Não é difícil imaginar como a demora em pôr o projeto de pé irritou o presidente Lansana Conté e criou arestas com seus burocratas. Nos primeiros anos da década de 2000, Conté concluiu que a Rio Tinto já havia tido sua oportunidade. No entendimento do governo local, a companhia havia sentado sobre a concessão porque sua prioridade era continuar explorando o minério de que já dispunha na Austrália. Quanto a Simandou, o plano era manter a concessão de prospecção apenas para evitar que caísse nas mãos de seus competidores. Era uma espécie de ativo estratégico de segurança, uma reserva de luxo.

Pouco a pouco, Lansana Conté concluiu que havia chegado a hora de ceder a vez para outra mineradora. Como tubarões brancos, as gigantes do setor sentiram o cheiro de sangue na água e perceberam que a Rio Tinto poderia perder sua preciosa concessão. Partiram para o ataque. Nos anos 2000, Simandou se tornou tema principal das conversas dos executivos das grandes companhias desse segmento. Os processos judiciais relatam vários desses encontros realizados em Sidney, na Cidade do Cabo e em Johanesburgo.

O balé intercontinental guarda muitas semelhanças com a política. Todas as companhias discutiram associações para abocanhar Simandou. As promessas de parceria feitas em um dia convertiam-se rapidamente em tramas de traição na manhã seguinte. Importava apenas o prêmio. A Rio Tinto sabia que sua presa estava escapando por entre os dentes, mas não estava disposta a entregá-la a outros predadores.

Dona de imensos recursos, a Guiné sequer podia ser considerada uma vítima da maldição dos recursos naturais. Tal superstição estabelece que os países com grandes jazidas minerais acabam não se desenvolvendo porque deixam escapar como areia entre os dedos os recursos obtidos com a exploração dessas riquezas. Isso por conta da corrupção e de burocracias ineficientes ou criadas para garantir o pagamento de "pedágios". Os guineanos, porém, nem haviam começado a explorar os seus recursos, afundados no subsolo da forma como a natureza os havia deixado. Para a Guiné, ter uma saída econômica para o país e desperdiçá-la era uma tragédia, uma verdadeira catástrofe do ferro. E o governo Conté entendeu que o culpado pelo mau agouro era a Rio Tinto.

A Vale percebeu que se abrira uma janela única. O que poderia representar um risco para sua sobrevivência convertera-se numa oportunidade ímpar. Afinal, a concessão de prospecção é o primeiro passo para se deter uma reserva. É nessa fase que a mineradora analisa o terreno, estuda a viabilidade do negócio e faz suas projeções de exploração. Em tese, se cumprir o rito com competência e celeridade, tem tudo para ganhar a licença de exploração da mina. Ou seja, o direito de extrair e vender o minério que nela encontrar.

Caso a Vale conquistasse tais vantagens sobre Simandou, teria as duas melhores reservas de minério do mundo nas mãos. Não só sua sobrevivência estaria garantida. A gigante brasileira passaria a ter uma influência ainda maior sobre o mercado mundial de minério de ferro. Poderia ditar a velocidade de exploração de suas reservas e ter um papel preponderante na definição dos seus preços. Criava-se, assim, o ensejo que poderia representar hegemonia do mercado.

Carajás tornou a Vale um gigante mundial. A empresa soube o que e como fazer. Teve tecnologia e engenhosidade para extrair o metal no meio da floresta do Pará, embarcá-lo de forma lucrativa no Maranhão, a quase 900 quilômetros de distância. Poderia repetir a receita em Simandou. Armados de ambição e esperança, os dirigentes da Vale foram à conquista do tesouro africano. Só não souberam avaliar o terreno, nem os riscos oferecidos tanto por eventuais aliados como por inimigos certos. Entraram em uma guerra achando que poderiam vencê-la de olhos vendados.

II. 'CARAMBA, É TUDO FERRO'

Era a manhã de 31 de julho de 1967. Um pequeno helicóptero Bell 47C com muitas horas de voo acumuladas sobrevoava a região central do Pará em busca de reservas de manganês. Surgida como que do nada, uma densa neblina formou-se, envolveu a aeronave e obrigou o piloto a pousar na primeira clareira que encontrou no meio dos 5,5 milhões de quilômetros quadrados da Floresta Amazônica. O espaço era tão pequeno que o rotor traseiro se chocou com arbustos e acabou danificado. Recém-formado, o geólogo Breno Augusto dos Santos pisou no topo da Serra da Arqueada para ajudar o piloto José Aguiar a abastecer a aeronave. Uma vez no solo, sacou o martelo de geólogo do cinto que cingia sua calça clara. Bateu nas pedras que encontrou para verificar se continham manganês, como lhe parecera por trás do visor do aparelho. Não era manganês.

Uma poeira avermelhada envolvia uma rocha de grande proporção. Chamada de hematita por referência às hemácias, células que dão tom rubro ao sangue, essa característica é típica do nosso protagonista. "Na primeira martelada, se verificou que era uma canga de minério de ferro", recordou o próprio Santos em um depoimento registrado 50 anos depois pela Vale. "Pensei 'caramba, aqui tudo é ferro'", contou. Carajás havia sido descoberta. Foi um acidente que levou Breno Augusto dos Santos, com apenas 27 anos, a inscrever seu nome na história da geologia naquela manhã. Armado com uma câmera fotográfica manual japonesa, Santos registrou o momento. Captou o local e o piloto ao lado do helicóptero. Sua peripécia embute, evidentemente, uma boa dose sorte, mas não foi de maneira alguma um evento fortuito.

A elite brasileira sempre evitou o sertão. Seja por medo ou preconceito, a ocupação do interior durante séculos manteve a trajetória das bandeiras paulistas. O único grande movimento de ocupação do interior ocorreu durante o ciclo do ouro, no século XVII. A situação era ainda mais precária na Amazônia, que, em parte do período colonial, era um mundo próprio com ligações diretas com Lisboa, e não com o Rio de Janeiro. A Amazônia brasileira foi explorada aos trancos e barrancos a partir do ciclo da borracha, nos últimos anos do século XIX. Depois, foi novamente relegada à própria sorte.

Ao longo do século passado, o marechal Cândido Rondon desbravou o território batizado em sua homenagem, Rondônia, além do Amazonas e vastas regiões do Centro-Oeste. Devem-se a aventureiros como ele os avanços da cartografia da Região Norte. Amigo e compadre de Rondon, o escritor Euclides da Cunha também teve um papel importante nessa tarefa. Contratado pelo Barão do Rio Branco, ele mapeou in loco a fronteira com o Peru, trabalho que foi usado no acordo que estabeleceu os limites do Brasil com o país vizinho. Rondon já estava cego e idoso quando o Departamento Nacional de Produção Mineral (DNPM), um braço do Ministério de Minas e Energia, deu início ao primeiro levantamento geológico na região que abarca os rios Xingu e Tocantins.

Entre 1955 e 1962, o Projeto Araguaia produziu fotos aéreas da região, desconhecida e inexplorada. Até aquele momento, tudo o que se sabia sobre o sul e sudeste do Pará constava de mapas nos quais só apareciam o traçado – equivocado – do curso dos principais rios. As imagens do DNPM corrigiram os erros e preencheram muitas lacunas. O Projeto Araguaia seguiu o trabalho com a análise de rochas e deu novo fôlego à exploração da Amazônia. Cinco anos depois, esse material serviria de base para a maior descoberta mineral brasileira desde os caminhos desbravados por Antônio Rodrigues de Arzão, a quem se atribui a descoberta do ouro brasileiro nas margens do Rio Doce, por volta de 1690. Por coincidência, era justamente o rio que daria nome à Companhia Vale do Rio Doce, hoje Vale, a quem pertenceria a reserva mineral descoberta por Breno Augusto dos Santos no interior do Pará. No dia em que consumou sua maior façanha, Santos não estava a serviço da Vale, do governo brasileiro ou de nenhuma instituição de pesquisa nacional quando o helicóptero em que voava sofreu uma pane. Trabalhava para uma multinacional americana, a US Steel, que pretendia usar sua subsidiária brasileira, a Meridional, para encontrar na Amazônia o manganês necessário para abastecer seus fornos que produziam aço nos Estados Unidos. A Meridional tinha em seus quadros um experiente geólogo americano, Gene Talbert, que lecionava no Brasil e era fluente em português. Ninguém mais indicado do que ele para comandar o Brazilian Exploration Project (BEP) concebido pela US Steel.

Gene Talbert agregou três alunos à equipe: Santos, João Erdmann Ritter e Erasto Boretti de Almeida. Como Santos, Ritter e Almeida também contavam menos de 30 anos. Embarcaram para as florestas do sudeste do Pará, então uma fronteira a ser desbravada habitada apenas por índios de mais de uma dezena de etnias. A cidade mais próxima era Marabá, a 150 quilômetros de distância. Hoje, com quase 300 mil habitantes, ela é uma metrópole regional que quase se transformou na capital do estado de Carajás no plebiscito que, em 2011, pretendeu dividir o Pará em três. Seu aeroporto a conecta a Belém, Brasília, São Paulo e Belo Horizonte com voos diários. Tem shoppings, uma orla agradável com restaurantes à beira do rio Tocantins, uma universidade federal, jornais e emissoras de TV com produção local. No princípio dos anos 70, era só um faroeste.

Marabá surgiu em torno da exploração da castanha-do-pará. Antes mesmo de sua transformação em município, em 1913, já era dominada politicamente pelos grandes extrativistas da oleaginosa. A descoberta de Carajás mudou seu destino. O ferro dinamizou sua economia e deu origem, ainda nos anos 1970, a um primeiro surto de inchaço populacional. Ao lado da Velha Marabá, criou-se uma nova, toda planejada com os bairros em forma de folha. A descoberta de Serra Pelada em 1980 detonou uma corrida do ouro e um novo ciclo de expansão. A exploração de madeira – legal e ilegal – deu outro impulso à economia regional. Nos anos 2000, a criação de gado se alastrou. A nova onda de crescimento é alavancada pela soja e seu transporte pelo rio Tocantins.

Breno Augusto dos Santos e seus colegas se dividiam entre Marabá, outras cidadelas e acampamentos de trabalho no meio da floresta. Desde o início das pesquisas, eles estavam intrigados pelas clareiras no meio da mata reveladas pelos sobrevoos de turboélices e helicópteros. Talbert conjecturava que podiam ser feitas pelos índios. A explicação não convenceu seus discípulos. Se era obra dos índios, deveriam mudar de formato e localização de tempos em tempos, já que as tribos costumam ser nômades. Mas as imagens registradas pelo Projeto Araguaia anos antes correspondiam exatamente ao que se via a bordo das aeronaves. A única explicação plausível, sugeriam os jovens especialistas, era de que o solo deveria ser composto por algum tipo de rocha que impedia o crescimento da vegetação.

Dez dias antes do pouso na Serra da Arqueada, os técnicos mudaram seu acampamento para o Castanhal Cinzento, um lugarejo nas imediações de Carajás onde os habitantes locais diziam que havia pedras negras. O geólogo Erasto Boretti de Almeida convocou mateiros para ir de canoa até o tal sítio. As pedras negras não eram nada além de pedras negras. No caminho de volta, uma rocha chamou a atenção de Almeida. Encostou a canoa na margem e desferiu uma martelada na pedra. Tratava-se de itabirito, o mesmo minério de ferro que fez a fortuna da Vale em Minas Gerais e dá o nome ao município onde nasceu o técnico Telê Santana.

Impressionado com o achado, Almeida relata num depoimento à Vale ter comentado com seu colega Ritter: "Será que a gente descobriu um Quadrilátero Ferrífero?" Para ele, era um sonho grandioso. O que Almeida, Ritter e Santos estavam prestes a trazer à tona era uma reserva simplesmente dezoito vezes maior do que as que estavam em exploração nas alterosas mineiras. O trio passou o mês de agosto explorando as chamadas Serra Norte e Serra Sul. Concluiu que havia localizado as maiores reservas de minério de ferro de alto teor do mundo. Esperava, naturalmente, que o chefe americano entrasse em êxtase com o achado. Não foi exatamente assim que Gene Talbert reagiu, como João Ritter descreve em depoimento dado à Vale.

Caberia a ele apresentar a proeza do grupo. Ritter preparou um roteiro de suspense. Orientou o piloto do helicóptero a voar abaixo das nuvens para não dar spoiler no chefe. Pousou primeiro em uma clareira de 800 metros, assoalhada de ferro. Talbert ficou muito entusiasmado. Solene, alertou Ritter para a relevância do feito: "Quantos geólogos trabalham a vida toda e não têm a menor chance de participar de uma grande descoberta. Você está começando a sua vida e teve a oportunidade de participar de uma grande descoberta." Era a deixa que Ritter esperava para embasbacar o mestre americano.

— Isso é uma maravilha, aplaudiu Talbert.

Ritter já tinha pronta a resposta e apelou para a velha fórmula de sublinhar a importância de algo desmerecendo aquilo que lhe é comparado. Do alto de sua juventude, disparou:

— Isso para mim não é nada. Não serve para nada.

— Como não serve?, arguiu surpreso o geólogo mestre.

Ritter pediu ao piloto do helicóptero que ganhasse 1 500 metros de altitude. Era agosto. O tempo estava seco e ainda não havia queimadas que atrapalhassem a visão. Da altura em que estavam, era possível ter uma ideia do complexo de cadeia de Carajás e o que ele significava.

Ao contrário do que Ritter esperava, o entusiasmo no semblante de Talbert deu lugar à preocupação. Juntos, eles visitaram todas as clareiras conhecidas. Em cada uma delas, o desassossego de Talbert era mais e mais visível. A expressão do chefe era tal que, quando eles finalmente voltaram para se encontrar com os outros geólogos, Almeida não se aguentou:

— O que foi? Vocês brigaram?

Com uma única sentença, Talbert tinha explicado pouco antes a Ritter o motivo de sua inquietação.

— Isso aqui é muito grande e minha companhia não vai ter competência política para manter.

As montanhas do Pará escondiam uma imensidão de dezoito bilhões de toneladas de hematita que continham 66% de ferro. Era algo inédito, conforme concluiu relatório de pesquisa elaborado seis anos depois, em 1973. A concentração de ferro na região não tinha precedentes. E não era só ferro. Na província de Carajás havia grandes quantidades de prata, manganês, cobre, bauxita, zinco, níquel, cromo, estanho e tungstênio. Repleta de ouro, Serra Pelada integrava o complexo de montanhas. Era um verdadeiro Eldorado.

É fato que Gene Talbert estava certo ao fazer sua avaliação da conjuntura política. No fim de 1967, o general Artur da Costa Silva já estava instalado no Palácio do Planalto. Em breve, desnudaria a ditadura com uma sequência de atos institucionais. Nacionalista como era regra entre os militares, Costa e Silva não aceitaria ver um tesouro dessa magnitude em mãos estrangeiras.

No seu próprio campo, a geologia, o americano encontrou mais dificuldade para explicar o gigantismo da descoberta. Instalado no melhor hotel de Belém à época, o Gran Pará, Gene Talbert enviou um telegrama para a matriz da US Steel em Pittsburgh. No texto, comparava Carajás com o que mais conhecia, as reservas de ferro do rio Orinoco, na Venezuela. Talbert relatou aos chefes que as pesquisas indicavam que as reservas tinham algo entre 2 bilhões e 35 bilhões de toneladas de ferro.

A US Steel não perdeu tempo. Em outubro, sua subsidiária brasileira, a Meridional, requereu direitos de exploração da área que se estendia por 200 mil hectares. Mas teve de apelar a um subterfúgio para se enquadrar na legislação brasileira, que só autorizava 5 mil hectares por pessoa. Houve então uma enxurrada de pedidos feitos por 31 indivíduos diferentes, algo que fez soar o sinal de perigo no DNPM. O diretor-geral do órgão, Francisco Moacyr de

Vasconcellos, leu aquilo tudo através dos enormes aros quadrados que sustentavam seus óculos fundo de garrafa. Vasconcellos até exibia um bigodinho curto à la Cantinflas, ator e humorista mexicano que fez sucesso no século passado. Mas de tolo, Vasconcellos não tinha nada.

— Pô, tem coisa aqui. É um negócio grande, ferro, disse Vasconcellos ao geólogo John Forman, segundo relato deste à Vale. – Quero que você vá lá ver.

Por determinação de Vasconcellos, Forman, que, apesar do nome de gringo, é brasileiro, levou a tiracolo um geólogo da Vale, José Eduardo Machado. A dupla pisou pela primeira vez em Carajás para reuniões com os discípulos de Gene Talbert dias antes de o estudante Edson Luís ser morto em um choque com a polícia no restaurante carioca Calabouço, ponto de encontro da União Nacional dos Estudantes (UNE) e de militantes da esquerda. Enquanto Forman e Machado procuravam aquilatar as dimensões do que seria um divisor de águas na economia brasileira, o governo Costa e Silva radicalizava na tentativa de silenciar os opositores do regime militar.

Em 1970, o vaticínio de Gene Talbert tornou-se realidade. A US Steel poderia explorar Carajás, mas no banco do carona. A estatal Companhia Vale do Rio Doce também participaria como majoritária do negócio. Era mais uma ironia do destino. Até ser estatizada durante a ditadura do Estado Novo, a empresa era propriedade de estrangeiros. Desde 1908, ingleses haviam descoberto uma reserva de minério de ferro em Itabira, no interior de Minas Gerais. Para os padrões da época, ela era importante. Os empresários ingleses abriram uma empresa para explorá-la, a Brazilian Hematite Syndicate, e convenceram a Companhia de Ferro Vitória a Minas a alterar seu traçado para exportar o ferro pela costa do Espírito Santo. Em 1911, a empresa mudou o nome para Itabira Iron Ore Company e passou a ser administrada a partir de Londres.

Logo depois da I Guerra Mundial, o capitalista americano Percival Farquhar comprou o controle da Itabira Iron Ore Company. Um dos principais empresários do Brasil na República Velha, Farqhuar tinha obsessão por ferrovias e projetos que demandassem grandes investimentos. Já antes da guerra, havia construído a ferrovia Madeira-Mamoré e adquirido a que ligava São Paulo ao Rio Grande do Sul. Quebrara na eclosão do conflito mundial, mas se reerguera. Explorar ferro em Minas Gerais, levá-lo por trem até o porto e exportá-lo era o tipo negócio pelo qual Farquhar movia exércitos. E ele precisaria disso.

Durante todo o período da República Velha, Farquhar teve de lutar com políticos e empresários brasileiros que temiam que Minas repetisse com o ferro de Itabira as desventuras que teve com as riquezas de Ouro Preto, sugadas do Brasil por estrangeiros. Os empecilhos impostos ao pleno funcionamento de Itabira só terminaram em 1942, quando a ferrovia que liga Vitória a Minas foi encampada pelo governo federal e passou a integrar a Companhia Vale do Rio Doce (CVRD).

O projeto do Estado Novo era usar a empresa para suprir a demanda nacional. Nos anos 1960, a companhia passou a diversificar suas atividades e a disputar o mercado externo. Foi justamente quando o diretor-geral do DNPM resolveu colocá-la na gigantesca reserva encontrada pela US Steel no Sudeste do Pará. A CVRD tirou a sorte grande. O governo brasileiro não deixaria Carajás em mãos americanas, como antecipou o sagaz geólogo Talbert.

A reserva seria explorada a partir de 1970 por uma joint-venture chamada Amazônia Mineração (AMZA). À US Steel, couberam 49% das ações e a vaga na garagem dos acionistas minoritários. A estatal brasileira ficaria com o controle. Foram necessários mais três anos para mapear a primeira mina, no norte da cadeia de montanhas. Ela tinha 1,5 bilhão de toneladas de minério de ferro de alto teor de concentração. Depois de uma longa e ferrenha disputa entre as sócias pelo controle efetivo da AMZA, a Vale ganhou a queda de braço e obteve o domínio total da operação em 1977.

As dimensões colossais de Carajás pareciam ter sido feitas sob medida para o Brasil dos anos 70. Apesar da repressão política, a economia do tricampeão de futebol crescia a taxas chinesas. Aliás, à época, as taxas surpreendentes deveriam ser chamadas de brasileiras. Havia milagre para todos os lados. Em São Paulo, sob o impulso da indústria automobilística, nascia uma nova classe média. Brasília impelia a ocupação do Centro-Oeste. Grandes investimentos governamentais reorganizavam e modernizavam a economia. Em breve, seria inaugurada a Ponte Rio-Niterói e começariam as obras das hidrelétricas de Tucuruí e Itaipu, além da rodovia Transamazônica.

Tudo era superlativo e estatal. Carajás também. Os estudos de viabilidade incluíram a análise das alternativas para o transporte do minério e a escolha do porto pelo qual se escoaria a produção. Foram considerados o transporte fluvial pelo rio Tocantins e por via ferroviária. Na época, as exigências técnicas para o escoamento do minério de ferro do Brasil aos centros compradores de então, especialmente o Japão, implicavam o uso de águas profundas para garantir a atracação segura dos navios de grande porte. Era uma condição incontornável para o barateamento dos fretes marítimos.

A escolha recaiu sobre o Porto de Itaqui, ao lado de São Luís. Em 1978, um ano depois de a US Steel deixar a sociedade, a Vale começou a construir uma ferrovia para ligar a mina ao Maranhão. Logo depois, o governo federal usou a Vale para lançar um novo projeto do Brasil grande. O programa Grande Carajás extrapolou as fronteiras da província mineral. Estendeu-se por quase um milhão de quilômetros quadrados na região banhada pelos rios Xingu, Tocantins e Araguaia.

A ideia era usar a complexa infraestrutura exigida para a exploração do minério de ferro como propulsão para o desenvolvimento regional. Para que Carajás operasse a pleno vapor, seria necessário concluir a ferrovia, o porto maranhense e gerar energia para toda esse complexo empresarial. Para isso, era necessário pôr a hidrelétrica de Tucuruí para funcionar. A toda essa cadeia, poderia ser agregada outra ampla gama de atividades para gerar mais riqueza e empregos. Uma das possibilidades era incentivar o uso das áreas de floresta para a pecuária. De fato, as árvores sumiram e a região de Marabá se tornou uma das grandes produtoras de carne bovina do país. Já os empregos não apareceram na mesma proporção.

Graças a Carajás e à eficiência obtida em Minas Gerais, a Vale foi uma das poucas estatais a chegar aos anos 1990 com boa saúde financeira. A derrocada geral começou na crise da dívida, no início da década anterior, os anos 1980. Os juros internacionais dispararam, o fluxo de capital estrangeiro para o Brasil foi interrompido e o país perdeu a capacidade de pagar sua dívida externa e interna. A recessão chegou à população na forma de desemprego, congelamento de salários e inflação, que reduzia o poder de compra das famílias. As ditaduras de militares que conquistaram a América Latina entre os anos 60 e 70 entram em colapso.

Com os preços em disparada, o último governo militar e os primeiros presidentes civis que os sucederam tentaram minorar a escalada inflacionária e evitar o derretimento de sua popularidade congelando tarifas públicas. A conta sobre a Eletrobras, que controlava o setor elétrico, foi altíssima. A Telebras, que detinha todo sistema de telefonia, paralisou investimentos e transformou linhas em bens a serem partilhados em espólios e inventários. O sistema de portos estatais ruiu. As siderúrgicas mantidas pelo estado foram as primeiras a pedir água. Ainda assim, a CVRD, já apelidada de Vale, seguiu firme e forte.

A estatal do minério de ferro podia não receber investimentos suficientes para expandir seus domínios, mas conseguia se manter equilibrada graças à receita das exportações. Quando o processo de privatização começou, no governo Fernando Collor, a Vale foi deixada quieta no seu canto. O ex-presidente Fernando Henrique Cardoso, no entanto, foi eleito em 1994 com a promessa de reformar a Constituição e vender estatais. Começou pelas distribuidoras de energia, como a Light, do Rio de Janeiro.

Em 1997, depois de muito debate, chegou a vez da Vale ir a pregão. A privatização do gigante de mineração não era de forma alguma popular. O governo não conseguiu explicar por que venderia a joia da coroa, como a Vale era chamada, antes de se desfazer de empresas deficitárias. Exemplo da crise de comunicação oficial, a revista Veja publicaria às vésperas do leilão duas reportagens com conteúdos opostos: uma fazia a apologia das virtudes da Vale como estatal, a outra, publicada semanas depois, enumerava os motivos para a venda.

A disputa não se restringia à imprensa. Nenhum empresário brasileiro tinha sozinho capital suficiente para fazer frente à Vale. Ícone do empresariado nacional de então, Antônio Ermírio de Morais resolveu entrar na parada. Para ganhar o leilão, precisava do apoio dos bancos privados e, sobretudo, dos fundos de pensão estatais, como a Previ, que investia a previdência dos funcionários do Banco do Brasil, e a Funcef, que fazia o mesmo serviço para os empregados da Caixa Econômica Federal. O presidente Fernando Henrique Cardoso e seus principais assessores temiam a concentração excessiva de poder nas mãos de Ermírio de Morais.

A saída encontrada foi montar um consórcio de empresários não tão poderosos, mas que tivessem o apoio dos bancos e fundos de pensão dos trabalhadores de empresas estatais. O incumbido da tarefa foi o então diretor da área internacional do Banco do Brasil, Ricardo Sérgio de Oliveira. Sem capital próprio suficiente para brigar num leilão concorrido, teriam de ser empresários com coragem para enfrentar o establishment. Oliveira encontrou esse perfil destemido em Benjamin Steinbruch, da CSN, Daniel Dantas, do Opportunity, nos fundos de pensão estatais e alguns investidores privados, entre os quais George Soros.

Na época, Soros já era o mais temido financista do mundo. Gênio nos negócios, em 1992, ele conseguiu jogar no corner do ringue ninguém menos do que o Banco da Inglaterra. Soros percebeu um desequilíbrio entre a cotação da libra esterlina em relação às demais moedas europeias e notou que as taxas de juros inglesas estavam insustentavelmente baixas. Passou a apostar contra a libra. De início, o Banco da Inglaterra resistiu, mas cedeu ao final da disputa. Além de conquistar a reputação de investidor mais malvado do pedaço, lucrou US$ 1 bilhão com a operação, em valores da época.

Soros tinha excelente conexão com o Brasil por intermédio de Armínio Fraga. Brilhante economista, Fraga começou a carreira no Banco Garantia ao lado do mítico biliardário Jorge Paulo Lemann. Depois de uma temporada em Wall Street, assumiu a diretoria internacional do Banco Central nos estertores do governo Fernando Collor. Quando Itamar Franco chegou ao Planalto, Fraga voltou para Nova York a fim de trabalhar com Soros.

Depois de uma enxurrada de ações judiciais para impedir o leilão e de cenas grotescas de pugilato na antiga Bolsa de Valores do Rio de Janeiro, a Vale foi arrematada pelo grupo capitaneado por Steinbruch – com ajuda do governo Fernando Henrique Cardoso. Em Brasília, a vitória foi comemorada por evitar a criação de um conglomerado empresarial capaz de confrontar o poder presidencial. Logo em seguida, contudo, a criatura ganhou os contornos de um grande problema.

Steinbruch já era o mandachuva da CSN, uma siderúrgica que tinha a Vale no plantel de seus fornecedores. Era uma situação que aborrecia e constrangia o governo FHC. E, ora, se o incomodava, também causava espécie aos dirigentes dos fundos de pensão das empresas estatais, nomeados pelo governo, e os demais sócios privados, que não queriam se indispor com Brasília. E um desses sócios privados era justamente o Bradespar, braço de investimentos em economia real do Bradesco.

A saída encontrada foi simples. Steinbruch venderia sua participação na Vale. Em troca, compraria ações da CSN que estavam em mãos do Bradesco e da Previ. Essas duas instituições engordariam seus quinhões na Vale, mas ficariam só na mineradora e não mais na siderúrgica. A operação envolveu uma complexa troca de ações e uma grande necessidade de financiamento, sobretudo por parte da CSN. Foi viabilizada de forma simples, porque o governo federal se dispôs a custear a operação por meio do BNDES. Em 2000, apenas três anos depois de ter ido a leilão, a maior mineradora nacional e uma das líderes mundiais trocava novamente de mãos, e de novo em decorrência da interferência governamental.

Com Steinbruch fora da parada, os dois maiores sócios precisavam escolher um novo presidente para a companhia. Por ser estatal, a Previ se absteve de fazer a indicação. Sobrou para o Bradesco, cujo braço Bradespar já era acionista da Vale e tinha seu presidente, Roger Agnelli, no conselho de administração da mineradora. Agnelli não só estava no lugar certo como provou ser o nome certo.

Assumiu o cargo em 2001 e o manteve por dez anos. Em cerca de 24 meses, transformou a Vale na maior empresa privada da América Latina. Dois anos depois, em 2005, a companhia foi classificada como investment grade, com risco de crédito menor do que o do Brasil. Pulou do quarto para o segundo lugar entre as maiores mineradoras do mundo. Agnelli catapultou o valor das ações da Vale, que subiram nada menos de 1.583% durante sua gestão.

Agnelli apagou toda e qualquer memória de ineficiência estatal associada à mineradora. Até o nome CVRD foi deixado para trás. Ela passaria a ser chamada pelo apelido, Vale. E só. Para qualquer um, os feitos realizados por Agnelli já seriam suficientes para coroar não uma gestão somente, mas uma carreira empresarial inteira. Não era assim, porém, que a cabeça e o coração de Agnelli funcionavam.

Como já foi dito, ele era movido por doses estratosféricas de ambição e desejo de poder. Acreditava que a Vale poderia ditar os destinos do mundo, e não economizava esforços para isso. Agnelli foi um dos tubarões que farejou sangue na água do mar quando a concessão de exploração do complexo de Simandou dada à adversária Rio Tinto começou a ser questionada pelo governo de Lansana Conté.

A Vale tinha uma oportunidade única de chegar ao topo do mercado minerador. Como presidente da empresa, Agnelli passaria a dar as cartas no jogo do minério de ferro no mundo. E já que o ferro é necessário para a siderurgia e a construção civil, também mandaria nesses ramos em escala global. E se não há crescimento econômico sem construção civil, passaria a ter uma cadeira em todas as mesas do mundo. Agnelli não era do tipo que deixa uma oportunidade desse quilate passar.

III. "UMA MORDIDA NO SIMANDOU"

Roger Agnelli não demorou a mostrar ao mundo que tinha acordado um gigante. Cinco anos depois de ter se sentado na cadeira de presidente, a Vale passou a ser considerada a segunda maior mineradora do planeta, atrás apenas da anglo-australiana BHP Billiton. O salto foi dado com a compra de 75,66% do capital da mineradora canadense Inco. Detentora das maiores reservas de níquel do mundo e segunda maior produtora do minério, ela batia seus próprios recordes de lucratividade. No trimestre anterior à compra, os ganhos dos acionistas somaram US$ 700 milhões. A canadense Teck Cominco e a americana Phelps Dodge tentaram ficar com a Inco. A Vale deixou ambas para trás. Desembolsou US$ 17,2 bilhões para entesourar 174.623.019 ações e avisou que fecharia o capital da empresa.

A Vale mudou seu cartão de visita. Nas mãos de Roger Agnelli, não se conformaria em aparecer no cantinho da foto. O preço das commodities disparara impulsionado pelo crescimento da China, da Índia e de outros países emergentes. Todas as empresas desse ramo tiveram ganhos, mas umas aproveitaram as oportunidades mais do que outras. A Vale de Roger Agnelli estava no time das que sugaram suas chances até o osso. Como havia enveredado pela carreira de banqueiro, Agnelli sabia fazer contas. A dívida da Vale quadruplicou com a compra da Inco. Bancos e investidores entenderam, contudo, que os números da companhia eram consistentes.

Quando Agnelli assumiu a empresa, seu valor de mercado era de US$ 20 bilhões. Com a compra da Inco, bateu US$ 50 bilhões, valor inferior apenas ao da BHP Billiton. Um outro gestor poderia despender algum tempo para digerir o negócio e saborear a vitória.

Mas o da Vale não. No mesmo dia em que anunciou a compra da Inco, a companhia brasileira revelou que abrira negociações com a siderúrgica chinesa Baosteel para implantar uma indústria de processamento de minério de ferro na província chinesa de Guandong. Definitivamente, esse não é comportamento de quem se conforma com uma mesinha no canto do salão.

Ao mesmo tempo em que fazia a aquisição e negociava parcerias, a Vale dava outros passos importantes rumo à internacionalização. Trabalhava para obter a certificação para os processos de controle interno da companhia relativos às demonstrações financeiras consolidadas em observância às exigências da seção 404 da lei Sarbanes-Oxley. Conhecida como SOx, ela foi criada em 2002 na esteira dos escândalos financeiros e contábeis que envolveram a Enron e a Xerox e passaria a proteger investidores e acionistas minoritários contra fraudes.

A certificação era considerada essencial para a Vale dentro da estratégia de expansão da empresa. O serviço foi encomendado à multinacional de auditoria PricewaterhouseCoopers (PwC), que mapeou 1.905 controles-chave, 58 processos e realizou 2.626 testes. Ao final, a eficácia dos controles da Vale e de suas subsidiárias parecia estar no estado da arte. A PwC entregou a certificação "sem ressalvas" à mineradora brasileira.

Como era de se esperar, a direção da empresa estava orgulhosa de suas realizações. Com justiça, atribuiu a escalada ao posto de vice-campeã no ranking das mineradoras à sua própria perícia e destemor. A ascensão à posição de "segunda maior empresa do mundo na indústria de mineração e metais por capitalização de mercado" se deveu ao "acerto de decisões estratégicas" tomadas pelo board, segundo documentos divulgados aos investidores e ao público. Não havia limites para a expansão da Vale e seus principais executivos estavam envolvidos na busca de oportunidades onde quer que elas estivessem.

O geólogo uruguaio Eduardo Etchart, da Vale, que ocupava o cargo de gerente-geral de exploração da empresa na África, se provou diligente, atento e bem conectado. Enquanto seus colegas estavam absorvidos pela operação de compra da Inco, a parceria com a Baosteel e as apurações da PwC, Eduardo Etchart conversava sobre as oportunidades africanas, sobretudo as que envolviam Simandou, a maior joia do continente. Recém-contratado pela mineradora brasileira, no fim de agosto de 2006, ele foi apresentado ao holandês Marcus Struik, gerente-geral da BSGR, durante um encontro no Ministério de Minas da Guiné.

Dedicada à extração de petróleo, gás natural, minérios, metais, à produção de energia na África e na Europa Oriental, BSGR é o acrônimo de Benjamin Steinmetz Group Resources. Fundada em 2003, ela fincou primeiro os pés na África do Sul comprando uma grande companhia local de gerenciamento de projetos. A partir daí, a BSGR passou a investir na África e na Europa Oriental explorando ferro, cobre, ouro, níquel, manganês e diamantes.

Ainda que leve o nome do empresário, atualmente a BSGR não tem vínculo formal direto com Steinmetz. Duas pessoas jurídicas se interpõem entre o israelense e a BSGR: a Nysco, uma holding com sede no paraíso fiscal das Ilhas Virgens Britânicas, e a Balda Foundation, sediada no Principado de Liechtenstein, localizado entre a Suíça e a Áustria. Benjamin Steinmetz e seus familiares são os beneficiários diretos da Balda Foundation.

Empresário que já foi considerado o homem mais rico de Israel, com uma fortuna estimada em US$ 6 bilhões pela revista Forbes em 2011, Benjamin Steinmetz - que se apresenta como Beny - começou a caminhar com as próprias pernas no mundo dos negócios logo depois de concluir o serviço militar obrigatório. Seus colegas de caserna seguiram para o ensino superior. Steinmetz mudou-se para a Bélgica. Sentou praça na Antuérpia, capital mundial do comércio de diamantes desde 1447. Mais de 80% de todas os diamantes negociados no mundo são lapidados e negociados lá, onde o empresário israelense se consagraria como o maior comerciante de diamantes do planeta.

Steinmetz teria um papel decisivo nos projetos da Vale na África. Tudo começou na conversa travada entre Eduardo Etchart e Marc Struik. Havia apenas um ano que Struik, um homem bem apanhado de meia idade, olhos castanhos e cabelos curtos, trabalhava para a BSGR. Antes disso, nunca tinha ouvido falar em Simandou. Mas o que soube nesse período causou grande impacto em Etchart. E ele não era exatamente um principiante no ramo.

Etchart havia trabalhado para a empresa que deu origem à BHP Billinton desde 1992, ocupando postos na área técnica em cinco países. A lista incluía, pela ordem, a Argentina, a Austrália, o Chile, o Brasil e a África do Sul. Quando chegou à Vale, em meados de 2006, como gerente-geral de exploração na África, com base em Johannesburgo, na África do Sul, a companhia brasileira já estava presente em Angola, Moçambique e no Gabão, mas buscava alargar seu raio de atividades para outras paragens – o que incluía ampliar os trabalhos na Guiné.

Ali, inicialmente, a mineradora brasileira focara na exploração de bauxita, minério mais abundante naquele país do que em qualquer outra parte do mundo, mas também mantinha os dois olhos voltados para o ferro, especialmente sobre as minas de Simandou e Forécariah. Em um depoimento à corte arbitral de Londres, prestado em janeiro de 2015, Etchart diz que a Vale havia manifestado ao governo da Guiné seu interesse na obtenção de licenças para explorar os dois minérios, tanto a bauxita como o ferro, desde setembro de 2005. As operações com bauxita foram autorizadas no primeiro trimestre de 2006.

Após o encontro com Struik, da BSGR, em agosto de 2006, e pouco depois de ter assumido o cargo, o executivo da Vale levou cinco dias para digerir o que ouviu do holandês. Em 2 de setembro de 2006, disparou um e-mail escrito em inglês para seis executivos da Vale. Entre os destinatários, dois se destacavam. Um era Marco Heidtmann Monteiro, gerente de geologia e planejamento de minas de médio e longo prazo, que representava a Vale na Guiné. Na ocasião, a empresa já prospectava um empreendimento de bauxita, minério mais abundante naquele país do que em qualquer outra parte do mundo. Monteiro respondia por essa operação no país. O outro era Eduardo Jorge Ledsham, o poderoso diretor de exploração e desenvolvimento de projetos minerais, penúltima instância de decisão na Vale.

Ledsham é um mineiro profissional e de nascimento. Dedicou 26 anos aos negócios da Vale e jamais abandonou Minas Gerais. Nesse tempo, construía um bonito sobrado de arquitetura contemporânea nas imediações da Lagoa da Pampulha, em Belo Horizonte. Como é comum na sua terra, prima pela discrição. Formado em Geologia, passou por diversos cursos de pós-graduação em administração e finanças nas mais prestigiosas instituições de ensino brasileiras e por duas das mais famosas universidades americanas, Warthon e o MIT. Sua competência técnica e seus atributos pessoais não passaram despercebidos por Roger Agnelli.

Calvo, pouco mais alto e razoavelmente mais encorpado do que Agnelli, Ledsham era visto por muitos como o braço direito do presidente ou o número dois do chefão da Vale. Ambos firmaram um relacionamento tão estreito que, quando Agnelli deixou a companhia, Ledsham pegou seu boné e o acompanhou. Juntos, fundaram em 2013 uma mineradora, a B&A, que seria presidida por Ledsham. Depois, seguiria caminho próprio como presidente do Serviço Geológico do Brasil durante o governo Michel Temer, presidindo também a mineradora da Bahia Mineração, a Bamin. Naquele momento, porém, Ledsham estava totalmente imerso nos assuntos da Vale e certamente prestou atenção no que seu xará uruguaio Eduardo Etchart tinha a dizer.

O e-mail em inglês continha um anexo com um relatório escrito por Etchart sobre seu encontro com Struik. Nele, o executivo da Vale relatava que a BSGR ganhara uma licença para prospectar áreas ao norte e ao sul de Simandou. Etchart avaliava que a BSGR tinha "grande capacidade financeira", mas lhe faltava expertise para explorar as reservas de minério de ferro e bauxita da Guiné. Ou seja, precisaria de uma parceira da monta da Vale. O risco era a BSGR se associar à gigante Anglo American por meio de sua subsidiária sul-africana, a Kumba Resources, para se assenhorar de Simandou. E essas conversas estavam em curso. Etchart recomendou uma intensificação de entendimentos entre a Vale e a BSGR e pediu apoio à equipe da área de ferro da Vale para encaminhar o assunto.

O e-mail fez ainda a primeira referência a um personagem que será crucial no desenrolar das negociações: Frédéric Cilins. Cidadão francês, Cilins é um habilidoso homem de negócios. Dividia seu tempo entre a África e a Côte d'Azur, onde exercitava seu amor pelo *savoir vivre*. É do tipo que não deixa passar uma oportunidade. Já tinha feito bom dinheiro com o chamado grey market, comprando produtos farmacêuticos caríssimos por baixo preço na Índia e os distribuindo no mercado africano. Atuava também como importador de alimentos.

No início de 2005, Frédéric Cilins se encontrou em Johanesburgo com Roy Oron, então presidente da BSGR. Cidadão israelense radicado na África do Sul, Oron não tinha qualquer experiência na Guiné, mas estava interessado em fazer negócios no país. Oron já tinha estado algumas vezes em Serra Leoa, na fronteira sul da Guiné, mas não tinha bons acessos na própria Guiné e nunca tinha estado com o presidente Lansana Conté. Seu interlocutor francês quis saber exatamente o que Oron queria na Guiné.

— A lua –, respondeu o israelense.

Por lua entenda-se algo bem mais terreno: os direitos de exploração do minério de ferro de Simandou, bauxita, diamantes e urânio no país inteiro. Oron já havia feito algumas tentativas de entrar em contato com o ditador guineano. A certo momento, identificou o empresário italiano Guido Santullo como um possível canal de acesso ao presidente. Com negócios em diversos países da África Ocidental, Santullo privava da intimidade de Conté. A BSGR chegou a contatar o atual primeiro-ministro da Guiné, Ibrahima Kasoury Fofana, para pedir um encontro com Lansana Conté. Fofana tentou, mas não foi bem-sucedido.

Frédéric Cilins apresentou outras alternativas. Uma delas era pedir ao então presidente do Mali, Amadou Toumani Touré, que intercedesse pela BSGR. Cilins podia ajudar nisso porque era amigo da filha de Touré. Cilins também poderia tentar algo por conta própria. Afinal, seus parceiros de negócios sul-africanos já tinham importado medicamentos para a Guiné em associação com Henriette Conté, a primeira mulher do autocrata guineano. Os parceiros de Cilins também tinham feito uma doação à fundação criada por Henriette Touré no ano anterior.

Cilins trabalhou para cumprir o prometido. Conseguiu colocar Roy Oron frente a frente com Lansana Conté e o primeiro-ministro Cellou Dalein Diallo, mas o encontro não frutificou. A BSGR era uma empresa desconhecida e a saúde do ditador oscilava. Cilins achou que o caminho da BSGR na Guiné seria difícil, mas não desistiu. Conseguiu que Roy Oron conversasse com o presidente do Mali em uma visita deste a Johanesburgo. Amadou Toumani Touré ficou animado com a possibilidade de que uma empresa pudesse explorar minério não somente na Guiné, mas também em seu país, situado na fronteira oeste. Essa região tinha boas reservas de bauxita. A conversa foi positiva, mas os acessos ao minério de ferro da Guiné seguiam fechados.

Frédéric Cilins deu então uma tacada certeira. Conheceu Ibrahima Sory Touré. Quase homônimo da estrela do futebol da Costa do Marfim, o Ibrahima Touré de Cilins é jornalista e, naquele tempo, apresentava o programa de TV "L'Expression". Mais: tinha uma conexão familiar com o palácio presidencial da Guiné. Ele é meio-irmão de Mamadie Touré, autointitulada quarta esposa do presidente Lansana Conté. Daí em diante, as portas da Guiné se abriram.

Agora Cilins não apenas tinha as chaves certas para abrir as portas do país africano como se alojou em um ponto estratégico.

Adotou como endereço local o Novotel Ghi, o cinco estrelas frequentado por todos os ricos e autoridades que visitavam a Guiné. Hoje chamado Grand Hôtel de l'Indépendence, ele proporcionava muito mais que conforto a Cilins. Para entender esse tipo de minúcia, é preciso voltar um pouco no tempo, pois vivíamos uma outra realidade no mundo de 2006. Não havia iPhone, que só seria lançado em junho do ano seguinte, muito menos internet com conexão wi-fi. Na Guiné, muitas comunicações ainda dependiam de aparelhos de fac-símile e eram enviadas a partir do business center do Novotel. Ora, quem tinha acesso ao que se passava nas suas salas – ou a quem circulava por elas – sabia mais do que qualquer jornalista guineano. Frédéric Cilins era "o cara".

O francês chegava a Conacri como um Papai Noel dos trópicos. Comprava perfumes, telefones e MP3 (aparelhos usados para se ouvir músicas na era pré-streaming). Circulava distribuindo presentes aos funcionários do Novotel. Bajulava a todos e, em troca, recebia informações. Os funcionários chegaram a lhe repassar cópias de cartas enviadas pela Rio Tinto para o ministro de Minas, Ahmed Tidiane Souaré, e para o primeiro ministro Diallo.

Essas informações eram valiosas quando ele se encontrava com autoridades do governo guineano. Elas eram conseguidas com a ajuda de Ibrahima Sory Touré, que, se não era um craque no futebol, batia um bolão quando o jogo envolvia as relações com o governo da Guiné. Fazia os lançamentos precisos e Cilins os recebia, seguindo em frente e passando adiante o que ficava sabendo sobre a Rio Tinto. Foi aí que começou a dizer às autoridades da Guiné que a Rio Tinto estava enrolando Conté e seus ministros. Simplesmente sentando em cima das concessões de Simandou para evitar que caíssem nas mãos de um concorrente.

Um pouco antes, em 2005, Ibrahima Sory Touré o havia levado para um encontro com Lansana Conté. Com apenas os três presentes, Cilins falou da possibilidade de a empresa explorar uma parte de Simandou. Disse que nada tinha sido feito até então para desenvolver as minas, mas, estrategicamente, preferiu não mencionar a Rio Tinto. Conté chamou o ministro de Minas, que não levou cinco minutos para dar o ar da graça. O ditador queria a BSGR operando em Simandou. O ministro achava difícil tocar nas concessões da Rio Tinto, que incluíam os blocos de 1 a 4 da mina, mas ofereceu as áreas ao norte e ao sul de Simandou.

Quando percebeu que tinha conquistado o presidente, Cilins deu um passo impressionantemente ousado. Pediu o helicóptero presidencial emprestado para sobrevoar a área com um geólogo da BSGR a bordo. E Conté topou. Impôs uma única condição: o piloto e o combustível correriam por conta da empresa. E assim aconteceu. A vistoria incluiu ainda um incidente constrangedor. A certo momento, o helicóptero presidencial que transportava os executivos da BSGR pousou em uma área explorada pela Rio Tinto.

Em 2014, Cilins acabaria preso em Nova York por destruir provas relacionadas a denúncias de pagamento de propina sobre Simandou, crime delatado por Mamadie Touré. Mas, naquele momento, ele estava literalmente nas nuvens. Daí para a BSGR mandar Marc Struik para Conacri foi um estalar de dedos.

Quando holandês e os outros executivos da BSGR chegaram à Guiné, Frédéric Cilins lhes providenciou todo o apoio possível. Apresentou a seus representantes oportunidades na área de mineração e marcou reuniões com as autoridades locais. Por intermédio de seus parceiros na Guiné, ajudou a BSGR a estabelecer atividades no país, a instalar um escritório e a marcar reuniões com membros do governo. O e-mail de Etchart revelava que ele não subestimava nem Cilins nem a BSGR. Aliás, era impossível fazê-lo. Afinal, Cilins e Denis Thirouin, um representante francês da Vale em Conacri, chegaram a ser recebidos durante uma audiência conjunta no Ministério de Minas da Guiné. No e-mail, Etchart relatou esse fato.

Passados tantos anos, agora é possível saber que o encontro ao qual Etchart deu tanta importância parece ter passado despercebido das memórias de Marc Struik. O holandês faz apenas uma menção rápida a essa conversa no depoimento que prestou à corte arbitral de Londres. No documento sobre a oitiva, Struik sequer registra o seu teor em seu testemunho, apresentado nove anos depois em processo extrajudicial que tramita em Londres. É possível presumir que Etchart tenha sido bastante competente em extrair informações sem mostrar demasiado interesse no que estava ouvindo. Ele, aliás, parece ter dado provas dessa habilidade em outra ocasião.

Em 2006, em pleno outono na Guiné, o que significa um clima opressivo, mas não angustiante, Frédéric Cilins foi procurado por executivos de uma empresa chamada Sidergui. A companhia estava em busca de um parceiro que contasse com um saldo bancário parrudo para auxiliá-la na exploração de minério de ferro em uma área de 1 400 quilômetros quadrados, quase do tamanho da cidade de São Paulo, na região de Forécariah, no oeste da Guiné.

Cilins viu ali uma nova oportunidade. Muniu-se com farta documentação sobre o terreno, recolhida com geólogos e órgãos governamentais guineanos, e seguiu o caminho natural dos seus contatos. De pronto, foi procurar seus amigos israelenses da BSGR, mas essa turma não esboçou o menor interesse pelo negócio.

Foi então que Cilins conheceu Denis Thiroin, o consultor usado pela Vale para orientá-la na África em geral e na Guiné em particular. Em depoimento por escrito, Cilins contou como começou seu relacionamento profissional com a Vale. Tanto ele quanto Thiroin eram franceses. A nacionalidade comum criava um amálgama natural ao convívio. Era novembro de 2006, três meses depois do encontro com Etchart, quando Cilins apresentou a ideia de Forécariah a Thiroin. Pois foi como se tivesse acionado o botão de uma engrenagem e um maquinário imenso começasse a funcionar.

A resposta veio tão rápida quanto inequívoca: sim, havia interesse por parte da Vale na história. E ele não se restringia àquela região da Guiné. Em um e-mail com data de 14 de novembro de 2006, ou seja, menos de uma semana depois da conversa inicial, Thiroin já se mostrava disposto a discutir "condições e circunstâncias" não de uma, mas de "várias operações conjuntas" com Cilins. Para que a conversa avançasse, o francês da Vale sugeria um encontro pessoal com o francês da BSGR.

No dia seguinte, Cilins afirmou que recebeu a minuta de um acordo provisório de confidencialidade. Ele precisaria ser adequado ao negócio em questão, mas já estava sobre a mesa. Thiroin, contudo, alertou seu compatriota que os executivos da Vale só colocariam a assinatura em qualquer papel se pudessem justificar com clareza por que deveriam passar por Frédéric Cilins para alcançar Forécariah. Thiroin, na ocasião, deixou claro que, àquela altura do desenvolvimento do mercado, a "Vale havia se transformado em uma empresa americana sob os aspectos administrativo e jurídico". Em português claro: a mineradora, embora de origem brasileira, era um gigante global, tinha papéis negociados na Bolsa de Valores de Nova York e, como tal, estava sujeita à legislação dos Estados Unidos.

Satisfeito, Cilins seguiu em frente. Pontuou nos contatos que a Sidergui estava totalmente envolvida na exploração em Forécariah. Ele, por sua vez, queria uma parte no negócio. Desejava ser acionista da empresa que detivesse os direitos minerários na região, isso por meio de uma estrutura empresarial própria, o que levaria à inclusão de seus dois sócios no negócio. Thiroin teria validado esse e diversos outros pontos do acordo com a Vale. Foi assim que, em 11 de dezembro de 2006, Cilins enviou um e-mail diretamente a Eduardo Etchart. A resposta veio no mesmo dia. A partir dali os dois combinaram preliminares por telefone, novos contatos por mensagens e um encontro pessoal, em 14 de janeiro de 2007, em Paris.

No início de janeiro, disse Cilins, Etchart teria lhe enviado um novo e-mail. Desta vez, queria mais informações sobre os acionistas e a estrutura por trás da empresa do francês. O executivo da Vale argumentou que precisava dessas informações para assinar um memorando de entendimento com Cilins, que seria tratado como o "facilitador do negócio" em Forécariah. Uma cópia dessa mensagem, ainda segundo Cilins, alcançou outros integrantes da equipe sênior de Etchart. Na lista, havia nomes como Rodrigo Quental, o gerente de desenvolvimento de negócios na África e nas Américas, e Marco Heidtmann Monteiro, o já mencionado gerente de geologia da mineradora brasileira. O compartilhamento desses e-mails entre Etchart e Cilins seria praxe, aliás. Cópias da correspondência eram enviadas a Thiroin e a diferentes membros da empresa, como, além de Monteiro e Quental, Paul Antaki, o diretor de desenvolvimento de negócios na África. Isso, claro, entre os destinatários que estavam visíveis nas comunicações do grupo.

Cilins garante que se reuniu com Etchart em janeiro de 2007, em Paris. Da maneira como descreve o encontro, o executivo da Vale teria conduzido a conversa como se ela estivesse se desenrolando em um tabuleiro de xadrez, ou melhor, em uma partida de "War", na qual o objetivo era acumular, em vez de territórios mundo afora, informações que levassem a jazidas de minério de ferro. Antes de falar sobre o projeto de Forécariah, Etchart teria montado um cerco de perguntas sobre a experiência do francês. Interessou-se, por exemplo, pelas conexões que o novo parceiro mantinha na Guiné. Não economizou questões em torno do relacionamento de Cilins com a BSGR e sobre a operação que os israelenses haviam conquistado ao norte e ao sul de Simandou.

Arguto, para dizer o mínimo, Cilins não se fez de rogado. Para impressionar o interlocutor, afinal, um alto executivo de uma potência global, mostrou-se cooperativo ao compartilhar quaisquer informações. O francês disse que, na ocasião, fez o seguinte cálculo: uma companhia como a Vale se sentiria à vontade para tocar o negócio sabendo que ele tinha atuado como uma peça-chave para abrir caminhos como consultor em meio ao intrincado mundo do poder guineano.

Cilins afirmou ter explicado a Etchart detalhes da estrutura de negócios que mantinha com seus sócios. Todos eram acionistas da BSGR Guiné, formalmente a empresa que detinha as licenças de Simandou norte e sul. O francês pretendia replicar o mesmo modelo de parceria à reserva de Forécariah, caso a Vale estivesse disposta a prosseguir com o projeto. Teria deixado claro que esperava que não houvesse problema para a Vale se tudo fosse feito por meio de uma estrutura offshore. Etchart, apontou Cilins, disse que não enxergava nenhum entrave.

O ano de 2007 entrou e a troca de e-mails e conversas telefônicas foi mantida. Em março, Etchart e Cilins discutiram novas possibilidades de parcerias, o que incluía um depósito de ferro de 500 quilômetros quadrados, além de licenças para a exploração de urânio, cobre e diamantes - riquezas abundantes na miserável Guiné. Etchart, observou o francês, mostrou-se propenso a adotar uma joint-venture com um acordo de opções, uma vez que essa parecia ser a rota preferida pela Vale para um entendimento entre as partes. Em um e-mail de março de 2007, Cilins afirmou ter gostado da ideia, já que o executivo da Vale dissera que, com base nesse caminho, seria mais fácil obter o suporte da companhia, o que significava que ambos poderiam agir com maior rapidez.

Cilins, nessas ocasiões, diz que firmava os dois pés em torno dos aspectos que vinha pontuando desde o início dos contatos. Ele deixava claro que suas atividades contratuais só seriam executadas com a participação de seus sócios. Para tanto, gostaria de usar a estrutura de negócios na área de mineração mantida pelo grupo. A mesma que firmara na formação da BSGR Guiné. Mirava uma sociedade da qual fizesse parte com a sua patota. Outra possibilidade apontava para a criação de um veículo específico para o relacionamento com a Vale, algo que evitaria uma eventual contaminação entre os projetos. Seja como for, o fato é que, ao cabo de 2007, a história não vingou. Dela, não nasceu nenhum acordo formal. E essa é a versão de Cilins.

Eduardo Etchart tem outra perspectiva dos fatos. Em dois depoimentos prestados à corte arbitral em Londres, ele contestou a história do francês. Disse que conheceu Cilins no mesmo evento da indústria da mineração, no fim de agosto de 2006, em Conacri, no qual também encontrou pela primeira vez o holandês Marc Struik, da BSGR. Na ocasião, o grupo teria mantido uma conversa rápida, protocolar, sendo que Struik teria mostrado interesse na operação de bauxita da Vale. Pouco depois, ressalta Etchart, ele e o holandês, ambos baseados em Johannesburgo, participaram de um encontro informal, em um café da manhã que também contou com a presença de Paul Antaki, outro integrante da cúpula da mineradora brasileira na região. Essa conversa teria ocorrido ainda em agosto de 2006, no mesmo mês do evento. Etchart disse que esse tipo de conversa entre integrantes do setor de mineração era corriqueiro. Ele esperava aprender mais sobre a atividade da BSGR com minério de ferro, mas Struik havia dado pouca atenção ao tema.

O ex-executivo da Vale afirma que, na época do evento em Conacri, desconhecia a natureza do relacionamento de Cilins com a BSGR, mas entendeu que ele estava trabalhando para a companhia de Steinmetz na Guiné. Ele nunca discutiu o papel do francês na BSGR. "Nossa interação foi breve e consistiu em um aperto de mão e na troca de cartões de visita", restringiu-se a declarar. Etchart negou ainda que tenha encontrado Cilins pessoalmente em outra ocasião. Com isso, refutou a ocorrência do encontro em Paris, em janeiro de 2017.

Etchart também afirmou que desconhecia os nomes de pessoas ou empresas associados à estrutura empresarial mencionada por Cilins, a tal offshore que poderia ser usada – ou criada – para servir de ponte nos negócios do francês com a Vale. Disse que apenas trocou e-mails com Cilins "em algumas ocasiões nos meses seguintes à reunião no Ministério de Minas", mas essa correspondência se limitava à discussão sobre "oportunidades na Guiné", o que incluía licenças para a exploração de bauxita, urânio, diamantes, cobre e minério de ferro. Isso além de eventuais ações de exploração na Costa do Marfim.

A Vale, acrescentou Etchart, só foi abordada pela BSGR para discutir uma parceria em Simandou em fevereiro de 2010. Ele reconheceu, contudo, que um "punhado de contatos menores" mantidos entre as duas empresas aconteceu antes disso, entre agosto de 2006 e 2009. Mas ressalvou que não teriam sido "reuniões substantivas". Elas também estariam mais relacionadas a operações com bauxita. Até 2013,Etchart permaneceu em Johannesburgo, na África do Sul, onde exercia o cargo de gerente geral de exploração na África. Era responsável por projetos nos países onde a Vale estava ou queria estar no continente. À época do primeiro depoimento prestado à corte britânica, em janeiro de 2015, ele havia sido transferido para Lusaka, na Zâmbia, e continuava exercendo a mesma função. Já no segundo testemunho, ocorrido em março de 2016, atuava como gerente de avaliação de recursos minerais para a operação da Vale em Tete, em Moçambique.

Os fatos narrados por Cilins e Etchart, ainda que divergentes, referem-se principalmente aos anos de 2006 e 2007. Pouco depois, o mundo da mineração deixou de lado as luvas brancas de algodão e calçou as de boxe. No início de 2008, a BHP Billiton tentou comprar a Rio Tinto adquirindo as ações da concorrente numa tomada de controle hostil. A Vale quis aproveitar a oportunidade. Não havia minerador no mundo que não soubesse dos problemas que a Rio Tinto enfrentava para renovar suas concessões sobre Simandou. A multinacional já detinha a licença havia onze anos e o presidente Lansana Conté estava incomodado. Conté cobrava mais resultados. Em um mercado pequeno como o da mineração e em um país como a Guiné isso não passa despercebido. O oceano azul da Rio Tinto tingia-se de vermelho sangue. Os predadores marinhos estavam se movimentando e isso era notícia.

Com o adversário sob ataque, a Vale ofereceu à Rio Tinto uma negociação sobre as minas da Guiné. As conversas não prosperaram, mas os brasileiros conseguiram mantê-las em segredo. Em junho, foi a vez da Vale ser procurada. O empresário guineano Bah Yali fez uma visita ao representante da Vale em Conacri. Apaixonado por fotografia, natureza e café, Marco Heidtmann Monteiro viveu mais de três anos na Guiné. É um especialista em África Ocidental. Conhece a gente africana e seus costumes.

No dia seguinte à visita, ele informou à direção da Vale no Rio de Janeiro o que Bah Yali lhe confidenciara. A unidade sul-africana da BSGR buscava a anulação das concessões da Rio Tinto. "A BSGR está muito agressiva", comentou Monteiro. Bah Yali contou-lhe que a BSGR contratara duas sondas russas para perfurar o trecho sul de Simandou e estava "forçando a situação" para participar do comitê de construção da ferrovia Transguineana, destinada a ligar Conacri ao leste do país. Numa prova de que sabia o que estava dizendo, Bah Yali adiantou que a Vale seria chamada para uma conversa com o futuro primeiro-ministro guineano. Marco Monteiro copiou quatro altos executivos da Vale no seu e-mail, mas o destinatário principal era Eduardo Jorge Ledsham, o influente diretor-executivo de exploração e desenvolvimento de projetos minerais.

Três meses depois, a fofoca ganhou outra proporção. No início de outubro, a Guiné celebrava 50 anos de independência do jugo francês. Uma empresa de eventos aproveitou as comemorações para promover um simpósio sobre mineração. Fernando Greco, então gerente-geral de direitos minerários e meio ambiente da Vale, foi escalado para participar do encontro. Ele também foi encarregado de visitar o investimento de prospecção de bauxita que a Vale mantinha na Guiné. Eram quase 10 horas da noite do dia 22 de outubro quando enviou por e-mail um relatório aos seus superiores. O assunto era "Viagem à Guiné".

Fernando Greco iniciou a mensagem descrevendo uma breve reunião com o novo ministro de Minas do país africano na qual teve de explicar as medidas que a Vale tomara com relação às suas concessões para prospecção. Greco vacilava entre a confiança e a preocupação com a renovação das licenças de prospecção de bauxita que a Vale já tinha recebido do governo da Guiné. Ressaltou a importância de manter os investimentos nos próximos anos e recomendou gastos sociais no país, a exemplo do que já faziam a BHP Billiton e a Rio Tinto, concorrentes da companhia brasileira.

Em seguida, abriu um novo tópico: "Simpósio/Simandou". Segundo ele, a inexplorada cordilheira de minério de ferro foi o principal tema desse encontro. Greco reportou o empenho com que a Rio Tinto se apresentou como dona das reservas. Foi direto ao ponto: "Vocês sabem que a briga por uma eventual parte desmembrada de Simandou vai ser feia. Caso tenhamos interesse nessa briga teremos que ter uma estratégia bastante agressiva, com envolvimento político do governo e também com iniciativas claras de investimento no país. Sem isso, somos carta fora do baralho." Greco ainda recomendou o reforço ao time da Vale em Simandou com "algum local para ajudar nesse trabalho de relacionamento com o governo". Ou seja, um lobista.

Em defesa de Greco, é preciso dizer que ele não estava transpondo nenhum limite. Afinal, não há nada de errado em uma empresa contratar um profissional para defender seus interesses. Justamente o contrário. O lobby é legalizado e regulamentado nos países desenvolvidos. São justamente os que fingem que essa atividade não existe que mais correm risco de se envolver em escândalos de corrupção. Tampouco estava sendo ousado. Greco sugeria apenas que a Vale apelasse para as mesmas armas que seus concorrentes já vinham usando. "Outro aspecto que me chamou atenção no evento foi o fato de as empresas estrangeiras colocarem na linha de frente profissionais do país para defender seus interesses", comentou Greco.

O e-mail de Fernando Greco funcionou como um rastilho de pólvora até atingir a alta gerência da Vale. Ninguém mais tratou das licenças de bauxita, assunto que ocupou a primeira metade do e-mail. O que interessava aos destinatários era Simandou e todos estavam na mesma página do representante da Vale na Guiné. No mundo real, ter relações com políticos é uma exigência incontornável nos negócios de grande vulto. A África é um continente difícil. A África Ocidental mais ainda. Greco estava certo no seu diagnóstico e não houve quem discordasse.

O primeiro a responder o e-mail enviado de Conacri foi o uruguaio Eduardo Etchart. Ele não só concordou com o colega como lembrou que o governo da Guiné vinha passando esse mesmo recado havia dois anos. Etchart se comprometeu a ir a Guiné para auxiliar Monteiro na seleção do homem certo para melhorar o relacionamento com as autoridades locais. Etchart alertou: "Falta de protagonismo e low profile nesses países se pagam caro." De Conacri, Monteiro replicou: "Penso que precisamos definir uma estratégia local mais agressiva se quisermos ter Simandou, e pouco vão adiantar as visitas e trocas de cartões conforme ouvi de uma pessoa bem influente."

Chefe de todos, Eduardo Ledsham fez uma única pergunta. Dirigiu-se diretamente a Monteiro: "Marco, o que precisamos fazer para dar uma mordida no Simandou?"

Meio jocosa, meio despudorada, a franqueza da indagação pode dar uma impressão equivocada de Eduardo Ledsham. Eram 12h15 de 24 de outubro de 2008. Ele bem podia estar pensando no seu almoço quando disparou a pergunta voraz sobre Simandou no início de tarde daquela sexta-feira. Como é evidente e a sequência de e-mails mostra, ele não se dirigia apenas a Monteiro. Cobrava a equipe toda, seus subordinados e colegas de muitos anos. Ledsham conhecia os meandros da Vale, tudo e todos, de alto a baixo. Queria incentivar seus perdigueiros a enfiar as narinas na terra para achar um caminho? Queria que eles arreganhassem os dentes? A mensagem se destinava a geólogos e cientistas, mas também a executivos reputados entre os melhores do mundo em um ramo em que não há espaço para amadores. Ledsham foi compreendido.

Marco Heidtmann Monteiro respondeu ao chefe com um e-mail cuidadosamente refletido no qual apontou sete medidas que deveriam ser adotadas para a consecução da meta. Na lista, havia um pouco de tudo. Serviços de relações públicas para divulgar a Vale na Guiné, viagens das autoridades locais para o Brasil a fim de conhecer as plantas da Vale, pedidos de apoio ao governo brasileiro nas negociações e o desenvolvimento de projetos sociais e econômicos com o apoio de empresas estatais como a Embrapa, com notório conhecimento sobre agricultura tropical, e a Eletrobras. Se resta alguma dúvida sobre o que Monteiro estava falando, ele é transparente ao mencionar a contratação de uma empresa de consultoria para fazer "lobby junto ao governo local" e articular um encontro da Vale com o primeiro-ministro da Guiné e com o presidente Lansana Conté.

Monteiro também demonstra preocupação com ações similares executadas pelos concorrentes. Ele conta que a Rio Tinto convocou a imprensa para anunciar a doação de dez ônibus, cinco caminhões de limpeza, além de US$ 5 milhões a um fundo de desenvolvimento da Guiné. Informa que a empreiteira Andrade Gutierrez, uma das gigantes nacionais no panorama pré-Operação Lava-Jato, estava se instalando na Guiné, assim como a empresa brasileira de pesquisa Geosol, que passou a prestar serviços para a Rio Tinto. Recorda que a BHP Billiton, maior mineradora do mundo, também estava no páreo por Simandou assim como as empresas chinesas, clientes da Vale.

Antes de concluir a mensagem, o executivo voltou a mencionar a BSGR. Segundo ele, "muito ofensiva, mas agindo de forma antiética e conversando diretamente com uma das mulheres do presidente tentando conseguir algo". No caso, o presidente era Lansana Conté e a mulher em questão era a já mencionada Mamadie Touré, que alegava ser a quarta esposa do presidente guineano. Na prática, Monteiro lançava um alerta sobre o terreno pantanoso no qual a gigante brasileira estava prestes a pisar. Os executivos da Vale precisariam decidir o que era pior: perder Simandou e comprometer o futuro da companhia ou correr o risco apontado por Monteiro e que, em última instância, poderia ter consequências nefastas para todos enquanto pessoas físicas.

O uruguaio Etchart respondeu a Monteiro com um e outro sinal de "portunhol". "Posso adiantar que sim ele (Beny Steinmetz) já tem um acordo inicial de começar a dançar com outra música na Guiné da utilizada até agora para pescar um bocado de Simandou". Solícito e diligente, Etchart se dispôs a ajudar Monteiro a seguir adiante.

Num gesto de lealdade ao colega, excluiu o superior Ledsham da resposta que enviou a Monteiro com cópia para Fábio Masotti. Etchart sugeriu que montassem uma proposta com uma lista de atividades e o nome das pessoas que seriam envolvidas no processo. Destacou que a Vale não teria nada a perder porque a energia consumida na política de cerca-lourenço em Simandou também poderia auxiliar na manutenção das licenças de exploração de bauxita na Guiné. "Não será dinheiro no lixo", garantiu Etchart, lançando mão de uma elipse que denunciou o seu "portunhol".

Eduardo Ledsham encerrou a troca de correspondências de maneira direta: "Ok, Marco. Como você bem colocou, temos que ter uma exposição clara e um canal com o presidente." Antes de se despedir, Ledsham encomendou a Fábio Masotti e a Eduardo Etchart um plano de ação. E deu prazo de uma semana para ficar pronto. Se restava dúvida a algum técnico de que a Vale entraria no jogo, certamente ela foi dirimida nesse momento.

IV. A CORTE MÍSTICA DE LANSANA CONTÉ

Os e-mails trocados pelos executivos da Vale a partir de 2006 permitem reconstruir a história das articulações em torno de Simandou pelo lado brasileiro. O testemunho escrito pelo holandês Marc Struik oferece um novo ponto de vista sobre o caso. Struik já era um executivo de mineração bem-sucedido, antes de conhecer Eduardo Etchart no Ministério de Minas da Guiné e ter a conversa que detonou um corre-corre dentro da Vale motivado pelo ferro camuflado nas verdes colinas da África. Depois de concluir a graduação e o mestrado em sua pátria, Struik trabalhou por onze anos para a De Beers, empresa com mais de um século de experiência na exploração de diamantes e pela qual o próprio Benjamin Steinmetz tinha passado. Depois, trabalhou mais seis anos na Snowden, uma das mais renomadas consultorias do setor de mineração.

Apesar de ter dedicado toda sua carreira ao setor, Struik não tinha ouvido falar de Simandou e de suas gigantescas reservas de minério até entrar na BSGR, em outubro de 2005. A partir daí, nunca mais saiu do assunto. Um mês depois de ter sido contratado, Struik já estava na Guiné para levantar informações sobre as oportunidades de investimento no país. Logo na chegada, foi apresentado à Frédéric Cillins, que mantinha negócios de importação de comida e remédios. Cillins prometeu introduzir Struik a pessoas bem conectadas no país e começou pelo jornalista Ibrahima Sory Touré, o meio-irmão da autoproclamada quarta esposa do presidente Lansana Conté.

Juntos, Cillins e Touré abriram as portas da Guiné para Struik. Foram eles que o levaram até ao chefe do Centro de Promoção e

Desenvolvimento Mineiro (CPDM), a agência de mineração local. Struik esteve várias vezes na CPDM. O holandês alega que a dupla de lobistas o acompanhou para atuar como tradutores, já que não é fluente em francês. Seu interesse: as áreas ao norte e ao sul de Simandou. As licenças para prospecção nessas duas regiões, que estão além das montanhas de Simandou, não tinham dono, mas eram disputadas pelas gigantes do setor. Vale, BHP Billiton, Rio Tinto e Mitsubishi estavam na corrida. Segundo Struik, a BSGR venceu a parada dizendo que, para ela, essas glebas eram fundamentais e seriam prospectadas imediatamente. Para os conglomerados, que tinham grandes minas em atividade, não passavam de reservas estratégicas que receberiam investimentos num futuro distante.

Os argumentos que o recém-chegado Struik usou foram bem acolhidos. Um mês depois, a BSGR já negociava os termos de um memorando de entendimentos com o governo. Depois de quatro meses de negociações, o documento foi assinado. Nas suas visitas a Conacri, Struik ouviu que a Rio Tinto teria dificuldade em renovar suas concessões de prospecção em Simandou. "Era comum se dizer tanto no CPDM quanto no ministério e na comunidade de negócios em Conacri que a Rio Tinto tinha sentado em cima das licenças por quase uma década e estava trabalhando apenas numa parte pequena da área licenciada. Manter as licenças começou a ficar delicado", contou Struik.

A legislação da Guiné previa que a renovação das concessões só abrangesse metade da área concedida inicialmente. Simandou fora dividida em quatro blocos. A Rio Tinto tinha as licenças de todos, mas só prospectara os blocos três e quatro. Struik concluiu que os blocos acabariam sendo devolvidos ao governo, que não escondia a decepção com a demora da Rio Tinto em apresentar resultados. As relações entre o governo e a companhia anglo-australiana azedavam por causa de desentendimentos sobre a participação que o governo deveria ter na receita do minério de ferro extraído de Simandou. E porque a empresa estava continuamente postergando o início das operações.

Outras versões apareceram, mas não foram confirmadas pelos fatos posteriores. Uma delas dá conta de que a licença foi cassada porque a Rio Tinto se recusou a construir uma saída ferroviária até Conacri. Em vez disso, insistia em escoar o minério por meio de uma ferrovia próxima a Simandou, que cruza a Libéria rumo ao porto de Buchanan, na costa do Atlântico. Ora, a saída pela Libéria era a mesma proposta pela BSGR. Outra versão daria conta de que a Rio Tinto perdeu a concessão porque o governo guineano teria sido seduzido na Conferência de Cooperação China-África realizada em Pequim, em 2006. Como não foram os chineses que ganharam parte de Simandou, mas israelenses, essa versão não para em pé. Não está claro se essas especulações nasceram no mercado ou se foram estimuladas pelos executivos da própria Rio Tinto para justificar a derrota, mas elas aparecem em relatórios de investigação e reportagens sobre o tema.

Marc Struik viu o tombo da Rio Tinto como uma oportunidade. "Eu informei a CPDM e o ministério que a BSGR estaria interessada em ficar com metade de Simandou", relatou Struik. E ficou. Em 6 de fevereiro de 2006, dois meses depois de o holandês pôr os pés pela primeira vez na Guiné, a BSGR já detinha a concessão para explorar as áreas ao norte e ao sul de Simandou. No depoimento que prestou à Corte de Arbitragem Internacional de Londres nove anos depois, Struik foi categórico sobre a pergunta óbvia: "Eu não estou a par de nenhum incidente em que pagamentos impróprios foram sequer considerados, quanto mais feitos em qualquer dos projetos em que trabalhei."

Depois que a BSGR conquistou as licenças nas imediações de Simandou, Struik começou a montar uma operação local. Frédéric Cillins o auxiliou em tudo. A empresa precisava de um escritório. Alugou um prédio da ex-primeira-dama Hadja Andreé Touré, viúva do ex-presidente Ahmed Sékou Touré. Cillins ajudou a abrir contas bancárias, a providenciar uma casa, carro, a contratar motorista, segurança, cozinheiro e outros empregados domésticos. Como Struik não era fluente em francês, Cillins ainda lhe servia de intérprete. Vez por outra, encerravam o dia bebendo juntos nas noites tórridas de Conacri.

Era comum que o jornalista Ibrahima Sory Touré estivesse ao lado de Cillins. Na descrição de Struik, Cillins era um faz-tudo. Touré, o assessor do faz-tudo. Nessa condição, também ajudou Struik. Foi premiado com um emprego temporário na BSGR. Um ano depois foi efetivado como vice-presidente de relações públicas. O holandês diz que o vice-presidente jamais falava de assuntos privados. Por isso, nunca soube que sua meia-irmã alegava ser a quarta esposa de Lansana Conté – o Islã permite que seus seguidores tenham até quatro mulheres, se forem capazes de sustentá-las.

Uma vez resolvidas as questões comezinhas de como viver na Guiné, Struik passou a ser cada vez mais assíduo no país. Numa dessas visitas, foi convocado pelo então ministro de Minas, Ahmed Souaré, para uma reunião com o presidente Lansana Conté. Struik compareceu acompanhado de seu chefe, Roy Oron. Struik descreveu o encontro como técnico, no qual se falou do contrato assinado pela BSGR com o governo e o presidente questionou os planos e o orçamento destinado à prospecção em Conacri. Segundo Struik, Conté queria evitar que a BSGR seguisse o exemplo da Rio Tinto e postergasse os investimentos necessários.

— Vocês vão ser iguais a outras empresas e simplesmente sentar aqui sem fazer nada ou vão trabalhar de verdade? Eu vou estar de olho em vocês, avisou o presidente.

Em junho, outro funcionário da BSGR desembarcou em Conacri para comandar a operação local. O franco israelense Asher Avidan é o tipo de gente de que todo mundo gosta. Mistura o jeito simpático, sorridente e comunicativo com um visual completamente careca a um par de óculos de aros grandes. É tão afável e rápido em fazer amigos quanto sagaz. Antes de ingressar na vida privada, Asher foi do Shin Bet, a agência de segurança interna de Israel, e respondeu pela integridade das embaixadas de seu país no exterior. Passou pela

África e pela Europa como chefe de departamento no Ministério das Relações Exteriores e Defesa de Israel. Era um misto de diplomata com agente secreto.

Ninguém chega perto de uma função dessas sem provar muita capacidade, além de perspicácia. Avidan não tinha formação específica em geologia, mas sabia o que fazer para comandar a operação local. Pouco a pouco, foi assumindo os serviços que eram legados a Frédéric Cillins. Esse foi um processo paulatino e levaria tempo até que o francês se afastasse da BSGR.

Munida das licenças sobre Simandou e estabelecida na Guiné, a BSGR entrou no mapa dos mineradores de ferro. A BHP Billiton foi a primeira a se aproximar. As primeiras reuniões do Struik com os executivos da maior mineradora do mundo aconteceram em Johanesburgo antes mesmo que o governo Lansana Conté entregasse os blocos 1 e 2 à BSGR. As conversas continuaram pelo resto do ano, inclusive enquanto Struik falava com Eduardo Etchart em Conacri e os executivos da Vale desenhavam uma estratégia para dar a tal "mordida no Simandou". Numa reunião no outono londrino, a BHP Billiton se ofereceu para financiar a exploração nas montanhas africanas. Em troca, receberia ações da BSGR ou de uma companhia que as duas empresas formariam em joint-venture. Mesmo tendo ido tão longe, as negociações acabaram sendo abandonadas.

A BSGR rapidamente fincou raízes na Guiné e soube que havia reservas de bauxita disponíveis para a prospecção nas imediações da fronteira com o Mali, no Leste. A empresa soube dessas áreas por duas fontes: uma oficial, a própria CPDM, e outra extraoficial, Mamadie Touré. Era voz corrente em Conacri que a meia-irmã de Ibrahima Touré, futuro vice-presidente da BSGR, influenciava as decisões do presidente Lansana Conté e estava na rede de contatos de Frédéric Cillins.

Ainda na faixa dos 20 anos, Mamadie Touré tinha a beleza de certo modo ofuscada pelo peso excedente. Compensava os quilos a mais com adereços de ouro, vistosos turbantes, boubous – as túnicas usadas por homens e mulheres na África Ocidental – e muito poder. Não era só a proximidade com o presidente que lhe emprestava prestígio. Há relatos de que ela se apresentava como bruxa. Mamadie Touré alegava ter poderes místicos, o que era valorizado inclusive por Conté. Assim como no Brasil, o sincretismo religioso é comum na Guiné. A diferença é que, enquanto aqui as religiões tradicionais africanas se fundem ao catolicismo, na Guiné andam de braços com o Islã.

Conté conheceu Mamadie no ano 2000 em Dubréka, cidadela de nove mil habitantes onde ambos nasceram. Conté já era presidente. Mamadie era filha de um de seus amigos militares - o pai dela lutara ao lado de Conté. Sua filha mais velha costumava cozinhar para o ditador quando ele visitava Dubréka, onde tinha muitas propriedades. Numa dessas ocasiões, Mamadie conheceu o presidente Lansana Conté. Naquele tempo, a moça já ganhara fama por seus alegados dons sobrenaturais e reputação de feiticeira. Relatos dão conta de sua proximidade com albinos, que causam espanto e pavor na África Subsaariana. A Guiné não é exceção.

Ficou famosa uma cena em que a jovem Mamadie atravessou seu povoado com um bebê albino no colo. Como todas as histórias desse tipo, é impossível saber o que é verdade e o que é invenção, mas a versão que ganhou fama dá conta de que Mamadie carregava o recém-nascido envolto em um cobertor, caminhava com o semblante altivo e apresentava a expressão facial de quem experimentava um estado de transe.

Se a história ocorreu assim, é menos relevante. O que realmente importa é que ela se propagou. Quando já se apresentava como a quarta mulher de Lansana Conté, Mamadie continuava a andar com uma menina albina a tiracolo. Com dificuldade de pronunciar o nome da criança – algo como 'Ma ou U'Ma –, os estrangeiros passaram a chamá-la de Ema. A garota estava sempre com brinquedos e sentava-se no chão ao lado de Mamadie. A suposta quarta esposa do então presidente a apresentava como filha e impressionava os estrangeiros ao falar com a menina não em francês, mas em uma das línguas locais e, por vezes, parecer entrar subitamente em um estado de alteração de consciência.

A sina dos albinos é terrível na África Subsaariana. Em alguns países, são-lhes atribuídos poderes curativos. Nesses locais, sobretudo crianças e jovens chegam a ser caçados e, não raro, mutilados. Partes amputadas de seus corpos são transformadas em amuletos, usadas em rituais de magia ou mesmo ingeridas em sessões de canibalismo. Não é difícil ouvir relatos de que na África pessoas com poder financeiro encomendam corações de crianças albinas. Segundo a crendice local, tomar o sangue do órgão e comer partes dele promoveria uma cura milagrosa. O mercado ilegal de albinos é impulsionado pela crença de que os portadores da condição genética que impede o desenvolvimento da melanina na pele atraem riqueza, poder, fertilidade e saúde. A internet é pródiga em imagens chocantes das vítimas dessa selvageria. O tráfico de seres humanos movimenta cifras gigantescas todos os anos.

Na Guiné, a situação é menos pior. Os albinos não são caçados, mas impõem medo. Os guineanos consideram que os portadores do albinismo possuem dons mágicos e sobrenaturais. Esses atributos podem, segundo as tradições locais, ser absorvidos por feiticeiros. Acredita-se que as secreções genitais de meninas como Ema conferem vidência e outras capacidades místicas. Por isso, pessoas consideradas magas como Mamadie costumam aplicar esses líquidos nos próprios olhos e espalhá-los na face. Filho da terra, o presidente Lansana Conté professava o Islã, mas cria também nas religiões tradicionais. Até onde se sabe, Lansana Conté era supersticioso e se consultava com bruxas e videntes antes de tomar decisões.

Há duas versões diferentes para o início de seu relacionamento com Mamadie. Eis a dela: "Logo depois de conhecer o presidente, ele pediu a meu pai para se casar comigo. Em 2000, eu me tornei a quarta mulher do presidente." A outra é que o ditador a recebeu como uma espécie de protegida ou afilhada. Não está claro se a jovem e o presidente chegaram a manter relações maritais. Não existem documentos comprovando o casamento, seja nos registros civis ou religiosos da Guiné. Também não há informações sobre uma cerimônia tribal que tenha celebrado a união do casal. Ibrahima Sory Touré negava que sua meia-irmã fosse casada com Conté.

Há confusão até nos passaportes dela. No primeiro documento, expedido em 2 de maio de 2006, aparece no campo reservado à sua descrição a expressão "redactrice d'administration", algo equivalente a secretária. Na época da emissão desse passaporte, o presidente era Lansana Conté, seu alegado marido. Mamadie Touré renovou seu passaporte em 4 de novembro de 2011, quando Alpha Condé já era presidente. No campo reservado à descrição está registrado: "Epouse P R G". A tradução de "epouse" é fácil: esposa. "P R G" é a sigla de presidente (P), da República (R) da Guiné (G). Parece piada, mas o primeiro passaporte, da época em que Lansana Condé estava vivo, era um documento comum. Com ele já morto, Mamadie Touré ganhou um passaporte diplomático.

O outro documento conhecido no qual Mamadie Touré é descrita como mulher de Lansana Conté é uma declaração apresentada por Mamadou Kouyaté, conselheiro especial do atual presidente Alpha Condé. Mas seu valor foi questionado judicialmente. Primeiro, porque o documento foi produzido pelo governo Alpha Condé e, depois, usado pelo mesmo governo em um processo contra a BSGR. Além disso, a empresa alega que Kouyaté deu três cheques nominais para Mamadie Touré, que, juntos, totalizariam US$ 50 mil.

Também há certa confusão sobre a verdadeira idade de Mamadie. Seu passaporte registra que ela nasceu em 1º de janeiro de 1982. Teria, portanto, dezoito anos quando conheceu Conté e se agregou ao séquito do ditador. Outros dizem que ela tinha apenas quinze anos quando isso aconteceu. Não se trata de algo que surpreenda a sociedade patriarcal da Guiné. Ao contrário, o casamento precoce de meninas é um mal endêmico no país, e assume feições de tragédia econômica e humana. Os pais dão suas filhas em casamento por costume ou para se livrar de uma boca a mais para alimentar. Uma vez casadas, as moças geram filhos na idade em que deveriam estar na escola. Sem estudo, são relegadas à pobreza. Dependendo inteiramente dos maridos para ter sustento, são vítimas frequentes de abusos e violência doméstica.

Nada menos do que 22% das meninas se casam antes dos quinze anos, idade em que Mamadie saiu de casa. Organismos multilaterais como o Banco Mundial promovem campanhas contra o casamento infanto-juvenil. Professoras tentam convencer os pais de suas alunas a não as obrigarem a casamentos forçados em tenra idade, mas têm pouco sucesso. Primeiro, porque a educação formal é mal difundida. No interior, chega a 77% o percentual de crianças de menos de quinze anos fora da escola. Depois, porque é difícil convencer as autoridades locais a contrariar as tradições, que estão arraigadas também nesses mesmos funcionários.

As autoridades guineanas discutem como evitar o flagelo. Criam normas para impedir as uniões prematuras e indesejadas, mas, nesse cenário, encontram obstáculos para torná-las eficazes. Um deles é o registro de nascimento, que não é difundido no país. Por isso, quando questionados pelos funcionários do governo ou do judiciário, os pais costumam alegar que suas filhas têm idade maior do que a real. No meio desse cenário, os problemas para precisar a idade de Mamadie não chegam a surpreender. Tampouco mudam o rumo da história.

O que é de fato relevante é que a jovem que se dizia paranormal tinha acesso ao ditador e ele a sustentava. "Recebi dele minha própria casa em Dubréka. Eu não morava na mesma residência que o presidente, mas passamos um tempo juntos na minha casa em Dubréka e na vila do presidente. O presidente me apoiou financeiramente", escreveria Mamadie anos mais tarde.

Em seu depoimento à corte londrina, Marc Struik garantiu que a BSGR nunca teve um relacionamento direto com Mamadie e não apelou para qualquer tipo de bruxaria para obter as concessões de Simandou e das reservas de bauxita. Mamadie contaria uma história diferente aos investigadores americanos do FBI anos depois. De qualquer forma, ela não era o tipo que passava despercebida em nenhum lugar, muito menos em Conacri. Em 2006, para o lançamento oficial da empresa no país, a BSGR preparou uma grande festa no antigo Novotel Ghi, que assoma reluzente à beira mar em Conacri. Não se pode dizer que foi exatamente um sucesso de audiência.

Jornalistas e uns poucos funcionários públicos evitaram que o evento parecesse completamente abandonado. Mas, mesmo em frente a uma plateia tão restrita, Mamadie Touré desfilou. Adentrou no recinto liderando seu séquito – albinos não foram incluídos. Mamadie, com o queixo erguido, se deslocou, gingando o corpanzil jovem e volumoso, envolto pelo boubou. O traje, branquíssimo, brilhava quase tanto quanto os pesados aderéços em ouro; colares, brincos, pulseiras, anéis. Com os braços entreabertos, olhava de um lado para o outro medindo os gatos pingados presentes.

A postura era a própria demonstração física de poder, ressaltada pelo entourage, adensado por uma escolta de vários soldados, os temidos "boinas vermelhas" da Guiné. Um brasileiro dificilmente veria a cena sem fazer algum paralelo com um desfile da ala das baianas, num carnaval insólito. No palco montado pela BSGR, Ibrahima Sory Touré tinha lugar de destaque junto de europeus e israelenses. Mamadie Touré estava na plateia. Nada mais precisava ser dito.

Como era previsível, a evolução de Mamadie Touré na passarela da BSGR adicionou combustível às fofocas – reais ou não – de que a empresa criara conexões com a corte mística de Lansana Conté e que isso lhe abrira as portas da Guiné. Em defesa da empresa, é preciso reconhecer, porém, que ela se lançou ao trabalho imediatamente, da forma como se comprometera com o governo da Guiné. Por razões logísticas, investiu primeiro no Norte de Simandou. Se as prospecções fossem bem sucedidas nessa região, seria mais fácil escoar o minério até a capital Conacri e, de lá, para o resto do mundo.

Em 2007, a BSGR despachou um time para checar o sul da cordilheira, perto da fronteira com a Libéria, no sudoeste da Guiné. Os estudos iniciais da BSGR indicavam que poderia haver ouro e urânio nessa região. A equipe não achou nem um, nem outro. A comitiva já fazia o caminho de volta em veículos quatro por quatro quando um geólogo, apertado, precisou parar para aliviar a bexiga. Olhou para baixo e viu uma rocha grande com aspecto bastante similar à encontrada por Breno Augusto dos Santos no alto da Serra da Arqueada, no sul do Pará. Tratava-se de uma canga, um conglomerado de minério de ferro de alta concentração. Muitas vezes, as cangas se desprendem das montanhas e vão rolando até o fundo de vales, como o da beira da estrada em que o geólogo se aliviou. Acima desse vale, estava o Monte Younon, uma montanha de ferro, e, nas proximidades, a vila de Zogota.

O simpático Asher Avidan interrompeu as comemorações em família do Pessach, a Páscoa judaica, para receber a notícia da descoberta. À luz de hoje, a surpresa que a equipe da BSGR teve naquele momento pode ser vista como exagerada. No mapa, o Norte de Simandou fica acima dos blocos 1 e 2 cujas licenças pertenciam à Rio Tinto e permaneciam inexplorados. Em vez de iniciar seus trabalhos nessa região, a Rio Tinto preferiu concentrar seus esforços ao sul, nos blocos três e quatro. A Libéria tem uma reserva de minério de ferro no Monte Nimba, na fronteira da Guiné. Zogota está no meio de uma linha reta entre o Monte Nimba e província mineral de Simandou.

A decisão seguinte da BSGR foi inverter o plano de exploração na Guiné. Ele não seria mais feito pelo norte com destino a Conacri. Toda a equipe seria movida para Zogota. Com os recursos obtidos com a exploração do minério de ferro nessa área, a BSGR poderia financiar as atividades no Sul de Simandou. Seria necessário, porém, encontrar um novo corredor logístico. E ele já existia. Nos anos 80, empresas suecas de mineração construíram uma estrada de ferro até o porto liberiano de Buchanan, que tem grande calado e permite a atracação de cargueiros de grande porte. Do ponto de vista econômico, era uma operação viável e mais rentável do que fazer o transporte por Conacri, cujo porto é raso e demandaria a construção de um cais remoto com um píer de 25 quilômetros de extensão.

A saída logística é sempre a questão crucial no caso de uma commodity. Se ela chegar ao interior dos navios cargueiros a um preço competitivo, há sentido financeiro em explorá-la. Se não, permanecerá intocada até que a produção de outros mercados caia ou que o preço suba a ponto de compensar o investimento. Essa lógica é ainda mais rígida no caso de minério de ferro, um produto não muito caro, pesado e de difícil transporte. A Guiné é rica em reservas, mas sua mineração ainda engatinha porque não se encontrou um escoadouro logístico barato. A construção de uma saída por Conacri estava estimada em US$ 25 bilhões. Pela Libéria, cairia para US$ 11 bilhões. Custando menos da metade da solução nacional, o caminho pela Libéria viabilizava a exploração dessas riquezas.

A decisão envolveria um custo político alto: explicar à população local porque investir na recuperação de uma ferrovia e no uso de um porto num país vizinho em vez de construir uma estrada e um porto melhor em Conacri. A resposta é simples: a segunda alternativa poderia inviabilizar o negócio. A Guiné não teria os ganhos econômicos do corredor de logística se usasse o caminho pela Libéria, mas receberia o produto da venda do minério de Zogota. Em caso contrário, poderia não receber nada.

Esse tipo de dilema não é novo. Outros países já o viveram. A Suécia perdeu parte do século XIX discutindo se deveria construir uma ferrovia para transportar ao sul o minério de ferro obtido em Kiruna, no extremo norte do país, ou se deveria fazer um caminho maior e levá-lo até o porto de Narvik, na Noruega. No fim do século, escolheu o segundo caminho, viabilizou a operação e criou uma alternativa essencial para o abastecimento do mercado europeu.

Narvik se tornou estratégica a ponto de se converter em palco de uma das primeiras grandes batalhas da Segunda Guerra Mundial.

Inglaterra e França analisavam a possibilidade de invadir Narvik para garantir que o ferro das minas de Kiruna não fosse convertido em material bélico alemão. Adolf Hitler se antecipou e desembarcou na cidade portuária. As marinhas inglesa e francesa derrotaram a Alemanha no mar, mas não conseguiram sustentar sua posição na Noruega depois que a França caiu. Narvik sofreu com a guerra em razão do sucesso da decisão da Suécia de usar a rota mais barata de escoamento em detrimento da que geraria maior desenvolvimento logístico para o país. Foi a alternativa mais vantajosa para a Suécia e, de quebra, beneficiou a Noruega. O futuro da Guiné dependia de decisões em um caso muito semelhante.

O presidente Lansana Conté chamou a BSGR para atualizá-lo a respeito de suas atividades. Já às boas com a equipe de segurança de Conté, o comunicativo Asher Avidan recebeu um telefonema convocando os executivos da empresa para visitar o ditador em sua fazenda não muito distante de Conacri. Foram de carro. Era um dia quente, mas garoava. Mesmo com o tempo úmido, Conté deixou-se ficar ao ar livre num ponto alto do terreno. Abrigado sob a copa de uma árvore, estava sentado sobre uma esteira observando o cultivo do arroz. Nas partes mais baixas da fazenda, trabalhadores usavam chapéus de palha em forma de cones abertos, bem parecidos com os que se veem no Vietnã. Conté fumava um cigarro sem filtro e usava um tradicional boubou azul. O estágio avançado do diabetes dificultava a circulação do sangue e obrigava-o a manter as pernas estiradas. Talvez por isso, não estivesse usando sapatos.

Struik soube do encontro e voltou da África do Sul para acompanhar Asher Avidan. Frédéric Cillins foi junto. Ao chegar, o trio presenteou Conté com uma réplica de um carro de Fórmula 1. A BSGR dava aos vencedores dos grandes prêmios de Mônaco uma réplica do carro de Fórmula 1 confeccionado em ouro e diamantes. Lansana não teve essa sorte. O dele era só dourado e não valia mais que US$ 200. Uma réplica da réplica. O ministro de Minas já tinha recebido um exemplar idêntico anteriormente. A conversa durou o tempo necessário para que Conté fosse informado dos detalhes dos investimentos em pesquisa já feitos pela BSGR.

Ainda em 2007, Struik seria recebido mais uma vez pelo presidente Conté. Já passavam das 10 horas da noite quando Asher Avidan recebeu um telefonema do chefe da segurança de Conté convocando-o para um encontro no palácio presidencial. Avidan chamou Struik. Ao chegar, foram encaminhados para um salão com cerca de vinte metros de comprimento. Nas paredes laterais, muitas cadeiras, dispostas umas ao lado das outras. Era como se dormitassem em uma fila de espera.

Ao fundo, Lansana Conté aboletava-se em um grande sofá. Vestia um boubou amarelo dourado e sapatos combinando. Novamente, tinha as pernas estendidas sobre um banco de apoio. O boubou não cobria completamente as pernas e era possível ver a devastação provocada pelo avanço do diabetes. A pele mudara de cor, um sinal de gangrena. A televisão estava ligada no volume máximo. O presidente assistia a um jogo da Copa da África. Ao seu lado, Mamadie Touré envergava um boubou e um turbante, que disfarçava para mais sua modesta estatura de 1,58 metro. Estava elegante como se fosse a um casamento.

Os convidados se aproximaram. Enquanto segurava o cigarro com a mão esquerda, Conté lhes apontou com a direita as cadeiras nas quais deveriam se acomodar. Cobrou logo uma atualização a respeito dos investimentos em busca de minério. Perguntou sobre Simandou, como estavam indo os trabalhos, quantas pessoas tinham sido empregadas e se a infraestrutura das vilas vizinhas estava sendo utilizada pela BSGR.

Durante o relato, Mamadie lhe disse algo em sussu, a língua dos povos mandinga da África Ocidental falada em Dubréka, a cidade natal de ambos. Depois, passou a interrompê-lo enquanto ele fazia perguntas. Conté explodiu. "Ele ficou completamente doido", relatou Struik. Aos berros, a ameaçou com um gesto brusco que simulou um tapa desferido com as costas da mão. "Eu tive medo de que ele batesse nela na nossa frente", contou. Mamadie se recolheu em silêncio.

Pasmos, os dois europeus ficaram quietos. Depois conversaram sobre o caso no carro enquanto voltavam para casa. Pode-se entender o episódio de duas formas. A primeira, mais óbvia, é que a influência de Mamadie era mais alegada do que real. Um titã que tomou o poder, sobreviveu a tentativas de golpes de estado e de assassinato, formado numa escola corânica não daria ouvidos a uma moça de menos de 30 anos que lhe havia sido dada de presente pelo pai dela. "Tendo visto como ele a tratou, acho difícil acreditar que ela poderia ter qualquer tipo de influência sobre ele", concluiu Struik. A outra interpretação possível é que esse tipo de discussão revela intimidade.

O tempo de Lansana Conté estava terminando. O general-ditador resistiu por seis anos depois de ser desenganado pelos médicos. Em 2008, o diabetes, os problemas cardíacos e décadas de tabagismo cobraram seu preço.

V. PROJETO VENEZIA

Enquanto encontros noturnos – e ameaças de esbofeteamento – preenchiam o ambiente palaciano da Guiné, o mundo simplesmente derretia no início de 2009, sob o impacto da crise financeira detonada a partir da quebra do Lehman Brothers, o quarto maior dos Estados Unidos, em 15 de setembro de 2008. À época, houve quem dissesse que o capitalismo havia chegado ao fim tal qual o conhecíamos. Exagero, claro, mas, como asseguravam os analistas naquele período, o que era terra firme se transformou em pântano. O que minimamente balançava, por sua vez, desabou. Só para relembrar o tamanho do estrago, em menos de uma semana as bolsas mundiais perderam 4 trilhões de dólares e o Tesouro americano se viu obrigado a abrir os cofres para salvar um sistema financeiro cambaleante e conter o pânico.

Foi terrível no mundo. E foi bastante ruim no Brasil. Mas não mais do que isso. Então presidente da República, Lula chegou a afirmar que a crise poderia atingir os Estados Unidos feito um tsunami, mas por aqui não passaria de uma "marolinha". Ainda que não tenha sido tão branda, o fato é que a economia brasileira reagiu bem ao tropeço global, com o reforço do mercado interno, estimulado por taxas de juros que baixaram de 13,75% para 8,75% ao ano (sim, elas giravam nesse patamar) e cortes de tributos favorecendo diversos setores da indústria. O PIB nacional, que registrara avanço de 5,2% em 2008, ficou em - 0,13% negativos em 2009. No mundo, a queda chegou a - 0,5%, atingindo - 3,4% nos países desenvolvidos. Mas o produto nacional já apontava para o alto em 2010, batendo em 7,53%.

A crise também abalou o mercado mundial de ferro de forma drástica, resultando na quebra de diversos contratos de compra do minério, principalmente no segundo semestre de 2010. O modelo predominante de fixação de preços do produto foi alterado de anual para trimestral nesse período. Ainda assim, a forte demanda anotada pelas economias emergentes, notadamente pela China, e aliada à insuficiência na oferta do produto, elevaram os preços do ferro a patamares sem precedentes, alcançando US$ 168,53 a tonelada em dezembro de 2010. Quem vê o desenho das linhas de desempenho das ações das três gigantes do setor, BHP, Vale e Rio Tinto, fica espantado com o traçado ascendente. E a Vale estava na crista da onda. Se esse contexto deveria surtir algum efeito sobre a cúpula da empresa brasileira, ele só poderia resultar no aumento do desejo dos executivos do alto escalão da companhia por Simandou.

Se olhassem para as montanhas da Guiné entre o fim de 2008 e o início de 2009, os líderes da Vale teriam diante de si um cenário complexo, repleto de atores não menos do que melindrosos. A área de exploração de Simandou havia sido dividida em quatro blocos. Entre 1997 e 2008, todos estavam na gaveta da Rio Tinto e ali permaneceram sem grandes alterações. Isso embora, entre 2005 e 2006, algumas empresas tivessem tirado algumas casquinhas do entorno dessas regiões.

Em fevereiro de 2006, por exemplo, a BSGR obteve a licença de prospecção das áreas conhecidas como norte e sul de Simandou. Essa outorga incluía ainda a concessão de uma gleba próxima da região de Zogota, ao sul, um trecho que iria se mostrar altamente valioso para a extração de ferro. A Vale também havia fincado sua bandeira em um naco de terra próximo do grande maná guineano. Entre abril e maio de 2008, a empresa solicitou licenças para a análise de três áreas. Uma delas foi concedida pelo governo da Guiné. Ela abrangia 2 400 quilômetros quadrados, praticamente o dobro de toda a cidade do Rio de Janeiro, e ficava a leste da parte norte de Simandou. A mineradora brasileira esforçou-se na lição de casa. Fez o trabalho geológico, mas os depósitos não se mostraram economicamente viáveis.

O fim de 2008, contudo, foi marcado por uma guinada radical na cena da Guiné. As mudanças, por um lado, alcançaram como um furacão o jogo das empresas no país. E elas não foram somente estratégicas, mas novos jogadores entraram em campo para iniciar uma partida que se mostraria tumultuadíssima nos anos seguintes. Por fim, as alterações na política da Guiné naquele mesmo período também não seriam menos do que arrebatadoras.

Em seu depoimento à corte arbitral de Londres, Eduardo Etchart, o ex-executivo da Vale responsável pela exploração de minérios na África, oferece uma visão de como essa tempestade se formou. Ele diz que era de conhecimento de toda a indústria de mineração que o caldo da Rio Tinto estava entornando em 2008. A Vale sabia disso e, em meados do ano, chegaria a oferecer US$ 4 bilhões pelos direitos de Simandou detidos pela Rio Tinto. O caso seria relatado anos depois por Roger Agnelli e pelo diretor executivo José Carlos Martins a Benjamin Steinmetz, conforme depoimento deste último prestado a uma corte de arbitragem em Paris em 2017.

A mineradora estava sob pressão do governo guineano para apresentar um estudo de viabilidade completo para os quatro blocos que detinha no coração de ferro de Simandou. Como ela não fez nada disso, observou Etchart, a reviravolta começou.

Em 9 de dezembro de 2008, o governo guineano obrigou a empresa anglo-americana a devolver os blocos 1 e 2 de Simandou, porque ela tinha deixado de realizar qualquer estudo de viabilidade durantes os 11 anos em que manteve as licenças de exploração. Ato contínuo, outorgou à BSGR os direitos de prospecção sobre essas duas áreas. Para a Vale, a partir daí, havia duas portas de acesso às minas de Simandou. Uma delas seria por meio de uma parceria com a Rio Tinto. A outra teria como chave um acordo com os israelenses da BSGR. Nenhuma delas representava uma escolha simples. Assim, ambas foram examinadas e, em algum momento, até forçadas. Como agravante, acrescente-se que a BHP Billiton as chinesas Chinalco e a Baosteel também estavam correndo no mesmo páreo.

Foi com base nesse quadro que os executivos da Vale seguiram à risca as ordens do diretor-executivo de exploração e desenvolvimento de projetos minerais, Eduardo Ledsham. Para "dar uma mordida no Simandou", eles produziram não um, mas dois documentos. O primeiro detalha a situação local. O segundo, a estratégia de ação. Ambos revelam o empenho obstinado da Vale para ter acesso às reservas da África. Além disso, esses papéis mostram que os executivos da empresa sabiam exatamente onde estavam se metendo, cientes, inclusive, dos boatos de relações impróprias e até de pagamento de vantagens indevidas que pesavam sobre os parceiros com quem vinham flertando.

A análise técnica da situação de Simandou no final de 2008 está no Robert Project, elaborado para subsidiar os executivos da Vale numa reunião que aconteceria em Nova York. São doze páginas montadas na forma de slides, algumas em português e outras em inglês. Elas intercalam informações jurídicas, geológicas, ambientais e mapas com questões já formuladas em inglês para serem feitas durante a reunião.

A terceira página do Robert Project detalha a situação das concessões de Simandou. Relata que a Rio Tinto obteve as permissões na área da cadeia de montanhas por meio de uma subsidiária chamada Simfer em fevereiro de 1997. Três anos depois, a Rio Tinto obteve a primeira renovação da concessão das licenças. Em respeito ao Código de Minas da Guiné, foi obrigada a restituir 50% da área que havia solicitado inicialmente. A devolução não incluiu Simandou, que continuou integralmente no portfólio da Rio Tinto. São 738 quilômetros quadrados divididos em quatro blocos, um empilhado sobre o outro no mapa a partir do Norte.

A Rio Tinto concentrou os trabalhos de prospecção nos dois últimos, os blocos três e quatro, nos quais os estudos geológicos apontavam maior probabilidade de se encontrar grandes jazidas de minério de ferro. Situados mais ao sul do país, os blocos três e quatro também estavam mais próximos do Monte Nimba, já no território da Libéria, onde se sabe existir uma grande reserva do metal.

Em 2002, a Rio Tinto teve de renovar as licenças pela segunda vez. Na ocasião, pediu para ser liberada da regra de restituição de 50% da área que não iria explorar. A empresa justificou que precisava de mais tempo para desenvolver os trabalhos necessários para conhecer melhor o terreno antes de devolvê-lo. O governo topou, mas exigiu que a subsidiária da Rio Tinto apresentasse um estudo de viabilidade cuja pesquisa cobrisse todos os 738 quilômetros quadrados de Simandou.

A decisão foi ratificada pelo parlamento da Guiné e sancionada pelo presidente Lansana Conté. Três anos depois, a Rio Tinto deu um passo adiante e obteve a concessão minerária da área. O caldo entornou dois anos depois. Em junho de 2008, o secretário-geral da Presidência da Guiné mandou uma correspondência à Rio Tinto apontando os pontos falhos na concessão de Simandou. A Rio Tinto respondeu as questões do governo, mas de nada adiantou. Em 1º de agosto de 2008, a Presidência da Guiné cancelou a licença concedida à Rio Tinto em 2006.

A partir daí, o Robert Project esmiúça detalhes geológicos. Fica claro que os especialistas da Vale consideravam que as regiões vizinhas a Simandou – Simandou Norte e Simandou Sul – já não estavam mais disponíveis porque haviam sido concedidas a um novo dono. "As áreas Simandou N e S já foram perdidas e entregues à BSGR", afirma o documento. A solução apresentada pelo Robert Project seria concentrar os esforços na obtenção da montanha mais alta de Simandou, o Pic de Fon. "As áreas do Norte de Pic de Fon apresentam clara anomalia magnética. (...) Caso se percam essas áreas, o projeto fica praticamente inviável, pois necessita de escala para justificar o investimento em logística", diz o documento.

A análise é reveladora sobre outros pontos que ficam à margem do texto. A Rio Tinto perdeu a concessão dos blocos 1 e 2. Mas seguiu com as licenças relativas aos blocos três e quatro, na região onde está localizado o Pic de Fon. Ou seja, os técnicos da Vale contavam com a possibilidade de a Rio Tinto perder todas as concessões relativas a Simandou e sugeriram que a empresa avançasse sobre aquela que era a melhor possibilidade, porque as demais já tinham sido incorporadas pela BSGR.

Na página seguinte, o Robert Project analisa os riscos de concorrência que a Vale viria a ter nessa disputa. Os técnicos interpretaram que o principal competidor era a BSGR. "As áreas N e S de Simandou foram concedidas a Beny Steinmetz Group Resources Ltd. (BSGR), baseado na África do Sul", relata o documento. A frase seguinte revela mais uma vez o conhecimento da Vale sobre a fama da BSGR. "Por ser bem relacionado junto a pessoas influentes no governo da Guiné (quarta esposa do presidente Conté), supõe-se que seja um forte candidato a assumir as áreas que serão descartadas pela RT", diz o Robert Project.

O plano de ação encomendado por Eduardo Ledsham para "dar uma mordida no Simandou" é o passo seguinte. Nos estertores do governo Lansana Conté, o uruguaio Eduardo Etchart envia um documento secreto por e-mail para o diretor-executivo da Vale e para outros quatro integrantes da empresa – Fabio Masotti, Marco Monteiro, Edson Ribeiro, Keith Martin e Celso Henning. Masotti e Monteiro estavam entre os que já discutiam a "mordida" desde o fim de outubro de 2008. Edson Ribeiro viria a substituir Ledsham como diretor de exploração e projetos minerais da Vale. Keith Martin era gerente-geral de relações institucionais e análise política. Celso Henning respondia como geologista-chefe e coordenador técnico de exploração global de minério de ferro e manganês da Vale.

Na capa do documento, vinha estampado o título "Projeto Venezia" e a tarja "confidencial", que se repete nas demais doze páginas do arquivo. Tanto sigilo não era para menos. Já na segunda página descobre-se que o objetivo do material era "proceder uma análise da situação e dos próximos passos da Vale na Guiné". Isso incluía "definir uma estratégia que consiga conjugar governo, RT (Rio Tinto) e interesses da Vale no país para captura de uma parte ou da totalidade do projeto de ferro classe mundial do Simandou".

Por último, recorria a um aparente eufemismo: "Transmitir as sensibilidades e realidades que são perfeitamente claras no país, mas que talvez possam não ser tão bem definidas para os executivos responsáveis pela negociação RT-Vale (Projeto Valerio)". Se o autor não quis mencionar as questões políticas, é difícil compreender o que ele quis dizer. Qualquer que tenha sido sua intenção, a fase de rodeios termina nessa página.

O que vem a seguir exibe claramente as preocupações e intenções da Vale. Sob o título "análise da situação", o documento é claro: "Simandou representa uma grande ameaça em minério de ferro para a Vale no mundo." Não podia ser mais transparente, portanto, no risco que as reservas da Guiné apresentariam para Carajás, o principal recurso da Vale, se passassem a ser exploradas em todo seu potencial. E isso está registrado a seguir: "O projeto é altamente desafiante devido a questões de logística/infraestrutura, bem como da tonelagem a ser explorada para tornar esse projeto viável economicamente", afirma o texto.

Em seguida, vem uma constatação com tom de recriminação: "Vale ainda não tem uma estratégia bem-definida para Simandou." São delineados, então, três cenários. O primeiro seria obter metade das reservas que a Rio Tinto ainda possuía de Simandou. A premissa aqui é que o Código de Mineração da Guiné obriga a devolução de 50% das áreas não exploradas no processo de renovação das licenças de prospecção. Assim, a Rio Tinto ficaria com metade do que tinha e a Vale poderia disputar o restante.

Um fato relevante é que esse era, no entendimento da Vale, o melhor cenário para Rio Tinto. Ou seja, a empresa anglo-australiana teria prejuízo com qualquer que fosse a decisão tomada pelo governo da Guiné. Para a Vale, no entanto, esse horizonte seria muito ruim. A companhia brasileira entendia que a Rio Tinto escolheria os trechos de Pic de Fon e do Monte Oulabe, ambos com grande quantidade de minério, e deixaria para a concorrência "áreas de pior qualidade e com menor potencial de recursos". Era possível que o volume de minério desses lotes não justificasse os investimentos massivos em logística necessários para levar o metal até os consumidores finais.

A alternativa segura para viabilizar a exploração das áreas com menor potencial aparece no segundo cenário. Os analistas da Vale sugerem que é possível ficar com a parte pior desde que a empresa consiga se associar ao detentor de Pic de Fon e do Monte Oulabe numa joint-venture. É a melhor saída possível, na avaliação dos especialistas da mineradora brasileira.

O terceiro cenário também é favorável, mas embute riscos que assustam os autores do Projeto Venezia. A ideia é que a joint-venture fosse formada com a Rio Tinto, detentora de Pic de Fon e do Monte Oulabe, e recebesse as bênçãos do governo da Guiné. Certamente uma ótima solução, mas pouco factível, porque dependeria de um bom relacionamento da Rio Tinto com o governo local. Algo que, sabidamente, estava em adiantado processo de deterioração. É nisso, aliás, que os técnicos acreditavam. Para eles, a Rio Tinto deveria perder, na melhor das hipóteses, metade do que tinha nessa época e, na pior, todos os blocos de Simandou. Só lhes restaria brigar com o governo da Guiné em tribunais internacionais. Se isso viesse a ocorrer, a Rio Tinto passaria a ser um "péssimo parceiro para a Vale no país".

O Projeto Venezia aponta a BHP Billiton como principal concorrente da Vale, mas elenca também empresas chinesas e a BSGR. É possível deduzir que as chinesas não nomeadas e às quais a Vale atribui incapacidade técnica para entrar na briga sejam a Chinalco e a Baosteel. O entrave à BSGR seria sua incapacidade financeira para tocar um projeto da magnitude de Simandou. Os autores não param aí. Fazem um alerta importante a respeito da má reputação tanto das chinesas quanto da BSGR: "Atentar para o fato de que ambas têm histórico de casos de suborno e corrupção de alto nível no país e poderiam desta forma interferir no processo do projeto de Simandou. Particularmente no caso da BSGR que tem altíssima ligação com a quarta mulher do presidente e no caso dos chineses com pressão política sobre o governo guineano". É digno de nota o quanto era vozcorrente entre os executivos da Vale a má fama de seus então pretendidos sócios e que, desde sempre, eles sabiam das relações da BSGR com Mamadie Touré.

Se a brincadeira fosse tentar descobrir quem é o autor de cada página do Projeto Venezia, daria para apostar que a de número seis foi escrita pelo uruguaio Etchart. Ela divide os riscos em duas classes: técnicos e políticos/legais. Na primeira categoria, estão os que se referem à energia necessária para que funcionem as minas e a ferrovia para transportar o minério até o Atlântico. Esses só podem ser verdadeiramente aquilatados por uma due diligence.

No capítulo dos riscos políticos/legais, aparece primeiro o "direito minério", que trata da legislação guineana sobre mineração e da legitimidade das licenças concedidas. É a maior ameaça ao projeto. Aqui o autor mostra conhecimento e capacidade visionária que supera em muito sua destreza no português. Ele alerta que mesmo um acordo tripartite assinado por Vale, Rio Tinto e o governo da Guiné poderia ser inútil. "O atual presidente pode não respeitar o acordado ou alternativamente o próximo presidente (após a morte ou saída do atual) não apoiar e inclusive questionar os acordos feitos pelo anterior". Etchart foi profético. Foi justamente o que viria a acontecer.

O Projeto Venezia volta a se debruçar sobre o assunto quando fala da situação política da Guiné, que classifica de "a mais comprometida da história do país". O relatório ressalta a "gravíssima condição física e mental registrada do presidente nos últimos tempos" e aponta a indefinição do panorama sucessório. Segundo o documento, o filho de Lansana Conté foi vetado pelos militares e as eleições estavam sendo adiadas sucessivamente para que o presidente se mantivesse no cargo. Conté, reporta o texto, evitava o surgimento de qualquer candidato à sua sucessão. Um dos expedientes que usava para isso era substituir seus quarenta ministros num prazo máximo de um ano.

O Projeto Venezia mais uma vez informa que a corrupção institucionalizada atingiu "todas as esferas de poder, que tem sido altamente promovida pelo pool de pessoas de confiança do presidente". Ao final, faz uma avaliação surpreendente. Para os autores, a melhor alternativa de futuro para a Guiné seria um golpe militar para dar continuidade à ordem e à legalidade. Novamente, o autor parecia ter dons proféticos. Os militares tomariam o poder à força, não para manter as instituições, mas para controlar o poder político e os recursos do país.

As seis páginas seguintes contêm diagramas. O primeiro separa os personagens envolvidos, os chamados stakeholders, entre inimigos, amigos incondicionais e pessoas a serem "trabalhadas". Os inimigos são a Rio Tinto, a BHP Billiton, os chineses e a BSGR. A primeira mulher de Lansana Conté, Henriette Conté, e a suposta quarta esposa, Mamadie Touré, são colocadas entre os inimigos e as pessoas a serem trabalhadas. É curioso notar que os autores do plano ainda não tinham mapeado completamente o tal "quem é quem" da Guiné e erram o nome de Mamadie, a quem chamam de Nadia Touré. Também grafaram equivocadamente o de Henriette Conté, que aparece como Henrieta.

Mais uma vez, Mamadie Touré está envolta em uma situação delicada. O Projeto Venezia diz que ela tem influência no governo e "colocou o irmão como diretor da BSGR". Mais: diz que recaem sobre ela "suspeitas de ter recebido em torno de US$ 2 milhões para interferir no processo de outorga dos 50% para entregar/favorecer a BSGR". A grave acusação prossegue: "Poderia ser o primeiro passo de um esquema de pagamentos a ser definido do processo de dar (à) BSGR os direitos."

O nome que encabeça o grupo de pessoas a serem trabalhadas é o do presidente Lansana Conté. Abaixo dele vem o de Kasouri Fofaná, apontado como provável primeiro-ministro. Na verdade, ele só chegaria ao cargo em 2018. O primeiro-ministro da época, Ahmed Souaré, e o titular da pasta de Minas, Louceny Nabé, dão sequência à lista, assim como o secretário-geral de Minas e Geologia, Abdoul Karim Syllia, e o presidente das associações rurais, SekounaSoumá.

Chamam a atenção também a presença de dois empresários, Sedaka Dialló e Bah Yali, o mesmo que, em setembro daquele ano, se encontrara com Marco Heidtmann Monteiro no escritório da Vale em Conacri.

Entre os amigos incondicionais, estavam o embaixador do Brasil, o secretário-geral da Presidência da Guiné, Alpha Keira, seu irmão Foude Keira, descrito como "conselheiro-facilitador" do governo para a Vale. As páginas seguintes descrevem cada um dos personagens. Por elas, descobre-se que Foude Keira trabalhava para a Vale desde 2006 e que o lobista era considerado "uma oportunidade única de se chegar ao presidente".

A Vale lista alguns outros nomes que podem ser contratados para assessorar nas relações com o governo. Entre eles, o ex-ministro de Minas Ousmani Sylla, que teria prestado serviços à alemã Thyssen. O envolvimento em denúncias está descrito no documento, mas não é tratado como um empecilho para o avanço das negociações. "Na época em que atuou como ministro foi 'queimado' por causa de (...) irregularidades durante o Evento de Mineração da Guiné 2007", afirmou o documento, para logo em seguida, sublinhar que o nome de Sylla "deveria ser considerado".

O texto prossegue projetando uma viagem do então presidente Luiz Inácio Lula da Silva à Guiné. A ideia é envolver o embaixador brasileiro na preparação da visita a partir de janeiro de 2009 para que Lula pudesse desembarcar em Conacri no fim de março ou no início de abril daquele mesmo ano, acompanhado do presidente da Vale, Roger Agnelli. O Projeto Venezia ainda previu uma ofensiva no campo das relações públicas e da propaganda. Uma campanha publicitária deveria começar a ser veiculada em abril, na época que Lula estivesse no país.

No passo a passo desenhado no Projeto Venezia, a Vale procuraria a Rio Tinto entre junho e julho para discutir a constituição de uma joint-venture. O primeiro contato seria feito por Roger Agnelli com o CEO da Rio Tinto, Tom Albanese.

O Projeto Venezia ficou pronto em 1º de dezembro de 2008. Estava tudo bem desenhado no papel. Mas a vida sempre prepara surpresas e, na prática, a teoria costuma ser outra. Todo o planejamento, desde as pessoas que deveriam ser seduzidas até a viagem presidencial de Lula, deveria ser abortado e engavetado. As premissas teriam de ser adaptadas aos novos donos do poder na Guiné.

VI. DADIS SHOW

Lansana Conté esmoreceu. O ditador da Guiné dava sinais claros de debilidade física. As aparições públicas minguaram. Quando aconteciam, a fragilidade de sua saúde ficava evidente. Conté apoiava-se em guarda-costas tanto para andar como para ficar em pé. Vivia cercado por um entourage de ajudantes. Nos eventos oficiais, os integrantes do séquito se inclinavam com frequência para sussurrar sabe-se lá o que em seus ouvidos. Era uma maneira de fazer parecer que ele continuava saudável, ativo e alerta. A pantomima não resistia nem aos espectadores mais distraídos, que viam que Conté dormia profundamente. Como acontece nos regimes fechados, o espetáculo segue até que o pano caia de uma vez.

Na madrugada de 23 de dezembro de 2008, Aboubacar Somparé, então presidente da Assembleia Nacional da Guiné, foi à televisão informar que o presidente havia morrido no dia anterior.

Conté não deixou saudades. Tomou o poder prometendo desenvolvimento econômico, democracia e o fim da corrupção da era Ahmed Sékou Touré. Como Touré, governou seu país por 26 anos. Enquanto Touré era socialista, Conté tinha viés liberal. Como ensina a perspectiva histórica dos fatos, não existe maior diferença entre espectros ideológicos de direita e esquerda quando as nações são conduzidas por governos não eleitos democraticamente. Não foi por acaso que as gestões Touré e Conté foram se tornando cada vez mais parecidas, notadamente no quesito despotismo. E a má fama o precedia no campo do zelo com a coisa pública. Não sem certa afeição, Conté chamava seus ministros de "ladrões". Certa vez calculou: "Se tivéssemos de atirar em todos os guineanos que roubaram a Guiné, não sobraria ninguém para matar."

O problema é que, como postula o adágio, as coisas sempre podem piorar. E pioraram. Seguidas as leis da Guiné, o presidente da Assembleia Nacional do país deveria assumir a presidência interinamente e realizar eleições em 60 dias. Há quem considere o prazo exíguo. Mas a transição constitucional durou apenas seis horas. Antes que qualquer partícula de institucionalidade contaminasse o ar guineano, desferiu-se um golpe de estado.

Um novo comunicado foi lido pela televisão. Informava que assumia o poder uma junta composta por 32 militares chamada Conselho Nacional para a Democracia e o Desenvolvimento (CNDD). Ou seja, o tal conselho para a democracia acabara com qualquer possibilidade de democracia e engavetara a constituição. O homem que usou o microfone para comunicar a novidade se apresentou primeiro como porta-voz do CNDD. No dia seguinte, como presidente interino, o capitão Moussa "Dadis" Camara, de quem nada se sabia, parecia ter arrebatado o poder. Mas não seria tão fácil mantê-lo.

A divulgação dos 32 integrantes do CNDD trouxe surpresas até para os militares. O coronel Sékouba Konaté, por exemplo, era conhecido, popular entre os colegas de farda e comandava uma tropa de elite, mas seu nome não constava da lista. Os homens de Konaté exigiram a presença do chefe na cúpula do poder – de preferência, no topo da lista. O racha nas forças de segurança deu origem a muita discussão e a um processo sucessório insólito, senão inédito.

Para solucionar o impasse sobre a liderança da junta, Camara, Konaté e um terceiro oficial concordaram em tirar a sorte para definir quem seria o mandachuva do país. A palavra "presidente" foi escrita em um pedaço de papel. Este, por sua vez, foi dobrado e colocado em um frasco de maionese vazio, junto com vários outros pedacinhos semelhantes de papel, mas todos em branco. O sortudo Camara sacou o "bilhete premiado" do pote na primeira tentativa. Os homens de Konaté, entre surpresos e desconfiados, exigiram uma nova rodada. O capitão topou. Mais uma vez, pescou para si o comando da Guiné.

Recaíram as mais variadas teorias da conspiração sobre o tal pote de maionese. Nada, entretanto, mudou a saga de Camara. Ele se tornou o chefe inconteste da junta militar, mas não queria ouvir mais falar na história do bilhete premiado. Na verdade, ficava furioso quando alguém tocava no assunto. Camara preferia uma versão mais heroica da sua ascensão, segundo a qual ele teria sido aclamado pelas tropas e colocado no topo de um tanque ao lado de Konate. Seja como for, os guineanos viram seu novo comandante de perto pela primeira vez sobre a carroceria de um caminhão militar. Konate, que se tornou vice-presidente, estava ao seu lado. Enquanto o comboio desfilava por Conacri, a população agitava galhos de árvores e gritava: "Vida longa ao presidente".

Foi uma boa estratégia para se tornar conhecido da população. Afinal, quase ninguém tinha ouvido falar no capitão Camara. Ele era um ninguém para as massas. E também para a elite do país. Para equacionar essa pendência, mandou as repartições públicas trocarem as fotos do velho Conté por retratos seus. E que retratos! Algumas das imagens tinham quase dois metros de altura e mostravam o garboso Dadis Camara, prestes a completar 45 anos, trajando uma farda camuflada de combate, com medalhas no peito e uma boina vermelha sobre o cocuruto. Captados de um ângulo favorável, os retratos faziam Camara parecer alto e forte, disfarçando seu corpo franzino.

Camara tentou se aproximar do povo mostrando ser um homem simples. Para dar um toque de informalidade, adicionou ao nome oficial o apelido Dadis, muito comum no país. Dizia ter nascido em uma cabana perto da fronteira da Guiné com a Costa do Marfim e a Libéria. Estudou direito e economia na capital do país. Ingressou no exército em 1990, aos 26 anos, comocabo. Fez um curso militar na Alemanha e alegava ser fluente nessa língua, em francês e outros três idiomas africanos, okpelle, o sussu e o maninka.

Dadis Camara mostrou um surpreendente talento na comunicação. Passou a estrelar ele mesmo um programa diário na TV estatal em que investigava malfeitos do governo anterior. Eram verdadeiros julgamentos midiáticos nos quais expunha suspeitos de gatunagem. Entre eles, alguns dos ex-ministros de Conté. Em uma ocasião, Dadis Camara perdeu a paciência enquanto inquiria um ex-chefe da unidade antidrogas da Guiné. "Essas drogas que você apreendeu você revendeu?", perguntou. Enquanto o entrevistado tentava sair da sinuca de bico televisiva, o presidente explodiu: "É simples. Responda, senão vamos passar a noite toda aqui. Sou alérgico a mentiras."

O próprio filho de Lansana Conté sucumbiu a um interrogatório televisivo de Dadis Camara. Nele ficou claro que a família do falecido presidente permitiu que a Guiné fosse usada como entreposto para o transporte de entorpecentes para Europa. Os traficantes usavam pistas de pouso privadas, se hospedavam em mansões, contavam com a proteção da guarda presidencial e exportavam cocaína para o Velho Mundo por meio de malas diplomáticas. A Guiné tinha-se convertido em um verdadeiro narcoestado.

Como era de se esperar, ninguém perdia as aparições na TV do ditador pop star encenando o papel de justiceiro populista. Era diversão garantida. Rapidamente, elas passaram a ser chamadas de Dadis Show, copiadas em DVDs e vendidas nas ruas de Conacri. As mineradoras estiveram entre os primeiros a serem encurralados na TV. Em março de 2009, Camara as convocou para uma reunião no Centro de Convenções. O novo presidente apareceu acompanhado de soldados fortemente armados e foi logo dizendo aos executivos das mineradoras que tinha chegado a hora de trabalhar honestamente.

Um relatório encomendado pela Vale à empresa inglesa de investigação Nardello conta que Benjamin Steinmetz estava nessa conferência e passou a falar diretamente com o novo presidente. Segundo o mesmo documento, o chefe da Rio Tinto, David Smith, adotou uma estratégia totalmente equivocada. Os representantes que contratou para se aproximar de Camara foram ridicularizados pelo presidente na TV. Algumas empresas passaram por constrangimento ainda maior. Os representantes da Anglo Ashanti Gold faltaram ao evento. Camara respondeu que eles já deveriam "fazer as malas".

Anos depois, Steinmetz faria um relato mais detalhado do encontro no testemunho por escrito que apresentou em uma corte suíça. O empresário contou que Asher Avidan conseguiu se encontrar com Dadis Camara depois que ele tomou o poder. Relatou ao novo autocrata da Guiné o que a BSGR já tinha feito no país e o que pretendia fazer. Depois desse encontro, Avidan disse ao seu chefe que Dadis Camara queria que ele participasse do evento com as mineradoras, marcado para dois dias depois. Steinmetz marcou presença. No evento, o novo presidente lhe disse para que falasse com a plateia. Em francês, Steinmetz disse em público o que Avidan já falara em privado a Dadis Camara. No fim, o presidente lhe perguntou se a BSGR construiria a ferrovia Transguineana. Steinmetz respondeu que sim.

A posição da Rio Tinto se deteriorou rapidamente. Em junho, o então ministro de Minas, Mahmoud Thiam, mandou-lhe uma carta com tom suspeito e ameaçador. "O fato de que uma companhia importante como a sua não tenha conseguido desenvolver um dos mais ricos e cobiçados depósitos do mundo levanta algumas questões sobre as suas reais intenções", especulou Thiam. Em setembro de 2009, Camara e Sekouba Konaté se encontraram com um bilionário francês para discutir a venda dos blocos três e quatro de Simandou, que ainda estavam sob o controle da Rio Tinto.

A Rio Tinto já estava mordida desde que perdera a concessão dos blocos 1 e 2 de Simandou para a BSGR. Não estava disposta a deixar barato. Começou uma campanha na imprensa contra a concorrente e os governos Conté e Camara. O último avisou que a empresa não ganharia a concessão de volta e deveria parar de insistir no assunto. Em junho de 2009, um texto publicado pelo The Times, o mais tradicional jornal da Inglaterra, enfureceu de vez os guineanos ao afirmar que a situação levantava dúvidas sobre o futuro de Simandou. Mahmoud Thiam acusou a Rio Tinto de plantar o texto no The Times e disse que a empresa estava promovendo uma campanha contra a Guiné.

Como não poderia deixar de ser, correram rapidamente os boatos de que propinas azeitaram os processos que culminaram com a perda das concessões de Simandou pela Rio Tinto. Afinal, as denúncias de corrupção atingiram indiscriminadamente todos os governos da Guiné e parecia crível que uma mineradora novata tivesse tomado os direitos de uma das melhores jazidas de minério de ferro do mundo de uma das gigantes desse mercado.

Contratada pela Vale para apurar tudo que se referisse à BSGR, a inglesa Nardello mergulhou em uma investigação em busca de indícios de que essa companhia teria passado US$ 10 milhões para dar suporte ao governo militar e, em troca, teria recebido as concessões minerárias. Concluiu que não passavam de informações falsas. O relatório Nardello os classifica como "rumores não corroborados que podem ter sido fabricados e disseminados maliciosamente". A Nardello também investigou boatos de que instrutores e armas israelenses foram despachados para as florestas no sudeste da Guiné para equipar o exército local. As fontes da Nardello na Guiné confirmaram verbalmente a história. Em Israel, os contatos da empresa inglesa garantiram que ela não passava de uma mentira espalhada para fazer parecer que Steinmetz "cheirava mal".

Seja como for, os casos de corrupção parecem atingir indiscriminadamente as mineradoras, sejam pequenas entrantes no mercado ou gigantes já bem estabelecidos. À época em que se desenrolava a disputa na Guiné em torno de Simandou, a própria Rio Tinto se envolveu em um processo semelhante. Em 29 de março de 2010, quatro executivos da anglo-australiana foram condenados à prisão na China por pagamento de propina e espionagem industrial.

Exatamente como fizeram Sékou Touré e Conté antes dele, Dadis Camara chegou ao poder cheio de promessas: desenvolvimento econômico, eleições democráticas e o tal fim da corrupção. Uma vez lá, adotou outro caminho. Nomeou militares para todas as posições ministeriais e pôs a promessa de eleição direta para presidente em banho-maria. "A comunidade internacional precisa nos entender se quiser democracia", dizia. "Quem vai votar? As pessoas estão com fome. Elas estão com sede. Quem vai organizar as eleições? Precisamos limpar nossa casa de cima a baixo. Somente os militares podem fazer isso. Somente depois que a casa estiver limpa poderemos realizar eleições."

A equação de Camara não fechou. Os governos estrangeiros reclamavam da ditadura. O sucesso das suas aparições na TV gradualmente se diluiu. As condições econômicas não melhoraram. Os militares não eliminaram os desvios de verba pública, como prometido. O presidente dormia dias inteiros e só acordava à noite. Chegou a dar uma entrevista deitado na cama para uma emissora francesa. A curiosidade cedeu espaço à indignação.

O caldeirão transbordou em 28 de setembro de 2009, aniversário de 51 anos do plebiscito que tornou a Guiné independente da França. A oposição organizou um protesto no estádio de futebol de Conacri. O governo revidou com um massacre. O chefe da guarda presidencial, Abubakar Toumba Diakite, ordenou que os boinas vermelhas disparassem contra os manifestantes. O banho de sangue, no qual morreram 157 pessoas e 1 200 ficaram feridas, seguiu com mulheres estupradas, inclusive com os canos das armas, à vista do público e à luz do dia. Um circo de horrores. Denúncias apontaram que pelo menos vinte delas foram raptadas e levadas em caminhões militares para vilas onde foram drogadas, seviciadas e violentadas por gangues durante dias. Os próprios delinquentes teriam filmado as agressões.

Três meses depois, Dadis Camara prendeu um grupo de militares. Abubakar Toumba Diakite, o executor do massacre, já andava às turras com Dadis Camara. Não gostou da detenção e soltou a turma. Inconformado, Camara foi a um acampamento militar para confrontar seu subordinado. No meio da discussão, Camara levou um tiro na cabeça disparado pelo chefe de sua equipe de segurança,

Abubacar "Toumba" Diakite. O presidente foi levado para um hospital em Rabat, capital administrativa do Marrocos. Ele sobreviveu ao atentado, mas não oseu governo. Dadis Camara vive exilado em Burkina Faso, país que não tem fronteira com a Guiné.

O relatório elaborado pela Nardello afirma que Konaté, o militar que também disputou o poder no frasco de maionese, foi procurado pelo serviço secreto americano na sequência do atentado contra Camara. Os Estados Unidos ofereceram-lhe ajuda. Não se sabe que resposta Konaté deu, mas, em janeiro de 2010, ele e Blaise Compaoré, então presidente de Burkina Faso, produziram uma declaração formal indicando que uma eleição aconteceria no país no prazo de um semestre.

No mesmo mês, a junta militar nomeou Jean-Marie Doré como primeiro-ministro de um governo de transição. A BSGR rapidamente estabeleceu relações com o novo governo. Num gesto importante no mundo muçulmano, deu de presente a Doré uma vaca branca, comprada por algo como US$ 600. A fêmea do bovino de cor branca é um regalo simbólico e comum nos países islâmicos. Doré recebeu bem o gesto da empresa israelense, mas preferiu devolver o animal, em vez de sacrificá-lo, como seria o costume.

A situação política continuou instável. Como que por milagre, Dadis Camara se recuperava da tentativa de assassinato. De Burkina Faso, Camara sonhava com a volta ao poder. Os militares acantonados na floresta do sudeste da Guiné continuavam fiéis a ele. Segundo o relatório Nardello, o general Konaté fazia jogo duplo, ora dialogando com Camara e seus prepostos, ora se comprometendo com a eleição. Repentinamente, tudo mudou para Konaté. Os militares do sudeste da Guiné assumiram a guarda pessoal do general iniciando um movimento aparentemente orquestrado por Camara para retomar a presidência.

Não seria incompreensível pensar que Konaté passou a temer pelo seu destino. Em 1º de abril de 2010, Konaté desembarcou em Paris para pedir socorro ao então presidente François Sarkozy. De acordo com o documento da Nardello, Konaté sabia que seus dias no comando da Guiné estavam contados, mas precisava de apoio tanto da França quanto dos Estados Unidos para garantir a eleição e uma transição pacífica de poder.

Era a deixa que o advogado e cientista político Alpha Condé, um guineano que conseguiu fazer carreira acadêmica como professor universitário em Paris, estava esperando. Condé fora derrotado por Conté em duas eleições. Agora, a presidência não escaparia das mãos de Le Professeur, como Condé gostava de ser chamado.

VII. 7 OLD PARK LANE, MAYFAIR, LONDON

O ano de 2009 começou quente. Keith Martin, gerente-geral de relações institucionais e análise política da Vale, deparou-se com a figura calva e simpática do presidente da BSGR na Guiné, Asher Avidan, no lobby da sala VIP do Aeroporto Charles de Gaulle, em Paris. Keith Martin sabia que seu interlocutor era um dos homens de confiança de Benjamin Steinmetz, o dono da BSGR, mas teve dificuldade em memorizar seu nome. Chamou-o de "Avisham", uma fusão do nome com o sobrenome. Avidan, um ex-chefe do Shin Bet, não deu atenção ao mal-entendido. O importante era passar as mensagens corretas. E isso ele tratou de fazer.

Depois de apenas três horas de sono no avião, Keith Martin sacou seu lap top da bagagem de mão e escreveu um e-mail em inglês para Marco Heidtmann Monteiro, o homem da Vale na Guiné. Contou que topou com o tal "Avisham" e que tiveram uma conversa. Ou, mais precisamente, o executivo da BSGR conversou com ele. Martin resumiu o conteúdo do quase monólogo nos seis seguintes tópicos:

- O prefeito de Keroune, que determinara a suspensão dos trabalhos da BSGR em Simandou Norte, fora demitido no dia seguinte. A BSGR já voltara a prospectar na parte setentrional da cordilheira.

- O estudo de viabilidade feito pela BSGR indicou que era possível escoar a produção obtida em Simandou Norte por meio de uma ferrovia que ligasse a cidade de Cancã, no leste da Guiné, até Conacri, a capital. O minério extraído ao sul de Simandou alcançaria o Atlântico por meio da Libéria. A BSGR tentaria capitalizar essa conclusão politicamente, sobretudo porque tinha se estabelecido perto da cidade natal de Moussa "Dadis" Camara, sucessor de Lansana Conté.

- Avidan sabia que a Vale tinha uma licença para prospecção de bauxita perto de Simandou Norte e convidou Monteiro para conhecer a operação dele no local e também no sul da Guiné. Avidan passaria aquela semana em Israel, mas estaria pronto para receber Monteiro logo em seguida.

- Avidan contou que a área obtida pela BSGR no Sul da Guiné, Zogota, tem pelo menos um bilhão de toneladas de minério de ferro de alta qualidade, o que é muito mais do que a empresa esperava.

- A BSGR pretendia abandonar suas jazidas de bauxita, porque o minério encontrado nela é de baixa qualidade.

- Avidan contou que a BSGR adotara uma postura cautelosa em relação ao novo governo e que ainda não tinha tentado marcar um encontro com o presidente Dadis Camara. Martin não registra, mas essa informação parece contradizer o primeiro ponto, no qual a BSGR se mostra interessada em agradar o presidente e elevar o status de sua cidade natal.

Keith Martin concluiu chamando a atenção para o convite feito por Avidan para que Monteiro visitasse as instalações da BSGR. Martin entendeu que Avidan queria uma aproximação e frisou sua sinapse com um ponto de exclamação.

A Vale já estava de olhos atentos para os movimentos da BSGR mesmo antes do encontro de Keith Martin. No início de janeiro, José André de Castro Alves, coordenador técnico de minério de ferro da Vale, enviou um e-mail para o diretor de exploração e desenvolvimento de projetos minerais, Eduardo Ledsham, e para Edson Ribeiro, que sucederia Ledsham no cargo. Castro Alves lamentava o fato de a Vale não ter conseguido antecipar o golpe de estado desferido pelo capitão Moussa Dadis Camara nem o ter percebido como uma figura importante na política da Guiné.

José André de Castro Alves tateava as possíveis consequências do golpe de Dadis Camara para o panorama da mineração na Guiné.

Lembrouas conexões da BSGR com o governo anterior por meio de Ibrahim Sory Touré, meio-irmão de Mamadie Touré, a autointitulada quarta mulher do falecido presidente Lansana Conté.

O técnico da Vale presumiu que a BSGR poderia ter problemas, porque um de seus principais contatos era Louceny Nabé, que Dadis Camara substituíra no Ministério de Minas por Abdoul Karim Sylla. Essa troca, conforme interpretação de Castro Alves, poderia redundar na devolução das concessões de Simandou para a Rio Tinto. Ele informava ainda que a Rio Tinto já havia anunciado que procuraria o novo presidente para pedir suas licenças de volta.

Observador atento, Castro Alves encaminharia um novo relatório a Eduardo Ledsham e a Edson Ribeiro em abril de 2009. Elaborado a pedido de Ledsham, o documento desenhava um cenário de pesadelo para a Vale. Nele, a Rio Tinto conseguiria recuperar as concessões perdidas de Simandou, começaria a explorar a mina e faria um acordo com a chinesa Chinalco, uma das grandes compradoras de minério de ferro do mercado. Se isso acontecesse, os chineses teriam acesso ao minério de alta qualidade extraído pela Rio Tinto na mina de Hamersley, na Austrália, e ainda ao de Simandou. "As consequências para a Vale são conhecidas", alertou Castro Alves, sem entrar em maiores detalhes. Mas por "conhecidas" entenda-se desastrosas.

O remédio sugerido pelo técnico foi um só: evitar que a BHP Billiton ou que as empresas chinesas detivessem Simandou. Para atingir esse objetivo, aparentemente sugeria, num texto confuso, a criação de uma joint-venture que envolvesse a Vale, a Rio Tinto e a BSGR. Na lista de possíveis riscos dessa operação, Castro Alves apontava a possibilidade de Dadis Camara insistir no escoamento da produção de Simandou por meio de uma ferrovia que conectasse as minas ao porto de Conacri. Pelo custo, esse modal logístico inviabilizaria a exploração de minério e Dadis Camara já havia afirmado em reunião transmitida pela TV que não aceitaria outra saída. Castro Alves temia que a Vale e a Rio Tinto tivessem suas licenças revogadas caso insistissem no transporte pela Libéria.

Se a Rio Tinto aceitasse começar as negociações para formar a joint-venture, o passo seguinte seria abrir um canal de diálogo com a BSGR. Segundo Castro Alves, esse movimento traria riscos no campo da governança, porque associaria a marca Vale a uma empresa "apresentada pela mídia como corrupta". Ainda assim, ele pôs na mesa a possibilidade de procurar o representante regional da BSGR e o dono da empresa para "verificar" se havia "abertura para negociar" e quais seriam suas expectativas.

As recomendações de Castro Alves foram aceitas. No fim de maio, o gerente-executivo Lúcio Cavalli foi a Perth, na Austrália, para se reunir na Rio Tinto com os responsáveis pelo projeto de Simandou. As conversas sobre a constituição de uma joint-venture avançaram. A Rio Tinto não estava disposta a ceder 70% da companhia para os brasileiros, mas aceitava dividir o negócio no meio, com 50% para cada um. Chegaram a discutir um modelo de gerência para a empresa e até quem responderia pelo marketing da joint-venture. A Vale deu três alternativas possíveis. A Rio Tinto decidiu que cada empresa tomaria conta do seu quinhão, em vez de dividir recursos ou contratar uma empresa para tocar a área em nome de ambas. Ficou acertada até a criação de um data room para que os documentos relativos à sociedade ficassem à disposição dos técnicos das duas empresas.

Se demonstrou interesse em se associar à Vale, a Rio Tinto não reagiu da mesma forma em relação à BSGR. Avisou que recorreria à Justiça para reaver os blocos 1 e 2 de Simandou e adiantou as medidas que estava tomando no campo das relações institucionais. Admitiu que a sua situação era instável porque o ministro de Minas lhe era hostil e que havia a possibilidade de ele revogar também as licenças da Rio Tinto relativas aos blocos três e quatro. Para contrabalançar a animosidade do ministro, a companhia anglo-australiana estava "tentando se aproximar ao máximo do atual presidente (Moussa Dadis Camara), inclusive com a contratação de lobistas", intensificara as relações com a comunidade local e destinaria US$ 100 milhões para ações sociais na Guiné.

Apesar das resistências da Rio Tinto, Castro Alves tentou levar o plano adiante no que tangia à BSGR. Marcou uma conversa com Asher Avidan para tratar do assunto, mas não foi bem-sucedido. O presidente da BSGR na Guiné não deu seguimento à conversa.

Naquele tempo, Benjamin Steinmetz não olhava para o Ocidente, onde está o Brasil. Suas atenções estavam totalmente voltadas para a China. Steinmetz conhecia pessoalmente e tinha boas relações com os presidentes das grandes mineradoras anglo-saxãs. Não conhecia direito a Vale, nunca tinha se encontrado com Roger Agnelli e seus executivos nutriam um certo preconceito negativo em relação à forma como os brasileiros se comportam no mundo dos negócios. E o mau exemplo tinha vindo exatamente no leilão de privatização da Vale, em 1998.

O grupo Votorantim tinha formado uma joint-venture com a Anglo-American para disputar a mineradora brasileira. A Anglo-American havia definido um valor teto a partir do qual não permitia que a Votorantim, líder do consórcio, fizesse lances. A Votorantim não respeitou o acordo e, quando o teto foi atingido, continuou a fazer lances até ser derrotada pelo consórcio liderado pela CSN. Os executivos da Anglo-American costumavam relatar o caso como prova de que os brasileiros são malucos e indignos de confiança, ainda que tempos depois tenham admitido que a Votorantim estava certa e que eles deveriam ter levado seus lances adiante.

O fato é que Steinmetz via as concessões que obtivera na Guiné de uma forma diferente das grandes mineradoras. Assim como a Rio Tinto, a BHP Billiton ambicionava Simandou para evitar que ela fosse explorada por seus concorrentes. A Vale temia que Simandou abalroasse com seu melhor negócio, Carajás, e, ao mesmo tempo, a via como uma possiblidade de dominar o mercado de minério de ferro de alta qualidade no mundo.

Detentora das licenças, a BSGR pretendia manejar o ativo a partir de uma perspectiva financeira. Não queria sentar sobre as concessões e esperar, como a Rio Tinto e a BHP Billiton. Também não pretendia transformar as minas em negócio perene, como a Vale. O que lhe interessava era desenvolver o projeto, valorizar o ativo e se desfazer dele por um grande valor. Para isso, precisava encontrar um parceiro e eventual comprador. A questão é que o mundo entrara em recessão em setembro de 2008 a partir da quebra do Lehman Brothers, que estourou a bolha especulativa montada a partir de Wall Street sobre os financiamentos imobiliários. Foi a chamada crise do subprime.

Subitamente os financiamentos bancários no mundo minguaram. O custo do capital necessário para investir na Guiné e garantir a posse das concessões aumentou. Ficou mais difícil manter o ativo por um período longo o suficiente para que ele atingisse o máximo de sua valorização. Pior: o mercado comprador entrara em colapso, e não só por causa da crise do subprime.

Em fevereiro de 2008, a BHP Billiton iniciou uma tentativa agressiva de tomar o controle da Rio Tinto comprando suas ações. A operação pôs em risco a continuidade operacional da empresa e durou todo o ano de 2008. Uma das estratégias de defesa adotadas pela Rio Tinto foi tentar elevar seu preço no mercado. A companhia começou a fazer road shows no mundo inteiro mostrando que valia muito mais do que as bolsas de valores mostravam.

Uma das razões era que ela era dona de Simandou, que valia muitas vezes mais do que estava no seu portfólio. Nas apresentações, a Rio Tinto dizia que apenas suas reservas de minério de ferro na Guiné cobriam o valor que o mercado lhe atribuía. Como não podia deixar de ser, a propaganda enfureceu o governo da Guiné. Foi então que seus atritos com o presidente Lansana Conté se tornaram incontornáveis. Se Simandou vale isso tudo, por que a Rio Tinto não explora as minas? Se a companhia anglo-australiana está apenas especulando com as colinas de ferro da África, é melhor passar as concessões a uma empresa que realmente esteja disposta a explorá-las.

A questão é que a disputa pela Rio Tinto também deixara a grandalhona BHP Billiton extenuada. Foi um ano inteiro de esforço concentrado num projeto que, ao fim, tivera de ser abandonado. Nesse contexto, pouco ou nada adiantariam as boas relações de Benjamin Steinmetz com os presidentes da BHP Billiton e da Rio Tinto. Teria de encontrar um parceiro em outra área.

Sua primeira alternativa foi a Líbia governada por Muamar Kadafi. As conversas com a Autoridade de Investimento Líbia começaram em 2009, dois anos antes de Kadafi acabar morto na versão líbia da primavera árabe. Os técnicos líbios chegaram a se deslocar até a Guiné para conhecer as operações da BSGR. No fim, o governo líbio não quis se arriscar em um terreno desconhecido, a exploração de minério de ferro em um instável país subsaariano.

Marc Struik tentou um contato com Paul Antaki, que trabalhava no escritório da Vale no distrito financeiro em Johanesburgo. Ambos discutiram longamente o projeto da BSGR na Guiné, mas não mencionaram a possibilidade de exploração conjunta nem a formação de uma joint-venture entre as duas empresas. Seja porque Antaki não era o homem certo para essa conversa ou porque Struik falhou em dizer onde queria chegar, a conversa não prosseguiu.

A partir daí, Steinmetz mirou a China. Tinha o homem certo para essa missão. Ehud Olmert havia sido primeiro-ministro de Israel pelo partido conservador Likud. Como muitos personagens desta história, Olmert acabaria sendo preso. No seu caso, foi condenado a partir de 2014 por casos de corrupção que remontam ao período em que foi prefeito de Jerusalém e ministro do Comércio de Israel. Nenhum deles guarda qualquer relação com os fatos que se seguem. Em 2009, Olmert acabara de deixar a chancelaria israelense e fora sucedido por Benjamin Netanyahu. Apesar de já enfrentar acusações de corrupção, ainda desfrutava de grande prestígio em todo o mundo.

Sua família tinha origem russa e ucraniana, mas fugiu do Leste Europeu depois que foi deflagrada a revolução comunista de 1917. Naquele momento, muitos conseguiram sair do país rumo à Europa.

Os avós de Olmert tomaram a direção contrária. Chegaram à China e se estabeleceram em Harbin, cidade que se desenvolveu no fim do século XIX com a chegada de engenheiros russos para a construção da ala leste da ferrovia transiberiana. A família Olmert só deixou o Oriente depois da criação do Estado de Israel. Por isso, o ex-primeiro-ministro tinha ligações sólidas naquele país e elas vinham a calhar para Steinmetz.

Em agosto de 2009, Olmert abriu para a BSGR as portas da Chinalco, abreviação de Aluminium Corporation of China. Parecia ser um caminho mais natural do que os líbios ou mesmo a Vale. A Chinalco conhecia no detalhe as potencialidades da Guiné no campo de minério de ferro. Apenas um ano antes, tinha chegado muito perto de fechar um acordo com a Rio Tinto. Quando tudo se encaminhava para a assinatura dos contratos, a Chinalco foi abandonada na beira do altar pela empresa anglo-australiana. Não poderia haver, portanto, candidato mais forte e interessado nas licenças de Simandou.

A BSGR e a Chinalco chegaram a assinar um acordo de confidencialidade e um memorando de entendimentos, documento que muitas vezes precede os contratos e estabelece as bases em que ele será firmado. Em novembro, uma comitiva de quarenta funcionários da Chinalco visitou as instalações nos blocos 1 e 2 de Simandou e as reservas de Zogota, mais ao sul da Guiné. Uma parte da delegação chinesa continuou a viagem margeando de carro a estrada de ferro que poderia levar o minério até o porto de Buchanan, na Libéria. Escoltados pela BSGR, os chineses tiveram encontros com o governo da Libéria para confirmar se o projeto era viável.

Na véspera do Natal, Benjamin Steinmetz levou uma comitiva para Pequim a fim de fechar o negócio. Struik, Asher Avidan e outros dois executivos embarcaram com Steinmetz. Além de seus homens de confiança, o empresário israelense trazia consigo cópias das licenças concedidas pelo governo da Guiné e um filme de apresentação, tudo em três versões: francês, inglês e mandarim. O dono da BSGR teve o cuidado de deixar advogados e financistas a postos para serem acionados entre o Natal e ano-novo.

Marc Struik relata em seu testemunho como os chineses ficaram bem impressionados. Na virada do ano, concluiu, contudo, que o esforço era infrutífero e que os chineses haviam encontrado uma fórmula eficiente de despachá-lo. Ofereceram-se para comprar 50% do negócio de Steinmetz por US$ 300 milhões. Ora, a BSGR alegava já ter investido oito vezes mais na Guiné. Logo depois, a Vale avaliaria os ativos em US$ 5 bilhões.

Os executivos da BSGR acreditaram que algo tinha acontecido para que os chineses desistissem da Guiné da forma como fizeram. Steinmetz culpou a Rio Tinto pelo fracasso. Para ele, a empresa envenenou a Chinalco afirmando que a BSGR tinha obtido as licenças de Simandou ilegalmente e que, por isso, elas lhes seriam devolvidas. Temerosos de se aliar a um possível perdedor e contrariar um fornecedor importante de minério de ferro, os chineses teriam decidido esperar para ver o que aconteceria.

De volta ao Ocidente, Steinmetz resolveu abrir negociações com a Baosteel, maior empresa chinesa de siderurgia. Como a Chinalco, a Baosteel também é controlada pelo governo chinês. A Baosteel mostrou-se interessada em ficar com uma parcela menor do empreendimento na Guiné: 30%. Novamente, a BSGR organizou um grupo de executivos e embarcou para Pequim. Durante as negociações com o governo chinês, Steinmetz percebeu que essa tentativa também daria em água. Com bastante conhecimento da China e da lógica de negócios local, o dono da BSGR entendeu que a transação não receberia a chancela oficial.

A Chinalco reclamou com o governo que a Baosteel estava tentando lhe roubar um negócio. O governo determinou que as negociações de ambas as empresas com a BSGR fossem engavetadas até que houvesse uma decisão oficial. Nos bastidores, o entendimento do governo era o de que as minas da Guiné deveriam ser destinadas à

Chinalco e não havia o que BSGR e a Baosteel pudessem fazer para mudar a decisão da burocracia de Pequim.

No fim de dezembro, Benjamin Steinmetz estava realmente preocupado. Quando a crise do subprime começou, seus executivos financeiros recomendaram que ele suspendesse os investimentos em Simandou. Ele recusou. Esse era seu projeto mais importante e tudo o que interessava era manter o fluxo de dinheiro necessário para que a prospecção não parasse. Naquele momento, o jogo parecia ter virado contra Steinmetz. Subitamente os executivos pareciam ter razão. Ele tinha nas mãos o que se chama de elefante branco: é caro, raro, bonito, mas ninguém quer comprar. Precisava de capital, precisava arranjar um parceiro e não sabia mais para onde olhar.

Um relatório de investigação encomendado pela Vale em 2010 à empresa inglesa Nardello mostra que vários negócios de Steinmetz estavam atravessando momentos difíceis. A empresa de investimentos imobiliários Scorpio foi verdadeiramente afetada pela crise do subprime. Ao longo de 2009, a firma foi obrigada a suspender os projetos de novas obras para se focar no que já se encontrava em andamento no Leste Europeu. A empresa israelense de avaliação de risco Maalot baixou seguidamente a nota da Scorpio. A companhia entrou em uma negociação dura com os detentores de seus papéis para estender o prazo de pagamento de suas dívidas. A Scorpio foi alvo de uma ação judicial coletiva e precisou discutir um acordo com os credores.

A crise de 2008 solapou os papéis de dívida lançados por uma empresa integrante da BSGR, a TMI. Quando os títulos de US$ 300 milhões com garantia da BSGR foram lançados na metade de 2007, a Maalot classificou-os com A+, no topo da escala de risco. A deterioração do ambiente de negócios provocada pela derrocada do mercado de subprime levou a Maalot a reduzir sucessivas vezes a classificação dos títulos da TMI. Em dezembro de 2008, eles receberam a nota CCC, reservada para companhias à beira da insolvência.

Steinmetz investiu na Rússia desde os anos 1990. Na metade dessa década, ele e o Republic National Bank of New York cederam recursos para a composição do Hermitage Fund para investir na Rússia. O Republic pertencia ao brasileiro Edmond Safra, irmão dos donos do tupiniquim Banco Safra e que, em 1999, viria a falecer num trágico incêndio que consumiu seu apartamento em Mônaco. A Bateman, de Steinmetz, associou-se à Alrosa para explorar diamantes em Nyurba, uma cidade russa. Os dois negócios naufragaram, mas não prejudicaram a imagem de sucesso de Steinmetz.

As críticas só começaram a pipocar depois de 2008. Até então, Steinmetz suscitava admiração em Israel. No imaginário de seus compatriotas, ele era um exemplo de sucesso e motivo de orgulho. Sempre envolto em mistério, mantinha negócios em países exóticos, onde explorava diamantes, minério, vendia serviços de engenharia, investia em imóveis e no mercado financeiro. A partir de 2007, Steinmetz recorreu ao mercado para levantar capital de suas empresas e alavancar seus investimentos. A partir daí, muito do mistério se diluiu. Parte de suas finanças passou ao conhecimento público. No ano seguinte, as turbulências decorrentes da crise do subprime começaram aqui e lá a arranhar a imagem de midas moderno cristalizada em torno de Steinmetz.

No início de fevereiro de 2010, Benjamin Steinmetz estava no terceiro andar do edifício localizado no número 7 da rua Old Park Lane, em Londres. Encravado em Mayfair, ao lado do Hyde Park e do hotel Four Season, o prédio de tijolos vermelhos e guarnições de pedra clara abriga os funcionários da área financeira da BSGR em um dos bairros mais sofisticados da capital inglesa. Steinmetz aboletara-se na sala do sueco Dag Cramer, presidente da BSG Capital Markets, administradora de ativos da Balda Foundation, que tem Steinmetz como beneficiário. O celular do dono da BSGR tocou. Do outro lado da linha estava o holandês Marc Struik, presidente da BSGR Mineração e Metais.

Struik começou a lhe dizer que a Vale tinha interesse em firmar uma parceria com a BSGR para explorar Simandou. Steinmetz sorriu, pôs a ligação no viva-voz e apontou o dedo para a orelha. Era um sinal para que Dag Cramer ouvisse com atenção. Struik tinha se encontrado na Cidade do Cabo com Eduardo Etchart durante a Indaba Mining Conference. O presidente da BSGR Mineração e Metais o viu em frente a uma mesa preparada para o coffee break. Foi até ele e começaram a conversar. Etchart perguntou como estava indo o projeto de Simandou.

Struik vendeu bem seu peixe. Relatou que a BSGR obtivera não só os direitos minerais dos blocos 1 e 2 de Simandou, como também uma permissão exclusiva para exportar ferro por meio do porto da Libéria. Etchart demonstrou interesse em todo o projeto, sobretudo na autorização para usar a rota até o porto liberiano de Buchanan, na Libéria. Como já se viu nas negociações da Vale com a Rio Tinto, esse era um ponto crucial. Se o trajeto pela Libéria não fosse autorizado, a exploração de Simandou não aconteceria, porque o projeto tornaria-se economicamente inviável se a decisão do governo da Guiné fosse escoar o minério por Conacri. Sem esconder o entusiasmo, Etchart passou a disparar mensagens do celular enquanto conversava com Struik.

Foi esse o relato que o holandês fez por telefone a Benjamin Steinmetz. Inicialmente, o bilionário israelense tinha espalmado a ideia. Achava que não passava de uma tentativa de espionagem da Vale. Depois da conversa com Struik, passou a considerar seriamente a possibilidade de se associar à mineradora brasileira. O negócio seria fechado com uma velocidade incrível nas semanas seguintes ignorando mesmo as eleições presidenciais em curso na Guiné.

VIII. "MIERDA POR MIERDA"

Benjamin Steinmetz começou sua interlocução com a Vale por meio do uruguaio Eduardo Etchart. Na sequência da conversa entabulada de pé, no cafezinho na Cidade do Cabo, Etchart e o holandês Marc Struik marcaram um encontro na sede da BSGR em Johanesburgo. Durante a visita, Struik pôs Etchart para falar diretamente com Steinmetz, que estava no escritório da 7 Old Park Lane em Londres. Etchart fez dois relatos diferentes do diálogo. Um mais formal. O outro foi enviado para Eduardo Ledsham, João Mendes, Paul Antaki, Fábio Masotti e Edson Ribeiro às duas horas da manhã do dia 3 de fevereiro de 2010. Nele, Etchart contou sua impressão da conversa e o que entendeu do encontro virtual com Steinmetz. Pela mensagem, fica claro que a Vale havia decidido fazer negócio com a BSGR. A questão já estava no preço.

"A conversa foi amena e light, mas com duas mensagens bem claras", relatou o uruguaio a Eduardo Ledsham e colegas da Vale. A primeira é que Steinmetz considerava que não fazia sentido seguir nas tratativas se a Vale tivesse algum problema com a Rio Tinto. Na segunda, o empresário sinalizou que iria cobrar caro. Disse que, ao longo de três anos e meio, desembolsara US$ 80 milhões para desenvolver seus projetos na Guiné. Precisava de um parceiro estratégico importante para continuar, mas sabia o valor do que tinha em mãos – um depósito de grande porte, uma saída pela Libéria e a parceria com o governo anterior. "Mensagem: não vão dar muita margem para desconto", resumiu Etchart.

No último parágrafo, Etchart dá retorno a Ledsham de uma reunião que o diretor da Vale ainda teria com Benjamin Steinmetz em Londres. O uruguaio disse que Marc Struik ficou de confirmar o encontro até o fim daquela semana. O holandês sinalizou que gostaria de ir a Londres para participar, mas poderia ser impedido de ir porque tinha um compromisso na Libéria.

Depois de ler o relato de Etchart, João Mendes ficou em dúvida sobre as reais intenções da BSGR. A empresa queria vender seus investimentos na Guiné ou ter a Vale como sócia? "No fim, tudo pode ser lance de jogador, mas se não for?", questionou Mendes. "Como o minério virou 'o negócio do século', Steinmetz pode estar com essa visão de stay in business dado o potencial que o negócio pode gerar no futuro, principalmente se ele não tiver nenhum problema de caixa no grupo", ponderou Mendes em um texto concluído às 6h20 da manhã.

Com a visão de quem vê o quadro com clareza cristalina, Ledsham vai direto ao ponto. "Tem de tudo um pouco. Ter a BSGR como sócio tem um alto risco de desgastar a imagem da Vale no mercado. Por outro lado, eles podem nos ajudar e muito na operacionalização na Guiné. Acho que primeiro temos de escutar e demonstrar um apetite alto", explicou Ledsham.

Par de Ledsham na diretoria executiva da Vale, José Carlos Martins faz uma ponderação: "A única razão para enfrentar o risco Guiné é a qualidade Carajás! Mierda por mierda ficamos com a nossa aqui no Sul. Com o preço que vem por aí, a concorrência vai entrar anyway, não há como segurar!" João Mendes tinha ponto de vista oposto: "Qualidade equivalente' é um conceito relativo... Para mim, qualquer depósito/jazida disponível em volume que possa deslocar 'minério Vale', seja por qualidade, seja por proximidade ao mercado consumidor, tem que ser considerado com relevância. Os concorrentes bem ou mal estão com um pé lá."

A visão de João Mendes estava claramente alinhada às de Eduardo Ledsham e de Eduardo Etchart. Nos meses que se seguiram, passaria a ser compartilhada e defendida com afinco pelo próprio José Carlos Martins. Sem ele, a parceria com a BSGR dificilmente seria fechada. Mas nos primeiros dias de março de 2010, a bola estava nos pés de Ledsham, como revela o e-mail de Etchart. Seria o calvo e tranquilo executivo mineiro que deveria ouvir e demonstrar seu apetite a Benjamin Steinmetz.

De fato, o compromisso na Libéria impediu Marc Struik de participar da reunião em Londres. Mas o holandês deu um retorno ainda mais objetivo a Steinmetz sobre o encontro com Etchart no escritório da BSGR em Johanesburgo. A Vale celebrou um acordo de confidencialidade com a BSGR. O tempo de insinuação havia terminado. Os técnicos da Vale já estavam escarafunchando os dados e documentos disponibilizados pela BSGR.

João Mendes se deslocou até Johanesburgo para entender todos os detalhes relativos a Simandou. Desembarcou na África do Sul em uma segunda-feira. Na quarta, já estava em Londres a fim de preparar Ledsham para, como ele mesmo definiu, "encontrar as feras" no dia seguinte, 11 de março. Ledsham chegaria de Toronto na manhã do mesmo dia e ainda tinha um jantar com Ken Haddow, gerente-geral de desenvolvimento da Rio Tinto. Teriam algum tempo para alinhar os pontos sobre Simandou no cinco estrelas Sofitel London St. James. De táxi, levaria dez minutos ou menos para chegar ao local de seu encontro.

Eduardo Ledsham foi recebido pela primeira vez no 7 Old Park Lane no início de uma tarde relativamente amena para o inverno londrino. Fazia sete graus. Chegou sozinho ao andar que servia de escritório inglês a Benjamin Steinmetz e a partir do qual o sueco Dag Cramer comandava os investimentos da Balda Foundation. Ledsham, Steinmetz e Cramer foram diretamente para uma ampla sala de reunião. Ninguém perdeu tempo com preliminares.

De início, o jeitão sereno de Ledsham não causou nenhuma impressão especial nos interlocutores. Mal se sentaram, o executivo brasileiro foi logo dizendo sua proposta. A Vale pagaria US$ 300 milhões por metade da mina de Simandou. Depois, as duas empresas voltariam a conversar sobre o que fazer. É curioso que o valor proposto pela Vale seja idêntico ao oferecido pela Chinalco meses antes.

A contraproposta feita por Steinmetz fez parecer que ele estava falando de outra coisa. O preço que a Vale teria de pagar para firmar uma joint-venture com a BSGR era de US$ 2,5 bilhões. A cifra não era fruto do acaso nem da cachola do israelense. Tinha saído de uma avaliação encomendada pela BSGR, que estimava o negócio entre US$ 13 bilhões e US$ 15 bilhões. Steinmetz foi além: caberia à Vale financiar a operação.

— Se vocês estiverem interessados, Ok. Se não estiverem, não há problema, disse Steinmetz.

Dag Cramer ouviu em silêncio, mas ficou um tanto surpreso com o que ouvira. Ledsham oferecera 2% do valor que Steinmetz pedira. Nenhum negócio vai para frente assim nem na feira da esquina. Mas Ledsham surpreendeu.

— Não decido isso. Vou falar com Roger Agnelli. Volto com vocês amanhã neste horário.

O brasileiro levantou-se, despediu-se e foi embora com a fleuma típica dos britânicos. Do momento em que Ledsham entrou no escritório de Mayfair até sua saída se passaram não mais do que dez minutos. Haviam tratado de um negócio de US$ 5 bilhões no qual a Vale teria de injetar US$ 2,5 bilhões. Tudo parecia ainda mais surpreendente considerando que a BSGR só havia gasto até aquele momento cerca de US$ 170 milhões com o desenvolvimento de seu projeto na Guiné. Ou seja, o valor pedido por Steinmetz era 15 vezes maior do que desembolsara até então.

Conhecedor das minudências do temperamento de Steinmetz, Cramer ficou calado. Sabia que não deveria fazer considerações não solicitadas e que Steinmetz pediria sua opinião se quisesse ouvi-la. No resto do dia, Steinmetz não tocou no assunto. Mas estava ansioso na manhã seguinte. Por volta das 10 horas, dirigiu-se a Cramer.

— Será que ele vem mesmo? Não seria o caso de eu ligar para ele?

Cramer o dissuadiu, mas Steinmetz estava visivelmente agitado. A hora marcada passou e nada de Ledsham. Dez ou quinze minutos depois, o calvo e sereno executivo brasileiro entrou no terceiro andar do edifício de Mayfair. Foram novamente os três para a sala da reunião. Uma vez lá, Ledsham fez seu anúncio, sem delongas.

— Ok, vamos fazer o negócio.

E foi-se embora. Os planos e especulações do Projeto Venezia tinham acabado. Era hora do Project Hills, como passou a ser chamado na sede da Vale no Rio de Janeiro. O objetivo era concluir uma joint venture com a BSGR o mais rapidamente possível.

Em um híbrido de emoções, Steinmetz e Cramer ficaram em dúvida se tinham ouvido a frase de pé ou sentados. O fato é que a Vale salvaria a BSGR da sinuca de bico: um ativo extraordinário, mas custoso e que demandava investimentos grandes enquanto todo o mundo estava descapitalizado em consequência da crise do subprime.

As duas empresas começaram a correr. Apenas cinco dias após a reunião em Londres, Steinmetz, Asher Avidan, Marc Struik e outros executivos da BSGR voaram para o Rio. Enfurnaram-se na Vale por duas semanas até assinar os primeiros contratos. Em seis semanas, as duas companhias estariam casadas no papel. Foram direto da paquera para o altar sem desperdiçar tempo com namoro, ida ao cinema e noivado.

Os executivos da BSGR resolveram pedir a bênção ao governo da Guiné. Como as autoridades locais teriam de chancelar qualquer parceria, eles foram até o então ministro de Minas, Mahmoud Thiam, e solicitaram autorização para abrir o diálogo com a Vale. Argumentaram que seria importante ter uma empresa de musculatura mundial como a brasileira envolvida no projeto. Como o governo queria ver a mina sendo explorada o mais rapidamente possível, Thiam não apresentou obstáculo.

Na primeira semana de março, começou o processo de due diligence, como é chamada a auditoria conduzida por cada uma das partes para analisar a viabilidade do acordo. Isso em relação a aspectos que vão do financeiro ao jurídico, com todas as variantes que eles possam embutir. Esses procedimentos são conduzidos em geral por escritórios de advocacia durante meses, que analisam contratos, informações contábeis, checam dados econômicos e, com frequência, avaliam riscos de exposição, que podem ocorrer por questões políticas ou por mau comportamento pregresso de uma das partes.

A Vale atribuiria essa tarefa a gigantes mundiais. A condução da due diligence foi entregue ao Clifford Chance, um dos maiores escritórios de advocacia do mundo com raízes bicentenárias na Inglaterra. Ele deveria enfrentar outro gigante do direito, o Skadden, Arps, Slater, Meagher & Flom, contratado pela BSGR a peso de diamante.

A mineradora brasileira entregou a devassa contábil à EY, antiga Ernst & Young, também inglesa e líder mundial em auditoria. O Clifford Chance subcontratou a Nardello, empresa norte-americana e referência internacional no ramo da investigação privada. Os próprios funcionários da Vale conduziriam as análises técnicas relacionadas à geologia, à logística e a aos aspectos comerciais do projeto. O destino de todas essas informações seria o time de fusões e aquisições da Vale sediado no Rio de Janeiro.

A mineradora brasileira despachou um grupo de especialistas para analisar os documentos guardados nos escritórios da BSGR em Johanesburgo. Passaram quatro dias imersos nos papéis. Depois, foi a vez de Eduardo Etchart e José André Castro Alves juntarem-se a Marc Struik e Asher Avidan para visitar Simandou.

A oposição interna à joint-venture com a BSGR começou na área financeira da Vale. No Departamento de Desenvolvimento de Novos Negócios, Alex Monteiro respondia pelas fusões e aquisições. No início de março, Ledsham e José Carlos Martins lhe comunicaram as negociações com a companhia. Alex Monteiro deveria ajudar a conduzir as due diligences. Ele teve três encontros na sede da Vale com Benjamin Steinmetz e seu alto comando, Marc Struik, Asher Avidan e David Barnett.

Como responsável pela due diligence, Monteiro estava especialmente preocupado com a validade das licenças de exploração de minério, que, no fim, era apenas o que a Vale estava comprando. Os executivos da BSGR garantiram que elas haviam sido obtidas com a maior lisura possível e que estavam em pleno vigor. Para comprovar, organizaram uma conferência telefônica com o ministro Mahmoud Thiam. De Conacri, Thiam confirmou a legitimidade das licenças da BSGR, conforme relembrou Monteiro em testemunho prestado em 2015 perante a Corte de Arbitragem Internacional de Londres. Nesse depoimento, Monteiro relembrou que Thiam mandou uma carta para a Vale confirmando que os direitos haviam sido outorgados à BSGR.

Ainda assim, Monteiro não se sentiu confortável em avaliar o negócio. Em 18 de março, enviou um e-mail pedindo socorro a Pedro Rodrigues, outro executivo financeiro da empresa. Nesse momento, o diretor-executivo José Carlos Martins já tinha se convertido num ardoroso defensor da joint-venture da Guiné. "Pedro, quando puder me liga. Estamos em negociação com a BSGR. O Martins deu ordem para fechar. Estamos assumindo um risco grande de US$ 500 milhões, que eu não recomendaria", relatou, preocupado. Os alertas de Alex Monteiro não deram em nada.

No dia seguinte, Martins comunicaria internamente o fechamento do acordo sobre a Guiné. O e-mail é revelador do que aconteceu internamente na Vale e a quantidade de pontos de exclamação desnuda as esperanças que o time brasileiro – ou grande parte dele – depositava nas reservas africanas.

"Informo que concluímos um acordo com a BSGR para adquirir em etapas até 75% da parte de Simandou, na Guiné, com quase 6 bilhões de toneladas de recursos (...).

Entendemos que a parte que adquirimos está melhor estruturada em termos logísticos do que a área da Rio Tinto e pretendemos, uma vez aprovada pelo board (conselho) e concluída a transação, iniciar de imediato as atividades para colocar a mina em operação o mais breve possível!

"Quero cumprimentar as equipes do Eduardo Ledsham, João Mendes e também Steve Potter?? que, trabalhando em conjunto e em tempo recorde, foram capazes de estruturar essa transação.

"Ainda há etapas a cumprir, cavaletes para pular, mas tenho certeza que concretizaremos essa transação.

"Abrimos uma opção de crescimento fora do Brasil e com qualidade equivalente a nossos melhores ativos!

"Não vai sair barato, mas esse ativo é uma opção que compramos para manter nossa liderança qualitativa e quantitativa no mercado de minério de ferro!

"Meus cumprimentos especiais ao Eduardo Ledsham, que nunca desistiu de Simandou e sempre acompanhou de perto a BSGR aguardando o momento certo para irmos em frente.

"O momento chegou e aqui estamos nós! Parabéns João Mendes, parabéns Eduardo!"

No mesmo dia em que José Carlos Martins despachou seu e-mail comemorativo, o ministro Mahmoud Thiam abençoou formalmente a joint-venture. "O governo da Guiné dá boas-vindas à joint-venture formada entre Vale e BSGR para o desenvolvimento da concessão de Zogota e dos blocos 1 e 2 da cadeia de montanhas de Simandou. Esperamos que o exposto acima auxilie o avanço das suas negociações", afirmou Thiam em uma correspondência formal.

Como previu Martins, ainda haveria cavaletes a pular. E, no front interno, um deles seria enorme. Fábio de Oliveira Barbosa não era apenas alto. Era um dos pilares da administração Roger Agnelli na Vale. O diretor executivo de finanças e relações com investidores tinha uma relação fraternal com o presidente e era uma garantia de boa reputação para a empresa. Funcionário público, Fábio Barbosa tinha passado pelo Banco Mundial, em Washington, ajudou a negociar a dívida externa brasileira no momento em que o país estava em default e fora secretário do Tesouro Nacional quando Pedro Malan resguardava o Ministério da Fazenda. Biografia impecável e fama irretocável.

Fábio Barbosa não gostou do cheiro do acordo. Entre outros, quem o alertou para o fato foi Alex Monteiro, o mesmo executivo que já havia pedido socorro a Pedro Rodrigues. Pouco antes do almoço do 1º de abril, Alex Monteiro mandou um e-mail para Barbosa com cópia para Pedro Rodrigues. Estava bem longe de ser uma pegadinha do dia da mentira. Ele não estava de brincadeira. Avisava que, na semana seguinte, começariam as negociações finais para a formalização do acordo com a BSGR e, a título de "garantir o nivelamento", apresentava cinco riscos envolvidos na operação.

- Concessões das minas. Alex Monteiro apontou que elas foram obtidas durante um governo militar de transição, com constituição suspensa e parlamento dissolvido. "Novas eleições foram convocadas para junho e o novo governo pode revogar tudo", alertou, usando um tom premonitório que certamente faria inveja a Mamadie Touré e sua alegada paranormalidade.

- Financiamento. O executivo alertava para o fato de que a Vale responderia por todo o investimento. Ficaria com "100% do risco, porém apenas com 51% do equity". A BSGR pagaria a Vale com os dividendos do negócio, caso houvesse.

- Desembolsos. Apontava a necessidade de desembolsar US$ 1,7 bilhão, dos quais US$ 1 bilhão iriam para a BSGR e US$ 700 milhões para a recuperação da ferrovia Transguineana, um acordo assumido pela BSGR com o governo de Conacri.

- Logística. "Não há garantias de que obteremos concessão do governo da Libéria para escoamento da produção, o que envolve ainda uma ferrovia de concessão da Mittal", pontuou, em outro prognóstico certeiro.

- Atrasos. A BSGR estava atrasada no cumprimento das exigências das licenças de concessão e seria muito difícil garantir a extração de 30 milhões de toneladas de minério de ferro em 2012, como previam esses documentos.

Todos os pontos levantados por Alex Monteiro viriam a se confirmar como sérios obstáculos para o sucesso da joint-venture. Obviamente, Fábio Barbosa entendeu o problema e o pedido de socorro. Respondeu começando pelo último. "Devemos expressar claramente nossas posições. Além disso, quero ter também clareza absoluta sobre nosso papel no processo e que ele assim seja percebido. Não quero ouvir/ler 'sua área foi ouvida e esteve de acordo'", respondeu o ex-secretário do Tesouro.

Em seguida, apoiou o subordinado, avocou a si o problema e deu indicações de que poderia se opor à transação. "Com essas questões abaixo, eu quero mais esclarecimentos/elementos antes de nossa área emitir qualquer opinião/parecer. E quero ser consultado antes que qualquer papel com nossa assinatura seja emitido." Barbosa já tinha levantado a sobrancelha contra a joint-venture. Seus próximos embates ocorreriam não com os subordinados, mas com os colegas da diretoria executiva e com o presidente da empresa.

O Departamento Jurídico da Vale também opôs ressalvas ao fechamento do contrato com a BSGR. Em um documento confidencial, os advogados da Vale apontam duas áreas de risco importantes. A primeira se referia ao Foreign Corrupt Practices Act (FCPA), a lei anticorrupção dos Estados Unidos. Como a Vale tem ações negociadas na Bolsa de Valores de Nova York, é obrigada a se submeter a essa legislação. Se seu novo parceiro viesse a infringi-la ou a tivesse infringido no passado e a Vale soubesse disso, poderia ser processada nos Estados Unidos.

A situação era delicada. Benjamin Steinmetz era alvo de boatos constantes no mercado de mineração, no qual era voz corrente que ele tinha obtido suas concessões minerárias na Guiné por meio de relações com Mamadie Touré, a suposta quarta mulher do presidente Lansana Conté.

A saída encontrada pelo Departamento Jurídico foi adotar medidas para mitigar os riscos de infração ao FCPA. Foram oito medidas divididas em pré-fechamento do contrato e pós-fechamento. Foram quatro as ações pré-fechamento. As três primeiras são a realização de uma auditoria nos padrões da FCPA, a obtenção de documentos da BSGR garantindo o cumprimento da lei e a contratação de uma firma de investigação para averiguar a materialidade dos boatos. Chama atenção a quarta medida. Diz o texto: "Após efetuadas todas as medidas acima, será elaborado um parecer pelo Clifford Chance (nossos advogados externos) afirmando que, considerando as informações e a auditoria realizada até agora, o Clifford Chance confirma que a Vale não está violando o FCPA ao realizar esta transação com BSG. Segue anexa a Carta de Análise Legal do Clifford Chance (Clifford Chance Legal Analysis Letter)."

Possivelmente por erro de redação, o texto do Departamento Jurídico da Vale afirma que o Clifford Chance, um dos maiores escritórios de advocacia da Inglaterra e um dos mais respeitados do mundo, se comprometeu com o resultado do parecer antes de tomar conhecimento de todas as informações. Mesmo porque não faz o menor sentido dizer qual será a conclusão do trabalho uma vez que ele nem sequer estava concluído.

De qualquer forma, além dos riscos relativos à FCPA, os advogados da Vale mergulham também nas ameaças de perda da concessão que, afinal, era o único motivo pelo qual a Vale se comprometia a fazer um investimento multibilionário na turbulenta Guiné ao lado de um sócio menor e com a reputação sob ataque. Os advogados relataram desconforto com o fato de que as concessões e os acordos de mineração foram ratificados apenas em 19 de março de 2010, no mesmo dia em que a Vale assinou o memorando de entendimentos com a BSGR.

Pior ainda: a ratificação foi feita por um governo interino que sucedeu um golpe militar. "É prudente obter a ratificação parlamentar", alerta o parecer do Departamento Jurídico. "Considerando o momento da ratificação da concessão, não se pode confirmar que um novo governo democraticamente eleito irá ratificar os atos do governo militar ou do governo interino", previram os advogados.

O Departamento Jurídico se absteve de comentar a propriedade das reivindicações da Rio Tinto, que perdeu os blocos 1 e 2 de Simandou para a BSGR. Os advogados alegaram não ter informações suficientes, mas apontaram um risco adicional para as concessões da BSGR – o único que não se confirmou posteriormente.

O Código Minerário da Guiné estabelece que os interessados em prospectar e explorar jazidas devem apresentar capacidade operacional e financeira para fazê-lo. Os advogados da Vale acreditam que há espaço para se questionar se a BSGR apresentava esses requisitos adequadamente quando pediu suas licenças. Se não, as concessões poderiam ser retomadas, ainda que, associada à Vale, a BSGR passasse a apresentar todas as condições técnicas e econômicas necessárias.

Em 16 de abril, apenas duas semanas antes de os contratos serem assinados, a BSGR informou oficialmente por carta que a Vale ficaria com 51% da joint-venture. O Código de Mineração da Guiné dispensava as empresas de pedir o endosso para sua união, mas, de acordo com a carta enviada ao Ministério de Minas, a Vale e a BSGR pediriam que o governo aprovasse a joint-venture. O governo da Guiné respondeu à carta no mesmo dia afirmando que não tinha qualquer objeção ao negócio.

Cabe um breve resumo. José Carlos Martins tinha dúvidas se o fechamento do negócio com a BSGR era uma boa oportunidade ou não para a Vale. Foi convencido por Eduardo Ledsham e por João Mendes de que era. Ressalte-se que Ledsham sublinhou o risco reputacional que representava para a Vale a associação com a BSGR. O Departamento Jurídico apontou vários obstáculos institucionais. Para alguns, apresentou solução, ainda que apenas formal. Para outros, não.

Alex Monteiro, que cuidava de fusões e aquisições, levantou cinco bandeiras vermelhas contra o negócio, como se estivesse numa corrida de carros pedindo aos pilotos para diminuírem a velocidade por causa de um acidente logo à frente. Fábio Barbosa o ouviu e resolveu entrar na pista. Não só achou que era preciso desacelerar, como pisar com firmeza no pedal do freio do negócio. Bateu o pé contra o acordo, mas não pôde evitar que Monteiro fosse incorporado ao time que passaria todo o mês de abril em Londres negociando o contrato. Ele tomaria parte nas negociações juntamente com Ledsham, João Mendes, Castro Alves, o gerente-geral de desenvolvimento de negócios no Brasil, Paulo Bergman, e a diretora-jurídica Daniela Chimisso. O palco das conversas, que se estenderiam por dias sem interrupção, foi montado no escritório central da Clifford Chance; os advogados da Vale ficaram em Canary Wharf, o moderno bairro de arranha-céus de Londres. A última reunião de fechamento começou às 13 horas do domingo, 25 de abril, e só terminou às 6 horas do dia seguinte.

Os contratos entre a Vale e a BSGR para a formar a VBG, a joint-venture que exploraria minério na África, foram assinados em 30 de abril de 2010. Fábio Barbosa não colocaria sua assinatura ao lado das dos executivos da BSGR, como exigiam as normas internas da Vale. Foi necessário que José Carlos Martins autografasse os documentos em seu lugar.

Nesse episódio, as relações de Barbosa com Roger Agnelli se esfacelaram a ponto de não poderem mais ser remendadas. Segundo uma pessoa próxima de Barbosa, ele e Agnelli tiveram ao menos uma discussão dura, que terminou com o rompimento da amizade. Barbosa aceitou um convite da British Gas e saiu da Vale. Considerado um dos melhores CFOs da Europa, presidiu o conselho da empresa britânica na América Latina, antes de ser vitimado prematuramente por um câncer. O prestígio de Barbosa seguiu inabalado e o Tesouro Nacional instituiu um prêmio que leva o nome dele.

Menos de três meses depois do início das primeiras conversas e apenas dois após a assinatura do acordo de confidencialidade, a Vale aceitou pagar US$ 2,5 bilhões a Benjamin Steimetz por 50% de seus ativos na Guiné. E mais: se comprometia a investir outros US$ 11 milhões em pesquisa, estruturas mineiras, ferrovias e porto necessário para vender o minério guineano. Steinmetz tinha as licenças. A partir da assinatura do contrato, contava com um sócio com expertise e disposto a investir dinheiro na operação.

Mas ainda havia pontas soltas. Uma delas estava na auditoria da Ernst & Young. Em 14 de maio, Rob Sinclair enviou a Alex Monteiro e a Megan Gordon, do Clifford Chance, um rascunho do relatório feito sobre a BSGR na Guiné e em Guernsey, o paraíso fiscal no Canal da Mancha onde Benjamin Steinmetz sediou sua empresa. Alex Monteiro respondeu, em inglês, com um pedido de conference call para "discutir eventuais mudanças a serem refletidas na versão final".

Dez dias depois, Alex Monteiro enviou um novo e-mail para Rob Sinclair. Sempre em inglês, o executivo da Vale é claro sobre o que desejava que fosse alterado. "Eu não acredito que a afirmação sob o 1.4 é sustentada por evidência que você descreve no documento. Como mencionei durante nosso telefonema, o ambiente pobre de controle interno levanta suspeita de fraude, qualquer que possa ser. Dizer isso mostra que a companhia está no limite do risco do espectro de corrupção e suborno, o que não tem suporte nas suas pesquisas. Além disso, eu verdadeiramente acredito que uma conclusão nesse sentido deve endereçar a falta de controle na prevenção de fraude, nada além disso pode resultar do que você enumerou".

Pelos documentos que embasam este livro, não é possível determinar o que estipulava originalmente o tal item 1.4, mas sabe-se que Rob Sinclair aquiesceu ao pedido de Alex Monteiro. "Nós decidimos que seria melhor se mudássemos as palavras da seção 1.4 para remover qualquer ambiguidade e para melhor refletir as palavras usadas na nossa carta de contratação. Por favor veja o anexo. Diga-me se está satisfeito com as alterações e se eu posso providenciar que o relatório final seja concluído", escreveu Rob Sinclair. Esses e-mails são seguidos pela cobrança de pagamento dos serviços prestados à Vale e foram incluídos no processo de arbitragem movido em Londres.

Tinham corrido contra o relógio para assinar o contrato. Teriam de se apressar ainda mais para mantê-lo vivo. O acordo com o governo da Guiné previa que os complexos estudos de viabilidade dos blocos 1 e 2 de Simandou deveriam estar prontos até o fim de 2011 e que a produção em Zogota teria de começar no fim de 2012.

Esses eram os desafios técnicos. Para eles, a Vale estava preparada. Afinal, tinha a experiência acumulada em Carajás, onde convertera uma cadeia de montanhas com ferro no meio da Amazônia em uma mina de ouro. Estava apta e pronta para fazer o mesmo na África.

O desafio que iria enfrentar tinha origem na política. A joint-venture foi firmada ao mesmo tempo em que se desenrolava a primeira eleição presidencial com feições democráticas na Guiné desde 1958, quando Ahmed Sékouba Touré ascendeu ao poder. Enquanto os executivos da Vale fechavam acordos de bilhões de dólares a toque de caixa, os presidenciáveis guineanos leiloavam os ativos do país para arranjar dinheiro e ajuda para a eleição.

Temerosa de perder o ativo para um concorrente ou cliente chinês, a Vale ignorou o risco político. Enquanto analisava documentos e obtinha avais do ministro Mahmoud Thiam, o futuro presidente da Guiné, Alpha Condé, engendrava o fracasso do negócio da Vale em reuniões secretas na França e na África do Sul.

Em junho, a joint-venture formalizou seu novo nome, VBG. A empresa encarregada de contar os votos da eleição foi substituída às vésperas do primeiro turno. Tudo isso ocorreu no espaço de dias. Em 25 de outubro, o ministro Thiam enviava carta à VBG com "votos de grande sucesso para a nova companhia". O destino da VBG seria selado doze dias depois no segundo turno que elegeu Condé. E Thiam já sabia das histórias extraordinárias contadas e que preenchem as próximas páginas.

IX. "ENTÃO, A MÁQUINA FOI POSTA PARA FUNCIONAR"

Com o vácuo de poder, volta à cena "Le Professeur" Alpha Condé. Com viés de esquerda e sólida formação acadêmica, o advogado Condé ensinava ciência política na Sorbonne. Tinha sido derrotado por Lansana Conté em duas eleições presidenciais, a primeira em 1993 e a segunda em 1998. Nos dois pleitos, Condé recebeu pouco menos de 20% dos votos e o vencedor foi acusado de manipular os resultados das urnas. No segundo, Condé foi acusado de contratar mercenários para um golpe de Estado para derrubar o presidente. "Le Professeur" foi preso ao tentar deixar o país. As acusações não foram provadas e seu julgamento foi para lá de controvertido, mas ele passou dois anos na cadeia até receber o perdão presidencial.

Quando se abriu a possibilidade de realização de uma nova eleição, Condé parecia ser um candidato natural. Terminou o primeiro turno com 18% dos votos. Ex-primeiro-ministro de Lansana Conté e líder da manifestação esmagada por Dadis Camara no estádio de futebol, Cellou Dalein Diallo ficou com 40%. Na segunda etapa do pleito, Condé contou 52,5% dos votos.

A virada espetacular na campanha presidencial impressionou o mundo. O passado de Condé na Sorbonne, os dois anos que passou encarcerado e seu discurso liberal foram vistos pelos analistas internacionais como um sinal de que a Guiné finalmente seguiria o caminho da institucionalidade e do progresso. Condé parecia a muitos uma versão guineana do sul-africano Nelson Mandela – e gosta de ser comparado a ele. Dois anos após a morte do ditador

Conté, um professor de uma das mais antigas e reputadas universidades do mundo se elegia presidente da Guiné com a promessa de, enfim, trazer democracia, previsibilidade e estabilidade institucional para a pobre e conturbada nação africana.

Há dez anos no poder, Condé foi eleito para seu terceiro mandato consecutivo. Aos 82 anos, foi proclamado presidente da Guiné no início de novembro de 2020. Durante seu segundo governo, Condé havia anunciado que não respeitaria a restrição constitucional que veda a recondução pela terceira vez. Houve protestos, devidamente reprimidos. Trinta pessoas morreram e, agora, oposicionistas enfrentam processos judiciais por insurreição. Condé censurou a imprensa e já foi acusado de manipular eleições.

Confirmaram-se as previsões mais pessimistas de que "Le Professeur" poderia seguir o caminho autocrata trilhado por Ahmed Sékou Touré e Lansana Conté e tentando por Dadis Camara. Em 2010, porém, Condé representava a esperança de um futuro melhor para seu país. Naquele ano, pouca gente deu a devida atenção ao alerta emitido pelo The Carter Center, uma organização fundada pelo ex-presidente americano Jimmy Carter e que, como observadora, acompanhou de perto a eleição de Condé. O relatório Observando as Eleições Presidenciais de 2010 na Guiné (Observing the Presidential Elections of 2010 in Guinea – Final Report, no original) louvou o fato de a Guiné ter realizado eleições e ressaltou o compromisso dos guineanos com o sucesso do pleito. The Carter Center apontou situações que, fossem em outros países ou em outras circunstâncias, levantariam sérias dúvidas sobre a representatividade ou mesmo a lisura do processo.

Vinte quatro candidatos disputaram o primeiro turno em junho de 2010. Ao final, descobriu-se que 900 mil votos, o equivalente a 21,4% do total, foram descartados devido a erros administrativos. Houve casos de violência eleitoral. Fugade pessoas de uma das etnias da Guiné, a fula, ligada ao líder do primeiro turno, Cellou Dalein Diallo, candidato dos aliados do falecido Lansana Conté.

No segundo turno, houve mais violência. Desta vez, contra a etnia mandinga, a que pertence Alpha Condé e cujo nome se tornou sinônimo de bruxaria no Brasil. O presidente da comissão incumbida da eleição morreu. Os partidos de Diallo e Condé brigaram para que o sucessor lhes fosse simpático. O documento de The Carter Center relata que a feitiçaria de Condé foi eficiente para adiar o segundo turno. No fim de um processo eleitoral que deixou mortos e feridos, Condé venceu Diallo por 52,5% contra 47,5% dos votos.

É significativo que os primeiros sinais de desconforto com a eleição de um candidato de esquerda tenham sido emitidos por uma organização de caráter liberal como The Carter Center. Os analistas americanos reportaram o que se passou na superfície da disputa eleitoral. As histórias que emergiram dos bastidores são tão ruins quanto o que eles viram a olho nu. Houve alegações generalizadas de que a vitória de Alpha Condé foi alcançada por meio de fraudes e crimes. Eles seriam revelados anos depois nas disputas judiciais envolvendo o controle das riquezas minerais da Guiné.

O primeiro relato desses delitos, mas não o único, foi o testemunho prestado em novembro de 2014 pelo sueco Dag Cramer, presidente da BSG Capital Markets, administradora de ativos da Balda Foundation, da qual Steinmetz é um dos beneficiários. Registrado por escrito, ele integra os autos da Corte de Arbitragem Internacional de Londres, em um processo que será esmiuçado adiante e conduz ao ponto central desta história. O texto também foi incluído no processo movido pelo governo da Guiné contra a BSGR para a cassação das concessões de mineração cedidas anteriormente à empresa.

À primeira vista, a narrativa parece tão mirabolante quanto um enredo de Ian Fleming, o escritor que deu vida a James Bond. Inclui chefes de estado de outros países africanos, o famoso Serviço Secreto da África do Sul (SASS), empresas de processamento de dados eleitorais e grandes financistas internacionais. No decorrer dos anos, várias acusações feitas por Dag Cramer, que falou em nome de Benjamin Steinmetz, mostraram-se certeiras. Em 47 páginas, ele relatou como Alpha Condé obteve dinheiro para sua campanha eleitoral, fraudou o resultado e pagou os financiadores e operadores com licenças de exploração de minério em Simandou e outras partes da Guiné.

Dag Cramer começou sua história no início de 2010, logo depois que Moussa Dadis Camara fora alvejado. Candidato a presidente, Alpha Condé procurou apoio no exterior. Seus primeiros contatos foram com o Congresso Nacional Africano (ANC, na sigla em inglês), o partido de Nelson Mandela, que governa a África do Sul desde o fim do apartheid. Os chefes do partido pediram para que o empresário Samuel Mebiame orientasse um político interessado em ganhar eleições num país africano. Filho de um ex-primeiro-ministro do Gabão, Mebiame tinha feito carreira em grandes bancos de investimento, passara pelo Merrill Lynch e pelo UBS e topou receber o candidato. No caso, Alpha Condé.

Em 6 de abril de 2010, Mebiame se encontrou em Paris com Alpha Condé, e o filho dele, Alpha Mohamed Condé. Também estava presente o empresário Aboubacar Sampil, amigo de Condé, diretor da mineradora Sable e protagonista do próximo capítulo que se aproxima. No encontro, Condé expôs sua intenção de se tornar presidente da Guiné. Relatou que seu principal oponente tinha relações amistosas com a França. Condé queria o apoio da África do Sul para contrabalançar a influência europeia. Mebiame falou a respeito do que achava essencial para garantir a vitória de Condé e topou apresentá-lo a "algumas pessoas importantes".

— Ok, escute, eu acredito em você, mas como eu posso chegar lá?, questionou Condé.

— Eu. Vou levar você para a África do Sul, respondeu Mebiame.

O próprio Mebiame relatou a conversa que teve com os Condé, pai e filho, e Aboubacar Sampil para o então ministro de Minas da Guiné, Mahmoud Thiam. Financista com carreira em grandes bancos estrangeiros, Thiam fora enviado pelo presidente interino da Guiné, general Sékouba Konaté, para saber do andamento das negociações. Em 2013, o áudio da conversa veio a público e tanto Mebiame quanto Thiam reconheceram a veracidade de seu conteúdo.

— Ele botou fé em mim e eu o levei até lá (à África do Sul), contou Mebiame a Thiam. Os Condé e Mebiame embarcaram de Paris para Joanesburgo no mesmo dia. No dia seguinte, foram recebidos pelos escalões mais altos do Congresso Nacional Africano, um grupo de empresários, além do então vice-presidente Kgalema Motlanthe e o presidente Jacob Zuma. Mebiame foi informado que Condé, pai e filho, voltaram à África do Sul três semanas depois. Teriam se encontrado em Pretoria novamente com Zuma e com agentes do Serviço Secreto da África do Sul (SASS). Nesses encontros, foi estabelecido o que a África do Sul faria para eleger Condé, e o preço que cobraria por lhe colocar no palácio presidencial de Conacri.

A África do Sul se comprometia a fazer três movimentos decisivos. O primeiro: arranjar dinheiro para a campanha. Essa tarefa caberia ao empresário sul-africano Walter Hennig, dono da Palladino Holdings, que atua em áreas que vão da energia à mineração, e amigo de Mebiame, que entregaria os recursos ao próprio Condé ou a seu filho. O segundo: com o dinheiro de Hennig, a companhia de tecnologia sul-africana Waymark e o SASS atuariam para assegurar que Condé fosse eleito. O terceiro: o SASS receberia um pagamento de US$ 14 milhões. A conta de Hennig seria mais alta. Ele receberia participações em ativos minerais da Guiné, incluindo Simandou, cujas licenças relativas aos blocos 1 e 2 pertenciam à BSGR.

— Então, o que aconteceu foi que eles tiveram esse encontro, no qual a Waymark foi apresentada, e tudo foi acertado... Então, a máquina foi posta para funcionar, os agentes foram mandados para Conacri e fizeram o que fizeram, contou Mebiame a Thiam.

Os documentos disponíveis não deixam claro se quem gravou a conversa foi Mebiame, Thiam ou uma terceira pessoa. Também não permite apontar quem foi o responsável por divulgá-la. Em dezembro de 2016, Mebiame confessou ter infringido a lei anticorrupção dos Estados Unidos ao fazer pagamentos indevidos para obter contratos de mineração na Guiné e negócios em outros países da África. Cidadão americano, Thiam foi condenado em 2017 pelo mesmo motivo por receber propina de empresas chinesas interessadas em contratos de mineração na África.

A partir daí, o relato do sueco Dag Cramer adquire cores ainda mais intensas de espionagem e traições. Os executivos da BSGR passaram a buscar provas de que eram vítimas de um complô. Para isso, armaram arapucas para seus adversários e candidatos a parceiros. Os suspeitos eram atraídos para encontros nos quais os executivos da BSGR fingiam trocar informações. O verdadeiro objetivo era gravar os interlocutores e levar os diálogos aos tribunais.

O primeiro a conseguir provas foi Asher Avidan, o ex-oficial do Shin Bet, que dirige a operação da BSGR na Guiné. Ele teve quatro encontros com Walter Hennig, que usou sua Palladino para abastecer o caixa de campanha de Alpha Condé. Hennig caiu na armadilha. Pelo relato de Dag Cramer, percebe-se que Hennig pretendia fazer a BSGR entender que não conseguiria manter suas concessões.

O primeiro encontro de Avidan com Hennig ocorreu no escritório deste, em Londres, em 20 de março de 2012. Segundo um relato por escrito de Avidan, o empresário sul-africano contou que Alpha Condé queria o apoio do governo da África do Sul e pediu US$ 50 milhões em troca de jazidas de petróleo, gás e minério de ferro, em particular em Simandou. Uma semana depois, Avidan voltou ao escritório de Hennig. Dessa vez, munido de um gravador. Segundo o testemunho de Dag Cramer, Hennig disse mais uma vez que deu dinheiro para Condé se eleger e recebeu, em troca, a garantia de que seria aquinhoado com as licenças de mineração da BSGR.

No dia seguinte, Avidan e Hennig teriam o terceiro encontro. O empresário sul-africano contou que tinha cobrado de Condé a parte dele no acordo firmado em Pretoria, que ele chamava de sua "transação". Hennig tentou reproduzir o diálogo que teve com o presidente guineano.

— Sei que você está ocupado com um monte de outras coisas, mas preciso que minha transação seja feita, disse Hennig ao novo presidente da Guiné.

Ele entendeu que "Le Professeur" estava incomodado com o assunto e "só queria que ele desaparecesse de alguma forma, fosse por bem ou por mal". Hennig descreveu Condé como teimoso e afirmou que os dois estavam "batendo cabeça". O empresário revelou que estava cada vez mais temeroso de perder seu investimento. Via com especial preocupação a aproximação das eleições parlamentares, que aconteceriam em três meses e podiam impor uma grande derrota a Condé. Nesse caso, ficaria ainda mais difícil receber o pagamento.

— Eu via meu dinheiro ali e queria ter um retorno antes que (a eleição) acontecesse, contou Hennig a Avidan.

O último encontro ocorreu abril, em Conacri, depois que Hennig havia se reunido com Condé. O presidente lhe disse que precisaria de mais tempo para resolver a questão. Segundo o relato de Avidan, Condé explicou a Hennig que era preciso esperar porque, durante o período eleitoral, as eleições parlamentares levaram o governo da Guiné e ele mesmo a um escrutínio maior. Por isso, ressaltou a necessidade de manter o acordo em segredo.

— Eu sei que é óbvio para você que essas coisas são completamente sigilosas, disse Condé a Hennig, segundo o relato deste último a Avidan.

É curioso que o segundo a cair na armadilha da BSGR foi justamente um ex-agente da SASS. Nos filmes americanos produzidos no fim da era do apartheid, os agentes do SASS são altos, louros e inescrupulosos. Cidadão britânico nascido na África do Sul, Heine van Neikerk tem um perfil de financista. Rosto comprido, olhos, nariz e boca pequenos, cabelos brancos nas têmporas, Neikerk é um amante de blues, jogos de rugby, pastores alemães, comida tailandesa e livros de Dan Brown. O ex-agente da SASS resumia sua filosofia de vida com a seguinte frase: "Você tem seu nome e sua reputação apenas uma vez, e integridade é tudo o que se tem."

Era justamente sua reputação que seria colocada em xeque nos encontros que teve com Dag Cramer. Cramer soube da existência de Niekerk por meio do presidente da Renaissance Capital na África e no Oriente Médio, Clifford Sacks. Amigo de duas décadas de Cramer, Sacks acreditava que Niekerk poderia ajudar a BSGR porque era bem conectado com o SASS, conhecia detalhes da atuação da Waymark nas eleições da Guiné e estava trabalhando para Diallo, o candidato derrotado por Alpha Condé no segundo turno. Por fim, tinha contato com empresas chinesas interessadas em explorar o minério de Simandou.

Niekerk trabalhava na consultoria Foresight, a mesma que empregava o ex-chefe do SASS Moe Shalik. Tanto Niekerk quanto Shalik participaram da reunião em Pretoria na qual se acertou que o SASS trabalharia para eleger Alpha Condé. Apresentados por e-mail, Niekerk e Cramer marcaram um encontro em Londres. Eram 10 horas da manhã de 6 de junho de 2014 quando Niekerk foi recebido no terceiro andar da 7 Old Park Lane. Depois de vinte minutos de cerca-lourenço, Niekerk sugeriu a Cramer que deixassem seus telefones celulares no seu elegante escritório e fossem conversar em um lugar público.

Depois de uma rápida caminhada de duas quadras até a South Adley Street, chegaram ao George, um daqueles clubes privados de Londres onde somente sócios podem almoçar e jantar. Algumas mesas do George são dispostas na calçada sob um toldo azul, mas ficam protegidas do burburinho da clientela das lojas chiques de Mayfair por floreiras de madeira. Cramer e Niekerk escolheram uma dessas mesas.

Niekerk confirmou que a Foresight estava trabalhando para Diallo. Em seguida, confidenciou que ele mesmo tinha chefiado a operação que culminou com a eleição de Alpha Condé. Conhecia pessoalmente todos os envolvidos: Condé, Hennig, Mebiame e Aboubacar Sampil. Contou não só que a SASS estava de fato envolvida na eleição de Condé, mas o que ela exatamente tinha feito.

De acordo com o relato de Dag Cramer, entre outras coisas, a SASS manipulou os registros da votação e o próprio resultado da eleição por meio da Waymark, a empresa de tecnologia enviada pela SASS à Guiné. Niekerk garantiu que o sistema da Waymark era sofisticado o suficiente para não ser rastreado e que ele, Niekerk, tinha contato direto com o presidente da empresa desde aquela época. E foi além: convidou Cramer para visitar a sede da Waymark na África do Sul para que seu presidente lhe explicasse como a companhia atuava.

Segundo Cramer, Niekerk queria sua ajuda para solapar o governo Condé e fazê-lo perder a eleições marcadas para 2015. Niekerk queria informações, provas, evidências ou mesmo dicas para sabotar Condé. Cramer alegou ter dito a Niekerk que Benjamin Steinmetz tinha apenas interesses comerciais na Guiné e não pretendia se envolver em política. Ainda assim, combinaram de manter a conversa em sigilo e de ficar em contato.

Uma semana depois, Cramer e Niekerk voltaram a se encontrar no edifício da 7 Old Park Lane. Niekerk lhe deu um pen drive no qual havia um contrato firmado pela Foresight com o general Sékouba Konaté, presidente que fez a transição entre Moussa Dadis Camara e Condé, um perfil do general e outro do atual presidente da Guiné, dados do país e uma apresentação da Foresight. Em seguida, Niekerk deu mais detalhes do encontro em Pretoria no qual ficou acertado o envolvimento da África do Sul na eleição da Guiné.

A reunião foi comandada pelo próprio presidente Jacob Zuma. Ao seu lado, estavam o chefe da SASS Moe Shalik e Niekerk, como futuro encarregado da operação. Do outro lado, Condé e o filho dele. Zuma ofereceu suporte financeiro, os serviços da SASS e a tecnologia da Waymark para entregar a cadeira presidencial a Condé. Em troca, Condé acomodaria os interesses sul-africanos que seriam indicados por Zuma. Segundo Niekerk, Mebiame tentou participar do encontro, mas foi barrado.

Em maio de 2010, logo depois dessa reunião, uma equipe da Waymark desembarcou em Conacri para se encontrar com a

Comissão Eleitoral Nacional Independente (CENI), encarregada de organizar o pleito na Guiné. A CENI já havia contratado uma empresa francesa, a Sagem, para fornecer soluções de TI. Em junho, a Sagem foi substituída pela Waymark. No fim desse mesmo mês, foi realizado o primeiro turno, no qual 21,4% dos votos foram desconsiderados. Alpha Condé ficou com 18,2% dos votos e Cellou Dalein Diallo com 43,7%, como já dito, em um processo repleto de violência.

O segundo turno foi ainda mais tumultuado. O presidente da CENI morreu. Deveria haver uma eleição interna para escolher seu sucessor. O vice-presidente da CENI, Louceny Camara, se lançou candidato à sucessão, fez uma eleição rápida e ficou com o cargo. Era sabido que Camara tinha relações próximas com Condé. Integrantes da própria comissão e da campanha de Diallo contestaram a escolha, justificando que Louceny Camara fora um dos principais responsáveis pela anulação de votos no primeiro turno.

No segundo turno, a contagem dos votos foi feita pela Waymark. Alguns veículos de comunicação africanos reportaram fraudes. Samuel Mebiame dá uma versão do que aconteceu na conversa que teve com Mahmoud Thiam, cujo conteúdo foi posteriormente divulgado.

— Logo depois, um amigo do serviço (SASS) me ligou para dizer: "Samy, ele perdeu." Eu fiquei chocado. De verdade, fiquei chocado porque eu sabia que Dalein (Diallo) era forte, mas, ao mesmo tempo, eu me dizia: "A Coalizão do Arco-íris (que apoiava Condé), tudo que está por trás dele e..." Ele perdeu e meus amigos (no SASS) me ligaram para dizer: "Nós temos os verdadeiros resultados. Ele perdeu. Nós fomos obrigados a... Nós retocamos, é isso."

A divulgação do resultado deu início a uma nova onda de violência e os militares declararam estado de emergência. Mas o pleito foi confirmado e Alpha Condé empossado. Na plateia, os presidentes da Libéria, Ellen Johnson-Sirleaf, do Senegal, Abdoulaye Wade, e, como não podia deixar de ser, Jacob Zuma. Segundo Dag Cramer, o governo da Guiné transferiu US$ 14 milhões para uma companhia sul-africana ligada à cúpula do SASS. Os recursos foram usados para remunerar a Waymark. No fim, a própria Waymark seria apenas um biombo para esconder as operações do SASS nas eleições africanas.

— Waymark, na verdade, era uma coisa falsa. Nenhum dinheiro foi pago à Waymark. Foi pago ao serviço de inteligência, revelou Mebiame a Thiam.

O agente da SASS Heine van Niekerk acreditava que, a partir daí, passaria a mandar e desmandar na Guiné. Não foi o que aconteceu. Depois que a eleição acabou, o SASS foi pago, Niekerk foi atropelado por Walter Hennig e Tokyo Sexwale, um político anti-apartheid que tentou derrubar o governo segregacionista com a força das armas, cumpriu pena ao lado de Nelson Mandela e, depois, se tonou ministro e bem-sucedido homem de negócios.

Em seu testemunho, Dag Cramer relata um complicado esquema elaborado por Condé para pagar o dinheiro adiantado por Hennig para financiar sua eleição. A saída foi criar uma nova estatal, a Sociedade Guineana do Patrimônio Mineral (Soguipami), que passaria a ter uma participação de 15% em todas os projetos de mineração do país. O governo da Guiné ficaria com 51% da Soguipami. Os demais 49% iriam para a Palladino Capital, que pertencia a Hennig. A Palladino também faria um empréstimo de US$ 25 milhões à Soguipami. Esse dinheiro saiu da Palladino, mas jamais entrou no caixa da estatal.

A Palladino Capital foi representada por Samuel Mebiame, que se dizia titular de uma procuração e que estava devidamente habilitado para celebrar um contrato assinando em nome da empresa. O empréstimo tinha prazo de quinze anos com juros de 3% mais a Libor, a taxa de juros básica da Inglaterra. O resultado seria um pagamento de US$ 39 milhões no final do prazo, sendo US$ 14 milhões em juros. Em havendo inadimplência do governo guineano, a Palladino teria o direito de assumir uma participação de até 30% em "uma das subsidiárias da empresa de investimento".

O contrato não é mais claro do que isso. Aparentemente, a Palladino tinha o direito de exigir reembolso a qualquer momento nos termos que ditaria ao governo da Guiné. Com uma taxa de juros excepcionalmente alta e composta mensalmente, e uma dívida que poderia ser reembolsada à vista, resta ao menos a impressão de que o empréstimo foi planejado para ser inadimplido. Dessa forma, a Palladino poderia ser presenteada com 30% de participação na mineradora estatal da Guiné sob um verniz de legitimidade jurídica.

Em 24 de abril de 2011, o valor do empréstimo Palladino de US$ 25 milhões foi repassado para uma conta bancária indicada por Alpha Condé, conforme mostra a nota de transferência da transação. De acordo com a gravação de Mebiame, o dinheiro jamais foi pago à Soguipami nem contabilizado pelo governo da Guiné. "A probabilidade muito forte é que esse dinheiro tenha ido para Alpha Condé ou a interesses relacionados a ele, para ser usado em linha com o acordo firmado em Pretória em abril e maio de 2010", afirma Dag Cramer em seu depoimento.

Mais de um ano depois, em 3 de junho de 2012, o contrato da Guiné com a Palladino Capital veio à tona, apesar de sua cláusula de confidencialidade. O jornal dominical britânico Sunday Times publicou uma reportagem sobre o caso. Apurou-se que o dinheiro havia sido pago. Entretanto, ao contrário do previsto no acordo, os recursos não foram destinados à nova mineradora – até porque a companhia ainda não havia sido constituída no momento da concessão do empréstimo. A empresa de Walter Hennig havia recebido opções sobre grandes participações na nova estatal de mineração, em termos incomuns.

A reportagem descreve o contrato da Palladino como "um negócio secreto que poderia entregar bilhões de dólares em ativos de mineração pertencentes a empresas como a BHP Bilinton e a Rio Tinto a um intermediário obscuro". Outra reportagem, publicada no Sunday Times em 24 de junho de 2012, informou que a vinda à tona do contrato Palladino resultou na abertura de uma investigação pelo Banco Mundial sobre o negócio firmado com o governo da Guiné.

O Serious Fraud Office (SFO) também foi instado a investigar as informações publicadas na reportagem. O SFO é uma autoridade judiciária especializada em lidar com fraudes graves, além de suborno e corrupção. O órgão faz parte do sistema de justiça criminal do Reino Unido, com jurisdição sobre Inglaterra, País de Gales e Irlanda do Norte. Como a Palladino mantinha uma subsidiária no Reino Unido, tanto ela quanto Walter Hennig estariam sujeitos à lei de suborno britânica.

Com a polêmica em torno da revelação do caso, o governo da Guiné se viu forçado a devolver os US$ 25 milhões à Palladino Capital. Não explicou, entretanto, por que o empréstimo foi realizado em segredo, a razão de celebrar o contrato com empresa do grupo Walter Henning ou por qual motivo o dinheiro do empréstimo não foi destinado para as finanças públicas ou ao financiamento da Soguipami. Na época, o ministro das Finanças, Kerfala Yansané, fez uma declaração pública sobre o episódio afirmando que "do ponto de vista comercial, faz sentido reembolsar um empréstimo cujas condições deixamos de considerar favoráveis". Embora o empréstimo Palladino tenha sido reembolsado, na gravação da conversa de Mebiame ele diz que Alpha Condé permaneceu em dívida com o grupo Walter Hennig no que dizia respeito ao remanescente do dinheiro que lhe foi concedido.

X. "ALPHA CONDE PAID"

Cidadão francês e guineano, Aboubacar Sampil tinha 46 anos quando mergulhou de cabeça no processo eleitoral da Guiné. Bouba, apelido carinhoso usado pelos amigos de Sampil, era um economista com formação francesa e passagem pelo Banco Central da Guiné. Por mais de vinte anos, mantivera uma vida profissional ativa em várias mineradoras e empresas financeiras na África Ocidental. Esteve na Rio Pongo, na Rio Nunez, na West Africa Exploration, na Guinea Métaux de Base e na Kakande Natural Resources. Em 2010, representava os interesses da Sable Mining Africa Ltd. Com pinta de galã, tinha um amplo quadro de relações com empresários e políticos da África Ocidental. Sobretudo era amigo de Alpha Condé e de seu filho, Alpha Mohamed Condé.

Como se comprovou, eram credenciais fortes o suficiente para participar dos encontros que os Condé tiveram com Samuel Mebiame em Paris, a fim de tratar do financiamento da campanha presidencial. Bouba Sampil voou para Johanesburgo junto com Mebiame e os Condé. Presenciou os encontros que o candidato manteve com os líderes do Congresso Nacional Africano, o vice-presidente Kgalema Motlanthe e o presidente Jacob Zuma. Bouba Sampil também acompanhou o encontro em que Condé foi apresentado à cúpula do SASS, em Pretoria. Era descrito como um "protegido" de Condé e estava sempre no lugar certo. Quando seu amigo venceu a eleição, Bouba Sampil havia chegado ao auge do poder.

No depoimento que prestou à Corte de Arbitragem Internacional de Londres, Dag Cramer aponta Bouba Sampil como o intermediário que permitiu à Sable Mining prover dinheiro e apoio logístico à campanha presidencial de Alpha Condé. A vitória do pai possibilitou que Condé filho recompensasse Sampil com contratos de mineração. Dag Cramer revela sua fonte de informação: novamente Heine van Neikerk, incumbido pelo SASS de levar Condé à vitória na campanha presidencial. "Forneceu-me recentemente evidências contundentes e conclusivas desse negócio ilícito", afirmou Dag Cramer.

Entre o primeiro e o segundo turno da eleição, em 5 de agosto, Mohamed Condé enviou um e-mail sobre oportunidades de investimento em mineração na Guiné para o presidente da Sable Mining, Andrew Groves, com cópia para Bouba Sampil. Em jogo, estavam licenças de jazidas de manganês e os passos que seriam dados em relação a esses ativos. O primeiro seria um encontro que Sampil teria em poucos dias para tratar do assunto no Ministério de Minas da Guiné. O segundo passaria pela redação de uma carta da Sable manifestando interesse nessas minas. O terceiro seria o pagamento de € 15 mil.

Três dias depois, Mohamed Condé manda um e-mail para Niekerk com o texto da carta elaborado para a Sable e um anexo com seus dados bancários. Em 18 de agosto, o CEO da Sable mandou um e-mail para Niekerk com o seguinte texto: "Alpha Conde paid (Alpha Condé pago)." Não se sabe se ele se referia ao Condé filho ou ao Condé pai. No fim daquele mês, Bouba Sampil pediu passagens para Paris para o futuro presidente e seu filho. O advogado da Sable perguntou se os recursos das passagens deveriam sair da conta bancária da empresa. Em setembro, a Sable providenciou um helicóptero para que Condé fizesse campanha. Os documentos da aeronave e do piloto passaram por Bouba Sampil.

Em campanhas políticas, providenciar o deslocamento é uma tarefa crucial e o trabalho de Sampil foi reconhecido. Uma vez empossado, Alpha Condé instalou seu filho Mohamed num escritório do palácio. Uma reportagem publicada pelo jornal inglês The Times revelou que Sampil chegou a dividir esse espaço com Mohamed Conté. Sampil negava ter qualquer papel na gestão Condé. Alegava que se tratava apenas de uma relação calorosa com o presidente da Guiné.

Os favores prestados foram recompensados em fevereiro de 2012. O governo da Guiné concedeu os direitos de exploração do Monte Nimba à West Africa Exploration, formalmente relacionada a Sampil. Na verdade, 80% do capital dessa empresa pertencia à Sable Mining. Os 20% restantes eram da Nimba Mining de Bouba Sampil. As relações de Sampil com essas empresas aparecem numa reportagem do site marketscreener.com, na qual é anunciado que o franco-guineano assumiu um cargo na diretoria da Sable Mining. "Aboubacar se junta a nós em um período emocionante para a companhia no qual nós observamos o rápido avanço dos nossos interesses em minério de ferro na África Ocidental", disse à reportagem o CEO da Sable, Andrew Groves.

Outra empresa da qual Sampil consta do quadro societário, de acordo com relatório de contas anuais da Sable 2013/2014, a Faniya Resources SAL, recebeu US$ 6 milhões repassados pela Sable a título de prestação de serviços em relação ao projeto Nimba. A Sable descreve os pagamentos como "taxas de consultoria". O jornal britânico "The Independent" tratou esses mesmos serviços como "lobby" e relatou em reportagem que fundos adicionais teriam sido pagos pela Sable e por outra empresa ligada a Sampil chamada Rio Pongo. A reportagem levantou suspeitas sobre o fato de que os pagamentos representavam mais de 20% do valor de mercado da empresa e também por terem excedido o total de seus custos trabalhistas anuais.

Mais adiante, em setembro de 2013, a Sable Mining recebeu uma licença de mineração para a reserva de Nimba. No mês seguinte, obteve uma permissão para exportar o minério de ferro por meio da Libéria.

O testemunho de Dag Cramer sublinha o espanto que essa autorização provocou na BSGR, que teve uma solicitação idêntica negada pelo governo de Conacri. Um ano antes da Sable Mining conquistar sua autorização, a BSGR recebeu uma carta do governo.

Ela dizia que o projeto de exportar minério de ferro pela Libéria "era contrário à estratégia nacional" e que a VBG, a joint-venture da Vale e da BSGR, deveria optar pelo transporte do minério de ferro até Conacri por intermédio da ferrovia Transguineana.

Por que motivo o governo de Alpha Condé teria resolvido voltar atrás em sua "estratégia nacional" e resolvido liberar a exportação de minério de ferro do Monte Nimba, extraído pela Sable, pela Libéria? Não se sabe. A Sable Mining também foi dispensada da obrigação de ceder 15% de seus projetos de exploração mineral ao governo da Guiné, como determinava o novo Código de Mineração do país. Era como diz o ditado brasileiro: aos amigos tudo; aos inimigos a lei.

É óbvio que o testemunho prestado por Dag Cramer é enviesado e procura a todo custo encontrar um culpado pela sucessão de derrotas que a BSGR sofreu na Guiné após a formação da joint-venture com a Vale e a eleição de Condé. Em que pese a atuação de Bouba Sampil na campanha do presidente Alpha Condé e os fortes indícios de que ele tenha sido regiamente contemplado por seus serviços, nem o executivo franco-guineano nem a Sable causaram prejuízos aos interesses da BSGR e da Vale na Guiné.

O que causa estupefação é o fato de o governo Condé ter concedido à Sable uma permissão para uso de um corredor logístico que havia negado um ano antes à VBG. Como se verá nas páginas seguintes, Alpha Condé usou inteligentemente um argumento de apelo populista para destruir o projeto desenvolvido pela Vale e pela BSGR. É fácil justificar à população local que as riquezas do minério de ferro deveriam beneficiar inteiramente a Guiné. Portanto, o modal logístico, que envolve a ferrovia e o porto, deveria ser totalmente guineano. O problema é, nesse caso, que o minério chegaria aos cargueiros a um custo que inviabilizaria a sua exploração.

Se insistisse nessa trajetória, Condé forçaria a VBG a desistir do projeto. Seguiu esse percurso por dois anos, até que o negócio fosse desfeito. Com a Vale e a BSGR fora do jogo, o presidente guineano reabriu o caminho dos trilhos pela Libéria para quem contribuiu para sua campanha presidencial. É por isso que Sampil, mesmo sendo um personagem periférico nesta história, não deixa de dar uma contribuição importante para o entendimento do enredo. E, afinal, como já se viu, Aboubacar Sampil pode ser tudo, menos o abobalhado que as letras de seu nome sugerem em português.

XI. O JOGADOR

Não havia fato que demovesse a Vale de avançar sobre Simandou. Desde meados dos anos 2000, ela se voltou para as montanhas da Guiné como se o ferro ali estocado tivesse o condão de definir a sua sorte no mercado mundial. Em 2010, tal obsessão não havia arrefecido. Ao contrário, aumentara. A companhia não só continuava determinada, como dava mostras de estar obstinada a firmar a parceria com a BSGR e mergulhar de cabeça no minério guineano.

É isso o que se depreende ao observar como alguns executivos, e em especial Roger Agnelli, o CEO da mineradora brasileira, pareciam simplesmente ter fechado os olhos para uma profusão de fatos que transformavam o acordo com o empresário israelense Benjamin Steinmetz em uma montanha-russa para qualquer negócio. Isso sem falar nas turbulências políticas que o país africano atravessava naquele momento. Seria difícil imaginar um cenário no qual a instabilidade reinasse de maneira mais despreocupada.

Em 2010, qualquer analista de primeira viagem deduziria que as eleições presidenciais em curso na Guiné tinham grandes chances de desembocar em uma mudança radical do regime político. Nesse contexto, o presidente eleito teria o poder de atropelar, sem nem sequer olhar as vítimas pelo retrovisor, os contratos comerciais assinados por seus antecessores. Além do mais, os guineanos haviam acabado de se livrar de um protótipo de ditador, o capitão Moussa "Dadis" Camara.

A campanha que avançava a passos largos era justamente a da auto declarada oposição a tudo que havia existido no país até então, liderada por Alpha Condé, o ex-professor da Sorbonne. A precária estrutura institucional guineana, naquele instante, estava sendo suportada por um fio de seda. Nem sequer o parlamento funcionava com regularidade.

Essa era a visão panorâmica que se poderia ter da cena, mas os detalhes que cercavam o negócio com a BSGR eram igualmente inquietantes. Para a Vale, pouco lhe valeram os indícios que prenunciavam confusões de toda a sorte. Muitos deles davam conta de que os direitos minerários sobre Simandou poderiam ter sido arrematados de forma irregular pela empresa. Alarmes sobre essa possibilidade foram disparados por advogados, especialistas, lobistas, concorrentes e pelos próprios executivos da mineradora brasileira. Esses alertas, como se viu até aqui, foram expostos por meio da reprodução do conteúdo de dezenas de e-mails trocados durante o processo de formação da joint-venture.

Marco Heidtmann Monteiro, que representava a Vale na Guiné, considerava a BSGR "muito agressiva". Ele, Rodrigo Quental, Paul Antaki e Eduardo Etchart, todos altos executivos da companhia, conheciam o francês Frédéric Cilins, como este último relatou em depoimento enviado por escrito para contribuir com este livro. O Projeto Venezia, cuja provável data de elaboração é dezembro de 2008, deixava claras as conexões de Steinmetz com Mamadie Touré, a suposta quarta esposa de Lansana Conté, o ex-ditador morto em 2008. Os advogados da Vale alertavam ainda para os riscos envolvendo o FCPA, a lei americana anticorrupção, e desenharam todos os cenários nos quais as licenças da BSGR sobre Simandou poderiam ser invalidadas por um novo governo eleito. Mas nada disso parecia reverberar de forma aguda na Vale.

A investigação da firma inglesa Nardello, conduzida durante o processo de due diligence, concluiu que não era possível comprovar as acusações de propina contra a BSGR. Mas fazia tal afirmação de uma forma que inspiraria medo em qualquer executivo. A tradução literal para o português de um trecho do relatório da empresa britânica revela um texto confuso, mas conclusões claríssimas. Logo em um dos primeiros parágrafos das 62 páginas do documento, a

Nardello aponta: "A reputação dos homens de negócio israelenses que operam em países da África por prazos longos, incluindo Steinmetz, é tal que mesmo quando não envolve propina ou presentes pessoais, o sentimento é que um homem de negócios como Steinmetz não obteria conexões tão amplas na África se não tivesse beneficiado pessoalmente os tomadores de decisão nos primeiros anos de sua atividade".

A Nardello não apresentou provas de corrupção, mas elencou inúmeras situações de risco. Algumas delas soam até pitorescas para os padrões ocidentais. Expôs, por exemplo, as relações da BSGR não só com Mamadie Touré como também com Hadja Andrée Touré, a viúva do primeiro presidente da Guiné, Ahmed Sékou Touré. Contou como os israelenses haviam dado uma vaca branca a um dos primeiro-ministros do país. Mencionou os boatos envolvendo a BSGR e o governo Camara, inclusive quanto a um suposto apoio militar suportado ao então ditador. Alertou para as acusações de infração de direitos humanos da empresa no Congo e na Libéria.

Não omitiu os riscos reputacionais em jogo. Citou os inúmeros reveses nos negócios sofridos pela companhia de Steinmetz em vários países. Pois, diante de tudo isso, a pergunta que fica é quem se associaria a um parceiro com tais antecedentes, que ainda por cima estava com a corda no pescoço e não teria fôlego para pôr de pé um projeto orçado em no mínimo US$ 16 bilhões? Resposta: a Vale.

Talvez uma das mensagens eletrônicas que melhor sintetizem o quanto a mineradora brasileira estava a par das variáveis de risco envolvidas na parceria, ainda que solenemente ignoradas, seja a enviada por Alex Monteiro ao então CFO da mineradora brasileira, Fábio Barbosa. No e-mail de 13 de abril de 2010, Monteiro salienta que, com relação à legislação americana sobre práticas de corrupção no exterior, o FCPA, a ameaça de fechar a parceria sem uma contragarantia da BSGR não se resumia à questão da reputação da Vale. Disse Monteiro: "Quanto ao FCPA, adicionalmente ao que se comentou, pondero que o risco de fecharmos sem escrow [garantia] não é apenas reputacional, mas sim 'risk is of civil administrative liability to the SEC for the company', transcrevendo as palavras do especialista de FCPA do Clifford Chance [o escritório de advocacia da Vale]".

Em português claro, Monteiro chamou a atenção do responsável financeiro da mineradora para o fato de que a joint-venture com a BSGR criava uma brecha para uma eventual responsabilização da empresa na esfera civil administrativa por parte da Securities Exchange Commission (SEC), o órgão fiscalizador do mercado de capitais americano, equivalente da Comissão de Valores Mobiliários (CVM) brasileira. Impossível ser mais claro. Acrescente-se a esse quadro as chances, também mencionadas na correspondência, de a Vale ser processada nos Estados Unidos com amparo na legislação FCPA, caso fosse comprovado que ela sabia da possibilidade de a BSGR ter obtido as licenças de Simandou por meios ilícitos. Ainda assim, a decisão foi tomada: seguir em frente, sacramentar o negócio.

Os e-mails e documentos disponíveis nos processos judiciais demonstram que executivos graduados de fontes variadas também emitiram alertas por escrito. A EY, antiga Ernst&Young, apontou o dedo nessa direção, mas cedeu às pressões dos funcionários da Vale. Um e-mail indica ainda que o parecer apresentado pelo escritório de advocacia Clifford Chance aparentemente teria sido acomodado às demandas da empresa.

O próprio Eduardo Ledsham, o alto executivo da mineradora, que firmou o negócio com Benjamin Steinmetz antes mesmo que os dois tivessem tempo para se sentar, reconhecia o risco reputacional representado pela associação com a BSGR. Fábio Barbosa, que foi identificado durante muito tempo como o segundo homem mais forte da companhia brasileira, entrou em rota de colisão com Roger Agnelli por conta de Simandou. O resultado do choque foi a saída de Barbosa da empresa. Posteriormente, o episódio foi usado para minar a própria posição de Roger Agnelli, ele mesmo demitido da Vale logo depois.

Soube-se mais tarde que havia outros aspectos no negócio que despertaram polêmicas da mesma monta. Um desses problemas girava em torno do contrato assinado entre a Vale e a BSGR para a formação da joint-venture. Em uma reportagem da jornalista Consuelo Diegues, publicada na edição de março de 2014 da revista piauí, sob o título "Contrato de Risco", a transação foi definida como "bilionária e obscura". A matéria relata que Steinmetz desembarcou no Rio em 30 de abril de 2010, acompanhado por executivos da BSGR, para oficializar o negócio. Foi nessa ocasião que Fábio Barbosa se recusou a colocar sua assinatura na papelada e orientou seus subordinados a fazer o mesmo. No lugar dele, o contrato recebeu o crivo de José Carlos Martins, o diretor de ferrosos da Vale. Steinmetz, curiosamente, não tocou na caneta. A responsabilidade legal por parte da BSGR recaiu sobre um membro do conselho da empresa chamado David Clark.

A reportagem da competente jornalista Consuelo Diegues mostra ainda que, poucas semanas antes da assinatura do contrato, um relatório trazia críticas severas à formação da joint-venture. Embora a parceria tenha sido oficialmente aprovada, o documento elaborado pelos analistas guineanos apontava que a BSGR nem sequer tinha o direito de transferir a concessão para outra empresa. Reafirmava que, segundo as leis de mineração do país, o minério de ferro de Simandou não poderia ser transportado pela Libéria, como a joint-venture desejava e os custos de extração do minério exigiam.

O único ferro que poderia ser escoado pelo país vizinho era o extraído da mina de Mount Nimba, onde a concessão estava sob o poder da BHP Billiton. Uma fonte ouvida pela jornalista brasileira, a única a acompanhar passo a passo a questão de Simandou, afirmou que a garantia da Vale de que a produção de Simandou poderia passar pela Libéria era a palavra de Steinmetz. Foi sob tais circunstâncias que a mineradora pagou meio bilhão de dólares para a BSGR, em um acordo que previa o desembolso de outros US$ 2 bilhões, em pesadas parcelas. Ninguém entendeu, frisou a reportagem da revista piauí, como foi possível selar um compromisso desse quilate sem que a questão ferroviária estivesse equacionada.

Diante disso, a outra pergunta é se Simandou valia o preço pago – em dinheiro, reputação, perda de talentos, honorários de advogados e tempo de dedicação ao tema pelos principais cérebros da Vale? Os fatos conhecidos atualmente dão larga margem ao entendimento de que a opção pela parceria com a BSGR teve pouco amparo racional. Tratou-se de uma decisão eivada de emoção e uma aposta pouco lúcida nos destinos do mercado mundial de ferro. Tudo indica que Roger Agnelli, um dos maiores executivos que o Brasil já conheceu, decidiu com o coração. Ele parece ter deixado de lado a mente afiada que provou ter durante uma carreira breve, mas tão vencedora quanto ousada.

Celebrado no meio empresarial por seu estilo arrojado, tinha pouco mais de 41 anos quando foi a campo para tirar a CSN do bloco de controle da Vale e o dono da siderúrgica, Benjamin Steinbruch, da presidência do conselho de administração da companhia. Não se haviam passado nem três anos que Steinbruch comprara a maior mineradora brasileira com o apoio oficial, quando o governo Fernando Henrique Cardoso pôs a então Companhia Vale do Rio Doce (CVRD) à venda, em 1997. À época, como já foi dito, o principal interessado na aquisição era o grupo Votorantim, liderado pelo mítico empresário Antônio Ermírio de Moraes.

A possibilidade de que Ermírio de Moraes, maior empresário do país daquela época e homem com forte influência no debate político, assumisse o controle da mineradora assustava o presidente FHC e o seu partido, o PSDB. Com a condição de que seus nomes não fossem mencionados, os tucanos alertavam os jornalistas de que seria poder demais concentrado nas mãos de um só homem. O escalado para resolver o problema foi o então diretor da área internacional do Banco do Brasil, Ricardo Sérgio de Oliveira.

Filho de industriais, Oliveira era um financista amigo de Clóvis Carvalho, ministro da Casa Civil, e de Luiz Carlos Mendonça de Barros, presidente do BNDES. Fora indicado para o cargo pelo hoje senador José Serra. Coube a Ricardo Sérgio de Oliveira montar um consórcio para disputar a mineradora, considerada joia da coroa das privatizações, com os Ermírio de Moraes. Oliveira sacou do colete um grupo liderado por Steinbruch, com apoio dos fundos de pensão estatais, do à época ainda não polêmico banqueiro Daniel Dantas e do megainvestidor George Soros, que tinha o futuro presidente do Banco Central Armínio Fraga no seu quadro de funcionários.

Do outro lado da mesa, a Anglo-American e a Mitsui davam suporte à Votorantim com fundos de pensão estatais menos aquinhoados. No fim, quem decidiu a parada foi o governo. Na disputa de lances, o grupo da CSN ia sempre em frente. O grupo da Votorantim tinha limite de dinheiro a ser gasto estabelecido por contrato com seus sócios. Na hora do leilão, para estupefação da Anglo-American, mandou o limite às favas e continuou aumentando os lances. Os executivos estrangeiros enviados ao Brasil começaram a dar chilique. A Votorantim acabou desistindo. Depois do leilão, os executivos da Anglo-American deixaram o país reclamando dos brasileiros. Relatavam como a Votorantim desrespeitou o contrato e seguiu fazendo lances. Anos depois, reconheceram que os Ermírio de Moraes estavam certos – e eles errados. Já era tarde, porém, para se arrepender.

Herdeiro de uma indústria de tecidos, Benjamin Steinbruch já angariara respeito do empresariado brasileiro quando venceu o leilão da CSN em 1993. Quatro anos depois, dava um novo passo de gigante com a Vale. Logo, assumiu a presidência do conselho de administração da mineradora. Indicou para a presidência executiva o embaixador Jorio Dauster, um dos mais destacados quadros do Itamaraty, ex-negociador da dívida externa brasileira e tradutor de grandes nomes da literatura mundial, como J. D. Salinger, Philip Roth e Vladimir Nabokov, para o português.

Em menos de três anos, o governo FHC concluiu que Steinbruch concentrara poder demais em suas mãos ao adquirir aVale. Como a mão que afaga é a mesma que apedreja, valeu-se dos mesmos instrumentos para tirá-lo do controle. A justificativa é que a CSN era cliente da Vale. Portanto, a siderúrgica de Steinbruch comprava o minério de ferro que a mineradora de Steinbruch extraía. Eram muitos "Steinbruchs", portanto, numa só linha de transação. Havia a possibilidade de a CSN obter privilégios nessas operações, em detrimento dos interesses dos outros sócios da Vale. Steinbruch tentou argumentar que o preço do ferro é definido no mercado global, e não no Brasil.

De nada adiantou. Os fundos de pensão foram escalados para dar suporte à decisão de obrigar Steinbruch a decidir onde ficar. A empresa de participações do Bradesco, a Bradespar, entrou na guerra ao lado do Planalto e o presidente da Bradespar era Roger Agnelli. Quando Steinbruch por fim cedeu, Agnelli o substituiu no conselho da mineradora. Um ano depois, assumiria a presidência executiva da empresa, onde colocaria, de fato, a mão na massa.

Roger Agnelli era uma cria do Bradesco. Ingressou na instituição financeira como estagiário aos 22 anos, em 1981. Ainda cursava economia na Fundação Armando Álvares Penteado (FAAP), uma faculdade frequentada pela elite da elite paulistana, quando começou a trabalhar como analista de investimentos. Sempre atribuiu sua arrancada ao que chamava de "capacidade de negociar". Em um período de inflação estonteante e como overnight rodando a mil por hora, Agnelli também ajudou o Bradesco a fazer fortunas entrincheirado na tesouraria do banco. O pendor financeiro e a fluência em inglês, habilidade que não era tão comum nos anos 1980, mesmo entre altos executivos, ajudaram-no a subir aos saltos na hierarquia da instituição.

Agnelli deveria parecer um corpo estranho, mergulhado em uma cultura organizacional tradicionalíssima, que se orgulhava dos cabelos brancos de seus principais executivos. Ele quebrou esse tom vigente na cúpula do Bradesco ao se tornar diretor-executivo aos 38 anos. Não foi um feito insignificante. Até então, ninguém tão jovem havia assumido tal posto no banco.

Agnelli também contava com um trunfo reservado a um grupo seletíssimo de profissionais. Ele havia conquistado a confiança do então presidente do conselho de administração do Bradesco, o lendário Lázaro Brandão, morto em 2017. Foi assim que, em 2000, um ano depois de chegar à diretoria, o executivo deu mais pirueta e assumiu a presidência da Bradespar, a área do Bradesco voltada para investimentos. Foi dali que ele preparou sua investida sobre a Vale.

Impulsionado pelo Bradespar, Roger Agnelli assumiu a presidência do conselho de administração da Vale, em substituição ao empresário Benjamin Steinbruch, que havia sucumbido na operação montada durante o governo FHC. Um ano depois, em junho de 2001, ele já estava dando as cartas na operação da empresa, como CEO, no lugar do embaixador Jório Dauster.

Se a gestão de Agnelli fosse resumida em um par de palavras, elas teriam de ser internacionalização e diversidade. Sob sua batuta, definida por seus contemporâneos como personalista e centralizadora, a Vale alcançou 38 países — no início dos anos 2000, estava presente em menos de uma dezena de nações. A empresa também partiu para a briga com grandes players do setor. Foi nessas batalhas que amealhou troféus como a siderúrgica canadense Inco, além da Fosfertil, que permitiu a entrada da companhia no mercado de fertilizantes.

É verdade que a conjuntura internacional, marcada pelo boom das commodities, favoreceu sobremaneira o desempenho da mineradora nesse período. Mas Agnelli navegou como poucos em meio à bonança. Sob sua gestão, a Vale obteve a classificação correspondente ao grau de investimento (investment grade) em outubro de 2005. Isso sem contar com o que talvez seja o feito mais notável que, em grande medida, resume a força da trajetória de Roger Agnelli na mineradora. No período em que ele esteve no comando, entre 2001 e 2011, o lucro anual da empresa foi multiplicado por dez, passando de US$ 3 bilhões para US$ 30 bilhões.

Segundo um ex-executivo da companhia que conviveu diariamente com Agnelli por mais de cinco anos, a presença do ex-CEO transmitia confiança com seu jeito prático e fala objetiva. "Oi, sou o Roger, da Vale", era o modo direto como se apresentava. Fazia questão de exibir o orgulho que tinha por presidir uma das maiores empresas brasileiras, a mesma que o projetou internacionalmente. Ele foi considerado pela Revista Época um dos 100 brasileiros mais influentes do ano de 2009. Em 2012, foi escolhido pela "Harvard Business Review" e pelo Instituto Europeu de Administração de Empresas, o Insead, na sigla em francês, o quarto melhor CEO do mundo – o único brasileiro entre os dez primeiros do ranking. Agnelli só ficou atrás de três gênios: Steve Jobs, da Apple, Jeffrey Bezos, da Amazon, e o sul-coreano Yun Jong, da Samsung.

Agnelli por vezes se portava diante do mercado mundial de minérios como uma espécie de Aleksiéi Ivânovitch, o compulsivo protagonista do livro "O Jogador", do russo Fiódor Dostoiévski, cuja mente viaja entre combinações numéricas e probabilidades estatísticas, enquanto a bolinha branca gira na roleta. O CEO da Vale, à sua maneira, também fazia suas apostas. Em alguns lances, a sorte lhe sorriu antes do que qualquer cálculo. E ele soube tirar proveito até dessas situações.

Em meados dos anos 2000, quando a mineradora brasileira havia se lançado em busca de oportunidades internacionais, Agnelli cismou com a Alcan, a fabricante canadense de alumínio. Mas as supostas vantagens do negócio não despertavam o consenso entre os executivos da empresa. Na verdade, a possível transação provocou um ruído tão intenso que parte da cúpula da Vale deixou a companhia ou teve de engolir em seco o debate sobre o tema. A temperatura só baixou nos altos escalões depois que, no mesmo ano, a Rio Tinto se antecipou e arrematou a Alcan por US$ 38 bilhões, em valores da época.

O negócio pôs fim à polêmica interna, mas o tempo mostrou que os dissidentes estavam certos. Ainda assim, quando a crise de 2008 desabou sobre o mundo, a Rio Tinto se viu em apuros por conta da compra da indústria canadense. A situação era tão séria que Tom Albanese, então presidente da mineradora anglo-australiana, resolveu pedir ajuda. Ironicamente, teve de recorrer a Agnelli. Este, que além de sortudo não dormia no ponto, vislumbrou ali mais uma oportunidade. Ao longo das conversas entre os dois líderes globais, a Vale colocou no bolso uma mina de ferro em Corumbá, no Mato Grosso, e uma mina de potássio na Argentina.

Só que o CEO da Vale queria mais em troca: uma joint-venture com a concorrente, comprando metade da participação da Rio Tinto em um empreendimento que parecia espetacular. Ganhou um prêmio quem pensou em Simandou. Disse Agnelli à jornalista Consuelo Diegues: "Sentei-me com Tom Albanese e disse: 'Tom, você tem um problema de caixa e Simandou me interessa. Você vai perder a reserva. Você não tem folga para investir lá agora." Depois disso, as duas mineradoras teriam elaborado um memorando de entendimento. Quando chegou a hora de assinar o contrato, a Rio Tinto pediu 4 bilhões de dólares, segundo Agnelli. Ele considerou a quantia alta e recusou. "Não acho que eles quisessem vender para nós", disse, em 2014, quando já estava fora da Vale.

Ainda que tenha sido taxado de privatista e relegado à vala comum dos executivos liberais "mercadistas" pela esquerda, Agnelli viveu o auge de sua carreira à frente da Vale no período que compreendeu os dois mandatos presidenciais de Luiz Inácio Lula da Silva – de janeiro de 2003 a janeiro de 2011. Havia respeito entre ambos.

Lula sabia que Agnelli entendia o mercado de mineração e compreendia o papel da Vale no contexto de uma nação em desenvolvimento. Já o executivo reconhecia a inteligência do presidente e, em alguma medida, partilhava da aspiração do petista por mudar alguns dos paradigmas vigentes no país. Eram diferentes, oriundos de mundos distintos, mais tinham muito em comum. Ambos também compartilhavam a compreensão da importância estratégica de obter-se os direitos minerários e explorar as jazidas de Simandou.

Houve também atritos. Agnelli nunca teve papas na língua ao criticar o PT e as tentativas do partido de controlar a Vale. Grande jogador no mundo dos negócios, dava as suas caneladas na política. A razoavelmente boa relação com o Planalto teve seu primeiro grande ponto de inflexão no final de 2008. À época, em plena crise econômica global, a empresa anunciou a demissão de 1.200 trabalhadores e colocou outros mil em férias.

O fato irritou Lula, que defendia publicamente a alavancagem da economia por meio do aumento de gastos e despesas do governo. Ele queria o pé na tábua do consumo. A tensão teve seu ápice com a demissão de Demian Fiocca da área de gestão e sustentabilidade da Vale, em abril de 2009. O economista era o braço direito do então ministro da Fazenda, Guido Mantega. Agnelli não se intimidava em atacar, sempre que se sentia acuado.

Com a presidente Dilma Rousseff no poder, a situação do CEO da Vale começou a adernar de forma acentuada. Em março de 2011, Agnelli perdeu um importante aliado no conselho de administração da empresa. Sérgio Rosa foi substituído como CEO da Previ e no conselho da Vale por Ricardo Flores, um executivo de carreira do Banco do Brasil. Ele estava muito mais familiarizado com as bolsas de valores do que seu antecessor, um jornalista que construiu sua carreira no movimento sindical dos bancários e como militante do PT. Com Flores no jogo, as relações de Agnelli com o conselho mudaram. Ao contrário de Rosa, Flores exigia que Agnelli lhe enviasse a agenda das reuniões do conselho com pelo menos duas semanas de antecedência, além dos documentos sobre todos os assuntos em discussão.

Flores também voltou sua artilharia contra Simandou. Ele viu o contrato com a empresa de Steinmetz e, depois de analisá-lo, concluiu que era contrário aos interesses da empresa. Questionou cláusula por cláusula. Ainda segundo relato da jornalista Consuelo Digues, ele ficou furioso ao saber que a Vale pagara US$ 500 milhões sem qualquer garantia, que suportaria toda a responsabilidade financeira do projeto e que formalmente teria renunciado ao seu direito de processar o parceiro. Durante uma reunião sobre o assunto, alguns membros do conselho tentaram argumentar que não tinham conhecimento prévio de todos os "detalhes". Flores levantou a voz, descreveu Consuelo: "Como assim, você não sabia? Ninguém aqui é um bebê. Todo mundo é responsável por este contrato."

Nessa época, já não era só o PT que fazia beiço para Agnelli. Dilma não era Lula. Não se contentava apenas com os resultados. A presidente fazia questão de mergulhar em minúcias da gestão da Vale. Ao contrário de seu antecessor, não dava muita bola para política externa e não estava interessada em cultivar a imagem de líder global. Ricardo Flores também não era Sérgio Rosa. Flores construíra uma carreira brilhante no setor bancário e a turbinou com boas conexões políticas. Não tinha ido para o conselho da mineradora apenas para chancelar as decisões da diretoria. Assim como Dilma, queria ler os documentos e acompanhar o passo a passo da Vale.

Muitos políticos voltaram-se contra Roger Agnelli. Pará, Maranhão e Minas Gerais estavam entre os estados que requeriam mais dinheiro da Vale para investimentos locais. Aos governadores e bancadas de deputados, pouco interessava que os projetos não fossem rentáveis para a companhia. Interessava seu potencial de retorno eleitoral. Ao barrar ou retardar esses projetos, Roger atrapalhava as ambições políticas de bancadas inteiras.

Dinheiro não aceita desaforo, sobretudo de políticos. Quando o cerco começou a se fechar em torno de Agnelli, só restou Lázaro Brandão para protegê-lo. Acompanhado do então presidente executivo do Bradesco, Marcio Cipriano, Ricardo Flores chegou a visitar Brandão na casa dele, em São Paulo. Depois de alguma conversa, o número 1 do Bradesco não se opôs à substituição. Não está claro se o fez porque concordava de fato com a troca do presidente da Vale ou porque não queria desagradar a nova presidente da República. Qualquer que tenha sido a razão, uma tempestade se formava diante de Agnelli, e não era das pequenas.

XII. LULA: "ESSE CARA É LOUCO"

As credenciais de Alpha Condé eram impecáveis. Professor de ciência política na Sorbonne, tinha o charme de um intelectual refinado com viés à esquerda. Candidato a presidente da Guiné em 1993 e 1998, foi vencido por um ditador. Depois da segunda derrota, ficou encarcerado por dois anos sem direito a julgamento. Entre os que levantaram a voz para denunciar o abuso e defender publicamente Condé estavam ninguém menos do que o ex-presidente da França Jacques Chirac e a ex-secretária de Estado americana, Madeleine Albright. O megainvestidor George Soros já apoiava e patrocinava iniciativa liberais no mundo inteiro havia décadas. Não não seria nada estranho que os dois, Soros e Condé, estivessem juntos.

Na sequência da tentativa de assassinato do capitão Moussa Dadis Camara e do anúncio de eleições presidenciais na Guiné, Alpha Condé procurou George Soros. O encontro aconteceu em março de 2010, pouco antes, portanto, de Condé pedir ajuda do presidente sul-africano Jacob Zuma e do SASS. "Le Professeur" também recorreu ao financista para dar suporte à sua campanha eleitoral. Liberal e com um amplo histórico de contribuições filantrópicas para a promoção da democracia, de regimes políticos mais transparentes e na seara dos direitos humanos, Soros topou.

Ele estava particularmente interessado no setor de mineração da Guiné. Em defesa de Soros, pode-se alegar que seu objetivo era orientar um dos países mais pobres do mundo a usar seus imensos recursos naturais para se desenvolver e aumentar a renda da sua população, em vez de deixar a riqueza escoar para grandes capitalistas dos países desenvolvidos. Seus detratores iriam pelo caminho oposto. Acusariam Soros de ajudar Condé para dar as cartas no setor de mineração da Guiné e, de quebra, perseguir antigos inimigos. A verdade pode estar de um lado, do outro, ou de ambos.

O fato é que as decisões de Condé sobre a mineração passariam pelo magnata húngaro-americano. O novo presidente assumiu o cargo pouco antes do Natal de 2010. O próprio Condé contou que Soros já atuava nos bastidores quando ele oficializou seu pedido para que o bilionário auxiliasse na reforma do setor de mineração da Guiné. Soros respondeu ao convite enviando um time da Open Society Foundations, a Organização Não Governamental (ONG) que criara para pôr de pé projetos filantrópicos. A trupe desembarcou em Conacri em 2 de janeiro, apenas onze dias depois da posse.

Sua missão era promover uma revolução. Soros pretendia dinamitar as bases de exploração do subsolo da Guiné, impor uma nova ordem no setor e isso colocaria os planos da Vale e de seus sócios israelenses a perder. A conjuntura que a companhia brasileira montara para dar vida a seus planos na África evaporara rapidamente.

Em poucos dias, a equipe de Soros concluiu um documento em francês intitulado "Recomendações preliminares para o processo de revisão das concessões minerárias". Publicado em janeiro de 2011, o texto advogava que os contratos deveriam ser repactuados porque os preços das commodities minerais haviam disparado. O novo panorama do mercado seria, portanto, suficiente para dar legitimidade à revisão dos acordos, tarefa que deveria ser atribuída a um comitê técnico e a um comitê de ministros. A primeira vítima da revisão deveria ser exatamente a VBG, a joint-venture da BSGR com a Vale.

A partir daí, os fatos se sucedem numa velocidade incrível. Os executivos da Vale e da BSGR mergulham num calvário, que, visto de longe, mostra toda a disposição do novo governo da Guiné de pôr água no chope da VBG. Faltava exatamente um mês para o Carnaval de 2011, quando a VBG foi comunicada que sua festa estava acabando. Em 8 de fevereiro, o presidente Alpha Condé e o então ministro de Transportes da Guiné, Ahmed Tidiane Traoré, receberam o diretor de relações externas da Vale, Marcio Senne, o diretor para África, Ricardo Saad, e um dos advogados da BSGR, Mohamed Doumbia.

"Le Professeur" ia dar uma lição aos executivos. De sopetão, comunicou aos representantes da Vale e da BSGR que não assinaria o protocolo de entendimento que tratava da reabilitação da Transguineana, a ferrovia de 660 quilômetros entre Conacri e Cancã, no leste da Guiné. A reconstrução dessa estrada de ferro fazia parte do acordo firmado pela BSGR com o governo local ainda antes da constituição da VBG. A ideia era ligar a capital ao interior do país por meio de um trem de passageiros com trilhos de bitola estreita, uma obra calculada em US$ 1 bilhão e que seria encomendada à Odebrecht, a maior empreiteira brasileira.

Os brasileiros ficaram estupefatos. Era nada menos do que um cavalo de pau. Logo depois de ser eleito dois meses antes, o novo presidente dissera concordar com o projeto da Transguineana, concebido como uma compensação pelo direito de explorar as jazidas de Simandou e Zogota. Segundo ele, seria um sinal de respeito a Luiz Inácio Lula da Silva, que encerrava seu segundo mandato presidencial no auge da popularidade no Brasil e enchia de admiração os africanos.

A conclusão era óbvia. Se o presidente da Guiné não concordava com a contrapartida pela extração de minério de ferro, estava menos disposto ainda a endossar os termos definidos para a extração do minério. Foi o que Condé disse em seguida. Só assinaria qualquer documento relativo ao setor depois da edição de um novo Código de Mineração. O presidente também informou aos representantes da VBG que era preciso repactuar as questões de custo e tempo de duração da iniciativa. Ou seja, tudo o que fora decidido antes dele poderia ser revogado.

Condé alertou os executivos de que preparava um novo Código de Mineração para substituir o vigente. O texto estabeleceria que o governo teria não menos do que 35% dos projetos de mineração na Guiné. A partir daquele dia, todos os acordos assinados antes da eleição de Alpha Condé, que não privilegiassem o povo da Guiné, segundo a perspectiva do presidente, seriam revistos e teriam os seus termos modificados.

Futuro homem forte do governo, o ministro Ahmed Tidiane Traoré completou: o US$ 1 bilhão com o qual a VGB havia se comprometido para reformar a ferrovia Transguineana poderia não ser o bastante. Traoré avisou logo que a companhia teria de arcar com a diferença de uma dívida com o governo da Guiné, que segundo ele teria sido contraída a partir do momento em que a companhia de Benjamin Steinmetz vendera seus direitos e concessões minerários à Vale – constituindo a joint-venture VGB.

O presidente Condé deixou claro quem era o macho Alpha na Guiné. O jogo, a bola e o mando de campo eram dele. E a primeira questão colocada por "Le Professeur" envolvia um aporte de dinheiro com o qual ninguém contava.

É compreensível que Márcio Senne, Ricardo Saad e Mohamed Doumbia estivessem zonzos quando Condé jogou a maior de suas bombas no meio do encontro. O presidente disse que reclamaria 50% dos US$ 2,5 bilhões que a BSGR recebera da Vale como parte do acordo para a formação da joint-venture. Ou seja, cobrava US$ 1,25 bilhão para não anular as decisões de seus antecessores. Agora, era Condé quem queria dar uma mordida e seu apetite era enorme. A fatura foi apresentada sob o argumento de justiça social.

— É inconcebível que as pessoas enriqueçam graças a ativos que deveriam pertencer ao povo da Guiné, disse o presidente.

Os processos judiciais e as declarações à imprensa revelam que Condé fez uma enorme confusão. Tinha chegado ao número US$ 1,25 bilhão porque entendeu que a Vale desembolsara esse valor, e não US$ 500 milhões, ao se associar à BSGR. Os representantes da Vale engoliram em seco. Seria do jeito de Condé. Ou seria nada.

O novo presidente da Guiné estava fixado nesse valor e o cobrou também da BSGR. Em seu depoimento à arbitragem de investimento aberta em Paris pela BSGR contra o governo da Guiné, Benjamin Steinmetz afirmou que Alpha Condé exigiu 50% do que a Vale havia dado à BSGR, o que ele calculou erroneamente em US$ 1,25 bilhão. "Ele ameaçou em termos claros que, se nós não fizéssemos esses pagamentos, os direitos minerários seriam revogados", escreveu Steinmetz em inglês em 2017. Posteriormente, a Guiné e seus representantes diriam que os recursos seriam destinados aos cofres públicos do país. Mesmo executivos da Vale endossariam essa versão, como fez Roger Agnelli em seu testemunho à Corte de Arbitragem Internacional de Londres.

Steinmetz teve outro entendimento. "Se o pagamento era para o Estado e para o benefício do povo guineano, é curioso que o presidente tenha instruído-nos a falar com seu filho, que não tinha cargo no governo", ponderou. O empresário israelense foi além. Narrou ter consultado a Ernst & Young sobre se havia base legal para a demanda. A consultoria disse que não havia. "Mesmo que uma cobrança por impostos pudesse ser feita (o que não era possível), então o imposto seria de apenas 10%, e NÃO 50%", vociferou Steinmetz em letras maiúsculas. "Era extorsão pura e nós nos recusamos a pagar", declarou à corte francesa.

Alpha Condé esteve por duas vezes com o presidente da BSGR na Guiné, Asher Avidan, e seu vice Ibrahima Sory Touré. Assim como os executivos da Vale, Avidan, o ex-Shin Bet, e Touré, meio-irmão de Mamadie, cortaram um dobrado. Condé apresentou a conta de US$ 1,25 bilhão para endossar os contratos de exploração mineral no país. A BSGR se recusou a pagar o que depois viria a classificar como "extorsão".

Em 10 de fevereiro, o governo baixou uma norma intitulada "Política de Informação para o Setor de Mineração Guineana". Em essência, o documento anunciou a reformulação das práticas minerárias então vigentes e a decisão do Estado de obter lucro em todas as fases das atividades de mineração realizadas dentro de seus domínios.

Os relatos das reuniões com Alpha Condé acenderam a luz vermelha no gabinete da presidência da Vale no Rio de Janeiro. O projeto com o qual Roger Agnelli sonhara e pelo qual ignorara todos os alertas estava fazendo água. Agnelli precisava salvá-lo. O brilhante presidente da mineradora já se encontrara uma vez com Le Professeur. Quando soube o que tinha acontecido nas reuniões do início de fevereiro, apelou para seu maior trunfo. Sabendo que Condé ainda não estava totalmente seguro no cargo, faria algo que emprestaria enorme prestígio ao novo mandatário da Guiné. Convenceria o ex-presidente Luiz Inácio Lula da Silva a participar da cerimônia de colocação da pedra fundamental da reabilitação da Transguineana.

Foi um feito e tanto. Lula tinha entregue as chaves do Palácio do Planalto para Dilma Rousseff havia menos de dois meses quando embarcou no avião da Vale rumo a Conacri. Era a primeira viagem ao exterior do ex-presidente, que, à época, pensava-se que tutelava a sua sucessora Dilma Rousseff. A história mostraria no futuro que isso era um completo absurdo, mas esse é assunto para outros livros.

O ex-presidente estava montando o Instituto Lula e pensava em abrir um braço dessa instituição voltado para a melhoria das condições de vida na África. "Quando nós entendemos que o novo presidente ficaria contra nós, enviamos Lula. Era o melhor embaixador que poderíamos ter mandado", confidenciou o ex-diretor-executivo José Carlos Martins. "Pegamos o presidente Lula e fomos com ele para a Guiné porque Lula era um líder na África. (...) Todos os africanos o amam. Nós o levamos até a Guiné para conversar com o novo presidente", explicou Martins. Essa fala do ex-diretor da Vale foi registrada em vídeo e gravada em circunstâncias que ainda serão explicadas neste livro.

Foi o encontro da fome com a vontade de comer. Embora estivesse fora de Brasília, Lula ainda estava interessado em fincar os pés na África para aumentar sua influência internacional. Queria levar para aquele continente o seu programa de erradicação da pobreza, o Bolsa-Família. Já pensara em exportar outras experiências exitosas, como a da indústria sucroalcooleira e os ganhos de tecnologia agrícola obtidos pela Embrapa, que desenvolvera uma técnica de ponta inédita para a agricultura tropical. Lula era a encarnação da esquerda moderna, que apresentava bons resultados na economia e ao mesmo tempo exercia o soft power no cenário externo. Combinava elegantemente com os outros personagens estrangeiros influentes ao lado dos quais Le Professseur queria ser visto e associado.

Alpha Condé aproveitou o momento para surfar na popularidade do popstar incontestável da política brasileira daquele período.

— Estamos muito felizes de desenvolver um relacionamento muito próximo com o Brasil, declarou Condé durante a cerimônia de início das obras da Transguineana.

No mesmo dia, "Le Professeur" deixou evidente sua estratégia de morde e assopra. Em meio aos afagos verbais dirigidos a Lula, Condé disparou sua munição na VBG. Anunciou que a logística para o escoamento da produção férrea extraída de Simandou não seguiria a rota que fazia sentido do ponto de vista econômico, pelo porto liberiano de Buchanan. O presidente da Guiné foi nada menos do que categórico.

— Já deixei claro: toda a produção será exportada a partir de Conacri.

A decisão de Condé representava uma ameaça para a solução de transporte pela Libéria, que era fundamental para a articulação do empreendimento, embora, do ponto de vista formal, não significasse uma revogação do direito de explorar os lotes 1 e 2 de Simandou e viabilizar a exportação pelo porto de Buchanan. Um detalhe: os autos dos processos mostram que a recusa do governo guineano em permitir o transporte via Libéria não havia sido oficialmente comunicada à VGB até o dia 11 de outubro de 2012, um ano e 8 meses depois da reunião em que Alpha Condé anunciou a mudança das regras do jogo com a partida já em andamento.

Condé acabou por impor uma condição inviável à exploração de Simandou pela VGB. Ele insistia na necessidade de construção deum porto remoto para escoar a produção de minério de ferro pelo Atlântico a partir de Conacri, deixando de lado toda a infraestrutura existente na rota da Libéria. O problema é que o projeto para permitir que navios de grande calado aportassem em Conacri era algo praticamente inconcebível do ponto de vista econômico e temporal. O tempo necessário para a conclusão da empreitada seria algo perto de 10 anos. Não há estimativas oficiais de custo desse projeto. Mas especialistas no assunto consultados para esta obra estimaram o preço em nada menos do que algo entre US$ 25 bilhões e US$ 30 bilhões. Um empreendimento impossível.

Coincidentemente ou não, as investigações sobre a BSGR conduzidas pelo governo da Guiné começaram logo depois de a companhia ter se recusado cumprir as exigências impostas por Alpha Condé. Tal fato foi registrado em algumas reportagens veiculadas durante aquele período. A revista digital de notícias francesa Mediapart escreveu. "O grupo Steinmetz certamente está com problemas, uma vez que se recusou a colocar a mão no bolso para preservar seus direitos em Simandou. A Rio Tinto, que ainda possui metade (mas originalmente possuía a totalidade dos direitos minerários), concordou em pagar um adicional de US$ 700 milhões. Foi quando a BSGR se recusou a pagar que as investigações sobre seus negócios começaram."

Na noite do mesmo dia em que foi colocada a pedra fundamental da Transguineana, foi servido um jantar de gala no Novotel Ghi, o melhor do país. Na mesa principal, Alpha Condé, Lula e Roger Agnelli. Benjamin Steinmetz acorreu a Conacri, mas o cerimonial do presidente da Guiné não permitiu que ele se sentasse ao lado do chefe de estado. Durante o jantar, Steinmetz ainda tentou um movimento. Aproximou-se e cumprimentou Condé, Lula e Agnelli, mas não foi convidado a se sentar.

"Eu passei alguns dias com a minha mulher na Guiné naquela viagem. No jantar, nos sentamos com o presidente Condé, com o presidente Lula e suas respectivas mulheres. Steinmetz não foi convidado à mesa do presidente. Na época, ele ficou muito preocupado. Esse incidente, embora agora Steinmetz tente minimizá-lo, foi importante porque, pela primeira vez, vi que havia um problema entre a BSGR e o presidente Condé", relatou Roger Agnelli num testemunho prestado por escrito e apresentado anos depois à Corte de Arbitragem Internacional de Londres.

Dag Cramer enxergou o episódio da mesma forma que o presidente da Vale. Imediatamente, vislumbrou o tamanho da tempestade que estava se formando. Alertou seu chefe de que o sinal era muito preocupante. Steinmetz desviou o assunto e tentou não supervalorizar o caso. Homem de negócios, o empresário retrucou que estaria tudo bem enquanto a VBG prosseguisse no projeto de exploração de Simandou e Zogota. Mas Cramer estava certo.

Segundo o relato de Agnelli, ele e Lula ainda teriam outro jantar privado com Alpha Condé. "Foi quando entendi qual era o problema", descreveu Agnelli, em inglês. "Primeiro, o presidente Condé considerava que o ex-presidente Lansana Conté havia sido muito corrupto. Como a BSGR e Steinmetz tinham sido próximos do presidente Conté, ele questionava a integridade deles e suspeitava que tinham obtido os direitos minerais por meio de propina", esclareceu o ainda poderoso CEO da Vale.

Na volta ao Brasil, Lula deixou claro, em conversas com Agnelli e José Carlos Martins, que a VBG enfrentaria problemas. Martins relatou depois o que lembrava da conversa.

— Olha, esse cara é louco. Ok, deve ter tido alguma coisa errada ali. Mas seria um projeto de US$ 10 bilhões, US$ 12 bilhões na Guiné, um país que tem um PIB de US$ 2 bilhões, US$ 3 bilhões. Então, é uma coisa que pode mudar o país completamente, teria dito Lula a Agnelli e Martins, na versão contada por este último.

XIII. GUINEA PIG

Dias depois de o presidente Luiz Inácio Lula da Silva e Roger Agnelli decolarem da Guiné, foi a vez do magnata húngaro-americano George Soros desembarcar em Conacri. Entre o fim de fevereiro e o início de março de 2011, Soros acompanhou seu time em quatro dias de reuniões com Alpha Condé. O objetivo era discutir a revisão das licenças e contratos de mineração. Uma das ideias aprovadas foi o aumento de 15% para 33% da parcela que o governo teria sobre a receita das empresas do setor. A série de encontros terminou com uma entrevista coletiva conjunta de Condé e Soros no dia 2 de março.

A dupla anunciou que todos os contratos de mineração seriam reexaminados e que um novo código de mineração substituiria o que estava em vigor na Guiné. Os acordos revistos deveriam seguir os princípios da Extrative Industries Transparency Iniative (EITI, Iniciativa para Transparência das Indústrias Extrativas). A Revenue Watch Institute (Instituto de Observação de Receita) forneceria consultoria e o International Senior Lawyers Project (Projeto de Advogados Sêniores Internacionais), a consultoria jurídica. Essas três instituições têm conexões com a Open Society, que forneceria US$ 5 milhões para financiar a adequação dos acordos.

Soros estava com tudo. No dia seguinte à coletiva, apareceu em Paris na quinta conferência anual da EITI. Fez um discurso contando que Condé "procurou seu apoio antes de ser eleito". A Guiné, avisou, teria um novo código de mineração elaborado com base nos preceitos da EITI. Parecia o dono da Guiné. Queria que todo mundo soubesse disso, e não só a imprensa.

A próxima parada do magnata foi Londres. Soros convidou Roger Agnelli para uma reunião na sequência dos anúncios de

Conacri e Paris. Agnelli apareceu na capital inglesa com Eduardo Ledsham a tiracolo. A conversa não foi boa. Se Ledsham queria dar "uma mordida no Simandou", Soros queria dar "uma mordida na Vale". O bilionário húngaro-americano propôs que a companhia brasileira antecipasse US$ 250 milhões ao governo da Guiné. Em contrapartida, buscaria garantias de que o acordo firmado pela VBG com os governos anteriores da Guiné seria respeitado. Os brasileiros acreditaram que Soros, de fato, representava Alpha Condé e toparam o acordo. Elaborariam até uma minuta para formalizar a transferência dos US$ 250 milhões.

Uma semana depois, o documento já estava pronto e os dirigentes da Vale dispostos a assiná-lo. Aí, Soros mudou a conversa e dobrou a meta. Passou a dizer que os US$ 250 milhões não seriam necessários para que a VBG mantivesse o que os governos anteriores da Guiné tinham concedido. Esse dinheiro servia apenas para que os executivos pudessem ser admitidos numa conversa com a administração Alpha Condé. Ou seja, a bolada não passava de um ingresso.

Os chefes da Vale ficaram desconfiados de Soros. "Claramente, ele (Soros) tem uma proximidade com o presidente Alpha, mas não tem mandato para falar em seu nome", explicaria meses depois Eduardo Ledsham aos seus colegas de Vale. Ainda assim a conversa prosseguiu não mais em Londres, mas em Nova York. Na tarde do dia 11 de março, Chris Canavan, então diretor de políticas de desenvolvimento global do fundo de investimento de Soros, conversou por telefone com a diretora do departamento jurídico da Vale, Daniela Chimisso. No dia seguinte, ela converteu em documento o que eles trataram por telefone. Daniela Chimisso enviou a Chris Canavan a minuta de um memorando de entendimentos entre a joint-venture VBG e a Open Society Foundations, a ONG fundada por George Soros.

Pelo memorando, descobre-se que a Open Society procurou a Vale. A ONG se apresentou como representante do governo Alpha Condé numa missão para levantar fundos. A alternativa proposta é uma antecipação de pagamentos de impostos e royalties dos minérios que seriam extraídos de Simandou e de Zogota. O valor do negócio havia dobrado. Não eram mais os US$ 250 milhões pedidos inicialmente por Soros em Londres. Agora, eram US$ 500 milhões, o mesmo que a Vale adiantara a BSGR para se tornar sua sócia.

O texto é bem escrito. Com uma formulação elegante, menciona que as duas partes estão comprometidas com o sucesso futuro da República da Guiné, com o fomento do investimento estrangeiro, o aprimoramento da transparência, a aplicação da lei e com a democracia. Insinua o assunto principal ao afirmar que "as partes" estão dedicadas a assegurar os investimentos de longo prazo da Vale no país, além do apoio da companhia para novos investimentos em outras áreas, como energia, agricultura e educação. Depois, vem o que interessa.

A minuta diz que os depósitos de minério de ferro dos blocos 1 e 2 de Simandou são fatores determinantes para o desenvolvimento local e que eles podem ser usados para atender à demanda da indústria siderúrgica. Lembra que as licenças foram dadas à BSGR e, por consequência, à sua sucessora, a joint-venture VBG. Reconhece válidos os direitos de exploração dessas concessões e a autorização para o transporte do minério até o porto de Buchanan, na Libéria, um ponto fulcral para viabilizar o negócio. Menciona até a obrigação assumida pela BSGR, e posteriormente pela VBG, de reabilitar a ferrovia Transguinena.

O papel de prestadora de serviços a ser assumido pela Open Society fica claro no item 6 do memorando de entendimentos. Em inglês, o documento estabelece que "dentro dos princípios do jugo da lei, a Fundação assistirá a Companhia em: a) obter formalmente a ratificação dos acordos executados entre a Companhia e a República; b) esclarecer os requerimentos técnicos de reforma da Transguineana Conacri-Cancã". A alínea "a" não deixa margem à dúvida de que a tarefa da Open Society, que diz representar o governo da Guiné, é validar as licenças da VBG.

No texto de cinco páginas, o incontornável caminho de escoamento pela Libéria é mencionado duas vezes. A Open Society reconhece sua importância e se compromete em ajudar a VBG em eventuais problemas na Libéria. Diz o item 4: "Devido a importância do corredor liberiano para o projeto e a capacidade de exportar a partir da Libéria, a Fundação concorda em empreender esforços para assistir a Companhia em executar o acordo de desenvolvimento de infraestrutura firmado com o governo da Libéria."

A contrapartida da VBG pelo auxílio na revalidação das licenças de Simandou, Zogota e do corredor liberiano é o tal adiantamento de US$ 500 milhões. Em defesa do memorando de entendimentos, cabe dizer que ele chega a mencionar que o Banco Mundial, um renomado organismo multilateral, poderia ser usado como agente fiduciário para garantir o cumprimento do compromisso entre as partes.

Acordos de adiantamento de royalties não são incomuns. Nessa mesma época, a Petrobras adiantou pagamentos de royalties de petróleo durante os governos petistas. A questão é que suas plataformas estavam em plena operação.

A proposta apresentada à VBG era diferente. A joint-venture pagaria royalties sobre uma mina que ainda não existia e impostos sobre recursos que não haviam sido gerados. Aliás, que poderiam jamais chegar a sê-los, como até hoje não foram. Faria mais sentido que o adiantamento de royalties e impostos fosse calculado com base nas perspectivas futuras de arrecadação do governo da Guiné. Caberia mencionar como seriam calculados os royalties, que impostos incidiriam sobre a atividade da VBG, quais seriam suas alíquotas e as projeções de arrecadação, que precisariam começar do zero e ir crescendo à medida que a operação fosse dando resultados.

Com base nessas informações, seria possível trazer a receita futura a valor presente e saber quanto minério da Guiné a VBG precisaria vender para ter uma dívida de US$ 500 milhões com o governo daquele país. O memorando de entendimentos não fala, porém, em alíquotas, cálculo de royalties, no início da exploração do minério nem no tempo necessário para gerar os tais US$ 500 milhões. Sem base alguma de referência, o valor parece ser inexplicado.

Chama mais a atenção ainda o fato de os termos do memorando de entendimentos se assemelharem aos de serviços de consultoria ou de lobby, embora o pagamento envolvido seja muito alto. O texto do acordo é claro sobre a validade das licenças de Simandou, Zogota e da autorização para uso do corredor liberiano. Mas diz que a Open Society se comprometerá a auxiliar na ratificação dessas licenças. Ora, as licenças eram válidas ou não?

A questão fica particularmente difícil de ser respondida quando se recorda que a Open Society dizia representar o governo da Guiné. Novamente, se representava o governo da Guiné e reconhecia que as licenças eram válidas, seus serviços para ajudar a VBG a convalidar as licenças eram desnecessários. Afinal, ela própria era o governo. Então, não precisaria interferir junto a ele. Depois, ela mesma, enquanto representante do governo, afirmava que estava tudo certo.

Em resumo, são três as aparentes incongruências do memorando de entendimento: 1) não se sabe como se chegou ao valor de US$ 500 milhões de adiantamento de royalties e impostos de uma atividade que simplesmente não existia; 2) se as licenças estavam valendo, elas não precisariam ser ratificadas pelo governo da Guiné; 3) se a Open Society representa o governo Alpha Condé, interceder pela VBG junto ao governo seria o mesmo que interceder junto a si mesma; e 4) o valor envolvido é excepcionalmente alto para serviços assemelhados aos de consultoria, como são os da minuta. Enfim, noves fora, o acordo expunha e gerava uma confusão extraordinária.

Eram quase 9 horas da noite quando Daniela Chimisso mandou o e-mail com esse texto para Chris Canavan. A diretora jurídica da Vale pôs em cópia seus colegas Eduardo Ledsham, Sonia Zagury, Ricardo Saad, Fábio Spina e Claúdio Alves. Daniela Chimisso trabalhou até tarde e Ledsham mais ainda. Pouco depois da meia-noite, ele encaminhou o e-mail para conhecimento de seus sócios na VBG, Benjamin Steinmetz e Asher Avidan. Os israelenses estrilaram.

Alegaram que, antes de mais nada, os contratos com o governo da Guiné não previam pré-pagamento de impostos, o que seria, por si só, uma violação do próprio contrato. Sob pressão em Conacri e em Nova York, Benjamin Steinmetz acusou Soros de usar a Open Society para extorqui-lo. Ressentiu-se também do comportamento da Vale, que conversou com os emissários de Soros sem o seu conhecimento e produziu um documento que falava em garantir o sucesso do investimento de longo prazo da Vale, e não da VBG.

Tudo acontecia muito rapidamente. Em abril, Alpha Condé constituiu um grupo de trabalho para elaborar o novo código minerário e atribuiu o comando ao seu homem forte, o ministro-conselheiro Ahmed Kanté. Quem reaparece nesse momento da história é Samuel Mebiame, o gabonês que abriu as portas de Jacob Zuma e do SASS para Condé. Segundo o processo movido contra Mebiame nos Estados Unidos, ele tinha passado os últimos dois meses mergulhado numa nova versão para o código e estava pronto para apresentar sua contribuição para Ahmed Kanté.

O governo da Guiné moveu mais uma peça no cerco à VBG. Contratou em Paris o advogado Jean-François Mercadier, da Heenan Blaikie, para investigar os contratos de mineração da BSGR firmados nas gestões anteriores. Quando ficou pronto, o relatório frustrou a administração Alpha Condé. Em 47 páginas, apontou alguns problemas técnicos, mas não encontrou ilegalidades. Para decepção das autoridades locais, aconselhou a Guiné a ser muito cautelosa com a revogação dos direitos da BSGR, indicando que uma medida nesse sentido poderia ser objeto de processo judicial. Por isso, recomendou que, se o governo decidisse revogar as concessões, que o fizesse alegando três motivos técnicos. A BSGR não apresentara os relatórios financeiros requeridos, estava atrasada na reconstrução da Transguineana e não havia quitado taxas que somavam US$ 300 mil.

A VBG se viu engolfada em uma crise. O governo da Guiné não tinha restrições à Vale. Com relação à BSGR, era o exato oposto.

Não é possível apontar com certeza a origem dos problemas. Uma possibilidade é isolar uma empresa cujos êxitos foram obtidos no fim do governo Lansana Conté, presidente acusado de apelar para fraude para vencer Alpha Condé nas urnas e que, depois de derrotá-lo, jogou-o na prisão por quase dois anos. Chega a soar como uma vendeta. Outra justificativa pode ser encontrada nos boatos, ainda que falsos, de que os executivos da BSGR deram suporte ao aparato militar de Moussa Dadis Camara. Cabe lembrar que, quando Condé assumiu a presidência, Dadis Camara sonhava, de seu exílio em Burkina Faso, com uma ação militar para retomar o palácio presidencial. Ou seja, Camara era uma ameaça real naqueles tempos.

Outra explicação pode ser encontrada no péssimo relacionamento de Benjamin Steinmetz com George Soros. Afora o fato de ambos serem judeus, de resto, eles são em tudo opostos. Soros é liberal, intelectual e antissionista. Steinmetz não só é um árduo defensor do Estado de Israel como cultiva relações com os políticos da direita de seu país, como Yehud Olmert e Benjamin Netanyahu. E as desavenças não se restringem à política. Ambos já se estranharam no mundo dos negócios. Estiveram em campos antagônicos na disputa pelo mercado de telefonia da Rússia, em 1998. Soros ganhou a batalha e tirou Steinmetz do jogo, mas foi uma vitória de Pirro. O húngaro-americano arcaria com grandes prejuízos no ano seguinte, quando o rublo entrou em colapso.

Como era de se esperar, a briga entre os dois capitalistas foi parar na Justiça. Em junho de 2017, Benjamin Steinmetz acusou Soros, nos tribunais de Nova York, de destruir seus negócios e sua reputação. São 67 páginas de imputações pesadas. Os advogados de Steinmetz afirmam que o magnata húngaro-americano trabalhou para extirpá-lo da Guiné e para levar a BSGR à bancarrota, acusou Soros de extorqui-lo, de manipular processos judiciais, de fabricar acusações falsas e de corromper o governo Alpha Condé. A ação cível de indenização ainda não foi julgada, mas certamente não confere brilho à reputação de Soros.

Não há dados suficientes para afirmar se a mesma pressão aplicada sobre a Vale foi exercida também sobre as demais mineradoras. O que se pode dizer com certeza é que, na época em que Soros e Alpha Condé apresentaram a conta à companhia brasileira, a Rio Tinto veio a público dizer que daria mais US$ 700 milhões para o governo da Guiné. A gigante anglo-australiana chegou divulgar que o pagamento estava relacionado à manutenção das concessões sobre os blocos 3 e 4 de Simandou. Na época, a Rio Tinto tentou minimizar a questão. "O projeto Simandou requer mais de US$ 10 bilhões", afirmou o então presidente da unidade de minério de ferro e depois CEO da Rio Tinto, Sam Walsh.

Que o desembolso foi feito, é seguro. A Rio Tinto diz que transferiu o dinheiro e a Guiné confirma que o recebeu. Daí em diante tudo é nebuloso. A Rio Tinto afirma que mandou a fortuna para o Tesouro da Guiné. Assessores de Condé já disseram que ele foi recebido de outra forma, em uma conta especial criada por Le Professeur e pelo presidente do Banco Central da Guiné. Indagado sobre o destino do dinheiro, Condé disse que gastou US$ 125 milhões com a construção da hidrelétrica de Kaleta e mais US$ 120 milhões com a compra de maquinário elétrico. O resto do recurso teria ido, segundo Condé, para o Fundo Monetário Internacional (FMI). Ao ser questionado pelo jornal francês Libération, o FMI respondeu com muitos números, poucas pistas e nada que pudesse solucionar o mistério.

A questão ficou ainda mais obscura a partir de 2016. Logo após o pagamento dos US$ 700 milhões, a imprensa publicou e-mails trocados por Sam Walsh com o então CEO da Rio Tinto, Tom Albanese, e chefe da área de energia e minerais, Alan Davies. Os e-mails revelam uma discussão sobre o pagamento de US$ 10,5 milhões ao francês François de Combret. Ele pedira US$ 15 milhões. Mesmo depois de reduzir o valor, os executivos da mineradora anglo-americana não estavam totalmente à vontade com a quantia devida pelo serviço de lobby. A verdade é que François de Combret está longe de ser um qualquer.

Ele fora assessor de Valery Giscard d'Estaing primeiro no Ministério da Economia e, depois, na Presidência da França. Casou-se com uma sobrinha de Giscard d'Estaing. Uma vez fora do governo, fez carreira no mercado financeiro. Passou trinta anos no banco de investimentos Lazard, do qual foi sócio-diretor por nada menos que vinte anos. Depois passou pelo UBS e pelo Crédit Agricole. Nesse tempo, foi conselheiro de diversas grandes empresas francesas. Antes de começar a vida profissional, de Combret rodou o mundo, passou pelo Brasil e publicou um livro sobre o país no início dos anos 1970.

Mesmo com todo esse currículo, François de Combret não passaria de um grande financista francês se não fosse amigo de juventude de Alpha Condé. Eles se conheciam desde os bancos escolares. Fora os três anos em que Combret morou em Nova York e o período em que Condé esteve em seu país natal, estiveram sempre em contato. Quando Le Professeur conquistou a presidência, pediu ajuda de Combret, que passou a fazer viagens frequentes a Conacri. Quem quisesse contar o número de estrangeiros realmente influentes na Guiné precisaria de menos do que os dedos de uma mão. E Combret tinha lugar assegurado nessa lista.

Os serviços do financista francês foram oferecidos a Benjamin Steinmetz por meio de Frédéric Cilins. François de Combret tentou pacificar as relações da BSGR com o governo Condé, mas foi verdadeiramente eficiente para a mineradora anglo-australiana. De Combret trabalhou duro para manter os blocos 3 e 4 com a Rio Tinto. Nas mensagens, os três executivos reclamam do alto valor dado ade Combre, mas reconhecem que ele foi fundamental para garantir a integridade dos investimentos "quando as coisas pareciam extremamente difíceis". A partir da perspectiva atual, pode-se dizer que a Rio Tinto pagou uma pechincha a de Combret. O trabalho que ele prestou à mineradora anglo-australiana consumiu a reputação e rendeu um processo por corrupção ao bem-sucedido e influente financista francês.

Para piorar, a própria Rio Tinto trouxe a história à tona. Em 2017, a companhia notificou o caso ao Serious Fraud Office, órgão da Justiça inglesa dedicado a investigar episódios de corrupção. Na esteira do escândalo, Alain Davies foi demitido, assim como a então executiva de assuntos legais e regulatórios Debra Valentine. Tom Albanese e Sam Walsh tiveram problemas com suas aposentadorias.

A Rio Tinto não foi a única a ter a reputação arranhada por apoiar Alpha Condé. Liberal como Soros, o ex-primeiro-ministro britânico Tony Blair acompanhou o financista no apoio a "Le Professeur". Blair escolheu Condé como cliente de sua Africa Governance Initiative (AGI, ou Iniciativa de Governança da África, em português). Era a grande aposta de Blair para, uma vez fora do governo, formar uma nova geração de líderes africanos que na sua visão não teriam os vícios da autocracia e da corrupção. Ao contrário, trabalhariam pelo bem de seus povos.

Blair não hesitou em montar um time de notáveis com passagem por altos postos do governo para auxiliar Condé. Instalou um escritório da AGI em Conacri, contribuiu com a nova legislação minerária e ajudou a renegociar os contratos das mineradoras. Aplaudiu tudo como se fosse um golpe na corrupção. Também assessorou o governo na construção de uma nova hidrelétrica e colaborou com o combate ao surto de ebola, em 2014.

Agora, AGI está numa encalacrada. Já ficou mais do que claro que Alpha Condé foi contaminado pelo mesmo vírus da autocracia que acometeu seus antecessores. Quando anunciou que disputaria o terceiro mandato presidencial, algo vetado pela constituição, Condé deu as costas para as democracias liberais europeias que o apoiaram em 2010. Quem correu em seu socorro foi outro autocrata, o russo Vladimir Putin. O embaixador Alexandre Bregadze defendeu a disposição de Condé de permanecer no poder. Logo em seguida, mudou de emprego. Trocou o serviço público pela presidência da Rusal na Guiné. Trata-se da gigante russa de produção de alumínio. E pensar que a AGI foi incorporada ao Institute for Global Change

(Instituto para Mudança Global, em português), destinado a lutar contra o populismo autoritário.

No lado oposto do espectro ideológico e comercial, o ex-presidente francês Nicolas Sarkozy tentou ajudar Benjamin Steinmetz. Cidadão francês, Steinmetz chegou a ter um passaporte diplomático emitido no Quai d'Orsay. Sarkozy acompanhou Steinmetz em seu jatinho em viagens ao exterior. Na verdade, a relação chegou a nível pessoal. O casal Steinmetz desfrutava da companhia de Sarkozy e sua mulher, a belíssima Carla Bruni. Nada mal.

Olhando em perspectiva, hoje fica claro que a eleição e a posse de "Le Professeur" Alpha Condé atraíram a atenção de estrelas da política internacional e do mundo dos negócios. George Soros, Tony Blair, François de Combret e instituições diversas se instalaram em Conacri para assessorar o novo governo. A Guiné foi transformada em verdadeiro campo de provas de políticas públicas. Na expectativa de muitos, uma porta-estandarte de princípios democratas, para dizer o mínimo, escassos na região.

No famoso poema "Porquinho-da-índia", Manuel Bandeira se queixa que seu primeiro animal de estimação rejeitava seus carinhos e não gostava dos lugares mais limpos da casa. Só queria estar debaixo do fogão. Roedores típicos da América do Sul, os porquinhos-da-índia foram largamente usados para experimentos científicos. A prática foi tão difundida que os submetidos a testes passaram a ser conhecidos por cobaia, uma palavra da língua tupi. Em inglês, cobaia é guinea pig (porco da Guiné).

Não deixa de ser irônico – para não dizer melancólico - o fato de o nome do bonito poema de Manuel Bandeira permitir um jogo de palavras com o país da África Ocidental: uma cobaia submetida a experiências democráticas malsucedidas.

XIV. HORTON E O MUNDO DOS QUEM

Depois do famigerado jantar em comemoração ao início das obras da Transguineana, do qual participaram o ex-presidente Luiz Inácio Lula da Silva e o presidente Alpha Condé, estava claro para Benjamin Steinmetz que o sonho do Eldorado de ferro africano se transformava em um pesadelo. Restava ao presidente da Vale, Roger Agnelli, escapar da *bad trip* do sócio.

Coincidentemente ou não, as investigações sobre a BSGR conduzidas pelo governo da Guiné começaram logo depois de a companhia ter se recusado a cumprir as exigências impostas por Alpha Condé. A BSGR não estava sob ataque apenas nos gabinetes de Conacri e o mal-estar não se resumia a situações constrangedoras e a portas fechadas. A companhia começou a ser alvo de uma série de reportagens em grandes veículos de imprensa naquele período.

Em 4 de março de 2011, uma reportagem do jornal inglês Financial Times relatava que um alto funcionário do Ministério de Minas da Guiné dissera, na condição de anonimato, que todos os contratos de mineração seriam "revistos e retrabalhados no início do segundo semestre" daquele ano e que o governo se tornaria "acionista minoritário em todos os contratos de mineração". Os fatos posteriores comprovam que o jornal estava bem-informado.

A BSGR tentou reagir à pressão enviando uma carta ao presidente. Assinada por Asher Avidan, a correspondência com data de 14 de março de 2011 prestava contas dos investimentos realizados nos blocos 1 e 2 de Simandou e na área de Zogota, perto da fronteira com a Libéria. Detalhava também o andamento dos projetos de infraestrutura prometidos aos governos anteriores e a recuperação da ferrovia Transguineana. A comunicação esclareceria detalhes e a legalidade do contrato de joint-venture firmado com a Vale. Também reiterava o compromisso da empresa com a reconstrução da estrada de ferro, tratada pela empresa como uma espécie de "presente" para o povo da Guiné.

Nem o presidente Alpha Condé nem qualquer integrante do seu governo jamais se preocupou em enviar uma resposta escrita à BSGR. E o silêncio já era uma resposta eloquente. Se havia alguma dúvida da disposição do governo em relação à empresa, ela pôde ser dirimida na prática. O Ministério do Transporte da Guiné determinou que as obras de ferrovia Conacri-Cancã fossem interrompidas.

Por uma irônica coincidência, Asher Avidan enviou sua carta no mesmo dia em que o governo da Guiné firmava o memorando de entendimentos com a Palladino Capital. Essa empresa pertencia a dois personagens fundamentais na eleição de Alpha Condé: o empresário sul-africano Walter Hennig e Samuel Mebiame, o financista filho do ex-primeiro-ministro do Gabão. Segundo o depoimento de Dag Cramer à Corte de Arbitragem Internacional de Londres, Hennig teria repassado US$ 50 milhões para a campanha presidencial de Alpha Condé.

O memorando de entendimentos foi assinado por Hennig e pelo então ministro de Minas e Geologia, Mohamed Lamine Fofana, estipulava que a Sociedade Guineana do Patrimônio Mineral (Soguipami) receberia um empréstimo de US$ 25 milhões da Palladino Capital. O memorando foi convertido num contrato formal em 12 de abril. Dessa vez, o documento seria assinado por Fofana, pelo ministro das Finanças, Kerfala Yansané, como representantes da Guiné e por Samuel Mebiame como procurador da Palladino Capital.

O dinheiro foi transferido logo depois, em 21 de abril. Como já foi relatado no capítulo IX, sobre os bastidores da eleição de Alpha Condé, a Palladino passaria a ter 49% do capital da Soguipami e participaria, assim, dos lucros obtidos pelo governo local com a exploração de minério. A Soguipami seria criada oficialmente quatro meses depois por decreto presidencial.

Abril de 2011 foi, de fato, um mês frenético em Conacri. Não foram apenas a Vale, a BSGR e a Rio Tinto que enfrentaram pressões. A empresa russa de alumínio RusAl também teve sua cota de problemas. A RusAl tinha comprado a Friguia, uma refinaria de alumínio, em processo de privatização realizado em 2006. Agora, o governo Alpha Condé dava duas alternativas à RusAl: pagar US$ 1 bilhão pela perda de receita decorrente da privatização ou encarar a nacionalização da Friguia.

Enquanto o governo fechava acordos com a Palladino e a RusAl era empurrada contra a parede, o chão começou a ruir sob os pés da VBG. E não se tratava apenas de ameaças. O governo africano cancelou o acordo com a joint-venture para construção da Transguineana. Alegou que a gestão que tinha estabelecido os termos do acerto não estava mais no poder.

Não estava fácil para ninguém, mas a VBG seguia operando. Em agosto de 2011, apresentou o estudo de viabilidade relativo aos blocos 1 e 2 de Simandou. Não se trata de uma análise trivial. Cuida-se de um documento complexo que avalia as possibilidades de exploração comercial da reserva sob todos os pontos de vista. Ele cobre desde a mineração até a logística, passando pelos aspectos econômicos do mercado, os investimentos necessários e a oferta de mão de obra.

Em seu depoimento à Corte de Arbitragem Internacional de Londres, Dag Cramer destaca a celeridade na conclusão do trabalho apenas três anos depois de a BSGR ter obtido a licença de exploração. "Esse foi um feito muito impressionante e chama a atenção em contraste com a Rio Tinto, que não produziu o estudo de viabilidade apesar de ter mantido as licenças por onze anos", diz Cramer.

Em 4 de outubro de 2011, o novo poder instalado em Conacri determinou que a empresa interrompesse todas as suas atividades que haviam sido iniciadas sem autorização oficial na Guiné. No fim do mesmo mês, o governo comunicou o recebimento do estudo de viabilidade dos blocos 1 e 2 de Simandou. No entanto, alertou que não reconhecia o documento – que havia sido produzido pela VBG e não pela BSGR.

Evidentemente, tratava-se uma justificativa que não parava em pé por um segundo sequer. Primeiro, nenhuma administração despreza um estudo desse porte, que consome anos e centenas de milhões de dólares para ser preparado apenas por aspectos formais. Depois, porque mesmo os aspectos formais estavam preenchidos. Afinal, o governo da Guiné emitira documentos oficiais reconhecendo a joint-venture, primeiro em abril e posteriormente em novembro do ano anterior.

Não precisou de muito tempo para que o governo guineano desse um novo ultimato à VBG. Em 17 de novembro de 2011, mandou uma nova ordem de interrupção dos trabalhos da joint-venture. A empresa respondeu à determinação por carta. Prestou informações sobre a constituição da VBG e criou um data room para disponibilizar todos os documentos às autoridades. De pouco adiantou.

Outras cartas se seguiram. Em 19 de janeiro de 2012, o governo cobrou o estudo de viabilidade de Zogota. A VBG repassou mais uma vez o documento que fora entregue pela primeira vez 2009 e colocado à disposição do governo no data room. Quinze dias depois, a joint-venture enviou um arquivo de 50 mil páginas para tentar comprovar que a BSGR tinha obtido de forma lícita as concessões de Zogota e dos blocos 1 e 2 de Simandou. No fim de fevereiro, a VBG enviou uma nova carta. Dessa vez, solicitando a intervenção pessoal do presidente Alpha Condé na liberação das atividades. Outro tiro n'água. Em outubro, o governo da Guiné preparou o xeque-mate. Avisou a VBG que não permitiria que o minério de Zogota e de Simandou fosse exportado pela Libéria. No mesmo mês, disse que a joint-venture tinha falhado no dever que havia assumido de informar as autoridades da Guiné.

Olhando-se hoje para os atos presidenciais de Condé, é aceitável imaginar que o presidente buscasse definir regras claras para a exploração mineral em seu país – em que pese o fato de a eleição ter sido marcada por denúncias de fraude e manipulação de resultado. Entretanto, salta aos olhos a série de atos tomados por Condé com relação aos interesses da joint-venture formada por Vale e BSGR.

A análise dos fatos colocados em sucessão cronológica deixa a entender que Condé estava decidido a impedir a exploração de Simandou pela VBG, independentemente de quais fossem as motivações do presidente da Guiné. Documentos de ações que envolveram a disputa por Simandou sugerem que a BSGR tentou construir uma relação com Condé e trabalhar de forma propositiva com seu governo.

Tudo parecia perdido, mas a BSGR ainda não havia desistido e não dava sinal de que largaria o osso. No dia 28 de fevereiro de 2012, a empresa enviou nova carta a Alpha Condé em que expunha suas preocupações e solicitava ao presidente sua intervenção para a aplicação de "medidas para remoção dos obstáculos enfrentados". Dessa vez houve resposta por escrito. Em 20 de março daquele ano, o ministro Mohamed Lamine Fofana respondeu duramente. Ele acusou a BSGR de tentar "estabelecer contato privilegiado" ao buscar contato diretamente com o presidente da República da Guiné.

A situação ia de mal a pior para a Vale e sua associada. Menos de uma semana depois, em 26 de março, a Presidência estabeleceu a Comissão Nacional de Mineração (CNM) e lhe conferiu o poder de examinar "a extensão, renovação, arrendamento e pedidos de cancelamento de títulos de mineração com base nas disposições do Código de Mineração".

Em 29 de março de 2012, um decreto presidencial cindiu as atribuições e responsabilidades da CNM e as dispôs em dois subcomitês. O Comitê Estratégico ficou responsável por questões políticas e estratégias que envolvessem o programa de revisão geral para concessão de licenças e convenções de mineração. Já o Comitê

Técnico foi descrito como o braço operacional do CNM para estabelecer a continuação, desenvolvimento ou retirada de direitos de mineração. Tomava as decisões no dia a dia de análises de licenças de lavra e convenções.

Ainda que subdividido em dois, o CNM era um órgão sob total controle de Alpha Condé. Conforme o artigo 5º do decreto de 29 de março de 2012, os quatro membros que compunham o Comitê Estratégico, todos ministros de Condé, estavam colocados "sob autoridade direta do chefe de Estado". Seus integrantes de então eram os ministros de Minas e Geologia; Economia e Finanças; Justiça; e de Obras Públicas e Transporte. Todos eram duplamente submetidos às ordens de Condé, tanto enquanto integrantes do comitê como por serem ministros empossados a critério do presidente da Guiné.

A batalha por Simandou estava perdida para a Vale e a BSGR. A mineradora brasileira preparava uma estratégia para bater em retirada. Em pouco tempo, lançaria mão de sua due diligence para alegar desconhecimento de problemas pré-existentes na companhia de Steinmetz. Mas os revezes da Vale não tinham de ser necessariamente estendidos para todas as empresas brasileiras.

Uma vez fora da companhia, Roger Agnelli montou uma empresa de participações, a AGN, com alguns de seus antigos colaboradores na Vale. Eduardo Ledsham, o diretor-executivo que negociou a constituição da VBG, foi um dos que o acompanhou. A AGN deveria investir em logística e bioenergia. Teria um braço de mineração em parceria com o BTG Pactual, a B&A, destinada a investir mais de US$ 500 milhões no setor.

Era uma parceria de gigantes nacionais. Agnelli era um dos executivos mais admirados do Brasil, senão o mais venerado. André Esteves, o dono do BTG Pactual, tinha dado várias voltas por cima na sua carreira e era visto como o banqueiro mais agressivo de sua geração. Atuando como cupido de ambos, estava Augusto "Guto" Quintella, que havia sido diretor da Vale e, naquele momento, trabalhava com Esteves no Pactual.

O acrônimo BTG significa Back to The Game (de volta ao jogo, em português), e foi adotado por Esteves quando ele voltou ao mercado financeiro em 2009. O mesmo poderia ser dito de Agnelli. Ele também estava de volta ao jogo. No fim de 2012, retomava a partida exatamente de onde tinha parado ao sair da Vale um ano antes.

"Agnelli Paris" é o assunto do e-mail enviado do celular BlackBerry do advogado americano Scott Horton para o filho do presidente Alpha Condé às 21 horas de 4 de dezembro de 2012. Famoso especialista em direitos humanos e por seu trabalho em países em desenvolvimento, Horton estava lotado no DLA Piper, uma banca sediada em Londres, mas com diversas unidades no mundo. As credenciais de Scott Horton resistem a qualquer prova de bom-mocismo do mundo do direito e, no campo dos liberais, são irreparáveis.

Na esteira dos atentados de 11 de setembro de 2001, defendeu vítimas de abusos cometidos pelas autoridades americanas em nome do combate ao terrorismo e chegou a escrever um artigo acusando o senador americano Prescott Bush, pai do ex-presidente George Bush e avô do à época presidente George W. Bush, de ter conspirado para derrubar o presidente Franklin Delano Roosevelt, nos anos 1930. Scott Horton passara quase dez anos como diretor de políticas globais para o desenvolvimento do Fundo Soros. Mantinha uma ligação estreita com o magnata húngaro e passou a representar o governo da Guiné em reuniões com empresas mineradoras.

O propósito do e-mail de Horton é marcar um encontro de Mohamed Alpha Condé, com Roger Agnelli e Guto Quintella na capital francesa. Horton diz que para levá-los era essencial que o governo da Guiné expusesse a agenda que pretendia discutir e eventuais acordos que poderiam ser assinados nesse encontro. "É extremamente complicado trazê-los a Paris em tão curto espaço de tempo sem uma agenda pré-determinada", disse Horton.

Os documentos que embasam este livro mostram que Agnelli continuou desfrutando de enorme prestígio e acesso ao governo da Guiné mesmo após sua saída da Vale. Está claro que Le Professeur o tinha em alta conta. Menos claro é quando começam as relações-profissionais de Scott Horton com a Guiné de Alpha Condé. O que se sabe pelos papéis é que Horton foi o responsável por encomendar uma investigação sobre a BSGR à empresa americana Veracity Worldwide, fundada e presidida por Stephen Fox.

Muito amigo de Horton, Stephen Fox parece ter sido escolhido a dedo para o desafio. Tinha experiência na África, fluência em francês, trabalhara na mineradora Anglo-American nos anos 90, quando conhecera o sueco Dag Cramer, que também passou pela empresa. Os dois mantiveram contato, mas havia dois anos que não se falavam. Cramer, no entanto, não teve nada a ver com a jogada de mestre que Fox faria. E a julgar por relatos da mídia americana, esse lance não foi obra do acaso. Fox sabia xeretar.

Em uma reportagem publicada na edição de 8 de julho da revista "The New Yorker", assinada por Patrick Radden Keefe, sob o título "Buried Secrets" ("Segredos Enterrados"), Fox é apresentado como um homem que fala baixo e pronuncia cada sílaba. Keefe relata que o investigador havia lhe dito que bateu ponto no Departamento de Estado americano e passara algum tempo como oficial de serviço estrangeiro na África. A matéria afirma que, de acordo com o livro "Broker, Trader, Lawyer, Spy", de Eamon Javers, Fox trabalhou para a CIA. Keefe aponta que Horton fora contratado por Alpha Condé por indicação de George Soros.

Com tais habilidades, Fox conseguiu que dois franceses o levassem para um encontro com Frédéric Cilins, o homem que abriu as portas da Guiné e do governo para a BSGR. Um deles era Denis Thirouin, que atuara como consultor da Vale na Guiné antes da formação da VBG. O outro era Michel Billard de la Motte. Os dois haviam trabalhado por décadas em mineração na Guiné e integravam os quadros da Stratégies et Développement, uma empresa de consultoria sediada em Paris. Stephen Fox não menciona se a Stratégies et Développement foi contratada para a tarefa, nem se isso aconteceu ou quanto ela recebeu por seus serviços.

Primeiro, Thiroin e la Motte foram até os arredores de Nice para explicar a Cilins o que a Veracity queria entender sobre o papel dele na aquisição das licenças de mineração da BSGR na Guiné. Cilins ainda estava a serviço de Benjamin Steinmetz quando conversou com a Veracity e avisou ao chefe que iria se reunir com um representante da empresa. O encontro aconteceu em Paris no dia 5 de outubro de 2011. Além de Cilins e Fox, Thiroin e de la Motte também estavam presentes. O papo durou 2h15min e ainda se estendeu por um almoço de 1h30.

Se o relatório de Stephen Fox tiver sido fiel ao que ele ouviu, o que Frédéric Cilins contou é de arrepiar os cabelos. Quando ele começou a trabalhar para a empresa, em 2005, a BSGR era completamente desconhecida na Guiné. E esse era um obstáculo importante. Quando se mencionava o acrônimo da empresa, os guineanos a confundiam com BRGM, sigla de Bureau de Recherches Géologiques et Minières (Gabinete de Pesquisas Geológicas e Minerais), um braço do governo francês fundado em 1959 que havia elaborado todos os mapas da Guiné.

Pode-se dizer que o método que Frédéric Cilins usou para tornar a BSGR conhecida foi heterodoxo. O francês, o Papai Noel de Conacri, era conhecido por presentear funcionários do Novotel Ghi, onde se hospedava, em troca de acesso a documentos que as empresas de mineração enviavam e recebiam por fax no hotel. Fazia o mesmo com os funcionários do governo da Guiné. "Ele convidava seus contatos para drinks e almoços e distribuía pequenas quantidades de dinheiro a eles por 'seus serviços'", escreveu Stephen Fox em seu relatório para Horton sobre Cilins.

Cabe ponderar que esse é o relato de Cilins reproduzido por Stephen Fox para seus clientes. Não é possível saber se foi realmente o francês quem plantou a semente da discórdia contra a Rio Tinto no governo da Guiné – ou se apenas forneceu adubo e água a um broto que estava nascendo. Não se pode descartar as hipóteses de Cilins estar se vangloriando ou de Fox ter pintado o quadro com tintas mais carregadas para satisfazer seus chefes.

Qualquer que seja o caso, é preciso admitir que Cilins parece ter encontrado uma estratégia eficiente para atingir seu objetivo. Logo depois de desacreditar os esforços da Rio Tinto, o francês disse ao funcionário do Ministério de Minas que representava uma empresa, a BSGR, que estava interessada em trabalhar de verdade na Guiné e que gostaria de apresentá-la aos tomadores de decisão no país.

No momento em que distribuía presentes, dinheiro e falava mal da Rio Tinto, Cilins agia como um lobista ousado, mas não possuía vínculo empregatício com a BSGR. O relato de Fox não menciona se os executivos da BSGR tinham conhecimento de seus métodos pouco republicanos, nem se os tinha aprovado. Segundo Cilins, ele pretendia ser remunerado em caso de sucesso, com um pedaço do negócio, o que de fato aconteceu.

Depois de alguns meses construindo relacionamentos, Cilins entendeu que uma única pessoa mandava de verdade na Guiné: o autocrata Lansana Conté. Como ele era fonte decisória exclusiva, segundo o francês, havia histórias de que alguns pagavam até US$ 20 mil ao secretário-geral da Presidência apenas para ter acesso ao presidente.

Cilins conseguiu entrar no gabinete de Lansana Conté com a ajuda do jornalista Ibrahima Sory Touré, o meio-irmão de Mamadie Touré, a autointitulada quarta esposa do então presidente. Nesse encontro, Conté não só deu atenção a tudo o que Cilins lhe falou sobre a lentidão dos trabalhos em Simandou e da disposição da BSGR de extrair minério rapidamente como pediu providências a favor da empresa ao então ministro de Minas, Ahmed Tidiane Souaré. Chegou até a emprestar seu helicóptero para a BSGR. O texto de Stephen Fox não menciona o valor da presença de Ibrahima Sory Touré nesse encontro, mas pode-se depreender que Lansana Conté fez o que fez para Cilins porque transferiu a ele uma confiança que deveria depositar no meio-irmão de Mamadie.

A BSGR passou a paparicar o autocrata guineano. Roy Oron, que deixaria a presidência da companhia em 2010, presentou

Conté com um relógio com diamantes encravados. Frédéric Cilins e Michel Billard de la Motte estimaram que o relógio custaria algo entre US$ 2 mil e US$ 3 mil, mas, com os diamantes, poderia alcançar US$ 60 mil. Na sua origem, a família Steinmetz era negociadora de diamantes e esse tipo de joia era uma de suas especialidades. Conté agradeceu com uma cobrança.

— Quero ver como vocês vão trabalhar no norte e no sul dos blocos (de Simandou).

Não foi o único presente vistoso que o presidente recebeu da BSGR. Frédéric Cilins recordou que, em meados de 2005, Roy Oron voltou à Guiné com uma miniatura de um carro de Fórmula 1 coberto de diamantes e protegido por caixa de plexiglass, material usado nas janelas de avião. Na época, a BSGR patrocinava uma equipe de Fórmula 1, a Jaguar, e a réplica foi presenteada ao ministro de Minas numa cerimônia transmitida pela televisão.

Frédéric Cilins e Ibrahima Sory Touré pareciam duas faces da mesma moeda. Cilins tinha os contatos com a BSGR e introduziu seus executivos na Guiné. Como nenhum deles falava francês, serviu de intérprete, arranjou acomodações e até serviu como segurança. Cilins conta que Roy Oron tinha medo de que algo lhe acontecesse em Conacri e uma vez se recusou a sair do avião até que seu parceiro francês foi buscá-lo dentro da aeronave. Já Touré era a chave para o governo da Guiné

Parece óbvia, portanto, a razão pela qual a BSGR quis embarcar os dois em seu time. Cilins foi convidado para ser diretor-geral da BSGR na Guiné. Recusou e Asher Avidan foi despachado para Conacri em seu lugar. Touré foi convidado para responder pelas relações públicas da empresa, aceitou e chegou ao cargo de vice-presidente.

É difícil entender à luz de hoje por que Frédéric Cilins, um homem tão esperto quanto habilidoso, aceitou se encontrar com Stephen Fox, Denis Thirouin e Michel Ballard de la Motte em Paris para ter uma conversa tão desabrida sobre seus métodos de trabalho.É claro que, então, Cilins deve ter impressionado seus interlocutores – e ainda causa admiração a quem lê o documento de Stephen Fox. Afinal, ele assoma no relato como um misto de homem de negócios e de espião saído dos livros de John Le Carré e Ian Fleming. É ousado no contato com as autoridades, astuto na criação de estratégias, habilidoso nas relações pessoais e envelopa isso tudo com o charme de bon vivant.

Até aí, tudo bem. Adão e Eva também foram expulsos do paraíso por vaidade. Mas permanece um mistério: o motivo que o levou a fazer confidências a um potencial adversário e a contar detalhes que posteriormente poderiam ser usados contra a empresa que representava e, no fim, contra ele mesmo. Da mesma forma que é omisso sobre a eventual remuneração dos serviços da Stratégies et Développement, o documento de Stephen Fox não faz qualquer referência a vantagens recebidas por Cilins.

No início de seu relatório, Stephen Fox conta que, na véspera do encontro com Frédéric Cilins, o sueco Dag Cramer, seu conhecido de décadas, entrou em contato por mensagem de texto e por e-mail. Disse que tinha um trabalho para a Veracity e o convidou para um encontro em Londres. Por e-mail, Fox respondeu que não estava disponível.

O texto de Stephen Fox é arrasador. À primeira vista, parece uma pá de cal a respeito da versão da BSGR sobre sua atuação na Guiné. Só não esclarece uma coisa: por que um homem inteligente, safo e hábil como Frédéric Cilins sairia da Côte d'Arzur e iria até Paris para dar um depoimento que o incrimina até a raiz dos cabelos? Por que Michel Billard de la Motte, que atuara na Guiné, e Denis Thirouin, ex-Vale, participaram dessa cena? O que esses homens, que sobreviveram às arriscadas condições dos negócios africanos, ganhariam com isso? O documento da Veracity Worldwide não responde a essas questões, e elas são fulcrais.

Essa não é a única fragilidade no documento de Fox. O próprio Cilins também escreveu um relatório desse encontro. Enviou para si mesmo o arquivo de pouco mais de duas páginas de word em um anexo de e-mail. Na manhã do dia seguinte, viajaria para a Itália, mas antes, às 2h32, despacharia o e-mail para seu sócio Michael Noy contando sua versão do que teria acontecido.

No assunto do e-mail, lê-se "rdv paris". Depreende-se que "rdv" substitui "rendez-vous", a palavra que significa encontro em francês. As duas versões têm pontos em comum. Cilins confirma que foi procurado em Cannes, que fica próxima a Nice, por Michel Billard de la Motte e Denis Thirouin, que foi a Paris, que se encontrou com Stephen Fox na Strátegies et Développement, que falou sobre sua atividade na Guiné e que os quatro almoçaram juntos. Todo o resto é exatamente o contrário do que está no relatório da Veracity.

O texto de Cilins começa desenhando o cenário do conflito entre a VBG e o governo Alpha Condé. Claramente reproduzindo o que lhe disse Fox, ele contou que Condé havia dito em duas visitas aos Estados Unidos que as licenças da BSGR haviam sido obtidas por meio de corrupção do mais alto nível do governo da Guiné. Segundo ele, Condé contratou um escritório de advocacia na última viagem aos Estados Unidos para averiguar como a BSGR chegou à Guiné, como ela obteve suas primeiras licenças e como atravessou as presidências de Moussa Dadis Camara e de Sékuba Konaté. Esse escritório foi o DLA Piper, que terceirizou a investigação para a Veracity Worldwide.

Stephen Fox identificou Cilins como a origem da entrada da BSGR na Guiné. A seu sócio, Cilins contou que a aproximação foi feita por Michel Billard de la Motte e um de seus colaboradores. Não mencionou o nome de Denis Thirouin, mas declinou o da Stratégies et Développement. A dupla pediu a Cilins que se encontrasse em Paris com o americano e ele topou. Na capital francesa, Fox tomou a palavra, explicou sua missão e pediu que Cilins esclarecesse como a BSGR entrou na Guiné e sobretudo como obteve suas licenças de exploração mineral. No e-mail, Cilins esquematizou sua resposta em cinco pontos iniciados com travessão.

No primeiro, pontuou que a BSGR queria os blocos 1 e 2 de Simandou e as áreas sul e norte da reserva mineral. No segundo, disse que a melhor prova foi que, para a surpresa geral, Roy Oron, presidente da BSGR quando a empresa deu seus primeiros passos na Guiné, deixou Conacri sem querer assinar um protocolo de acordo para a prospecção das áreas sul e norte de Simandou. No terceiro, contou que a o acordo somente foi assinado por Roy Oron na sua visita seguinte à capital da Guiné. No quarto, declarou que nem Lansana Conté nem qualquer pessoa de seu entourage jamais pediu dinheiro à BSGR. Na quinta, afirmou que BSGR iniciou imediatamente a prospecção das áreas norte e sul de Simandou, que Conté constatou a evolução das atividades nesses locais e lhe repassou as concessões que pertenciam à Rio Tinto.

Segundo Frédéric Cilins, Stephen Fox ficou muito surpreso. Disse que não havia vestígio do tal protocolo de acordo assinado por Roy Oron nos arquivos do governo e que gostaria de ter uma cópia do documento. Fox também questionou Cilins sobre pessoas das quais ele nunca tinha ouvido falar. Na sequência, o francês reconheceu que havia "muitas histórias bastante malucas" em torno da BSGR e seu ingresso na Guiné.

O assunto passou então às gestões presidenciais de Moussa Dadis Camara e de Sékouba Konaté. Cilins ressalvou que não estava mais a frente dos acontecimentos nessa época, mas que tanto a BSGR quanto os outros grupos empresariais em atuação na Guiné procuraram encontrar um interlocutor para finalizar os acordos cuja conclusão ficara pendente com o fim da era Lansana Conté. Fox aludiu a possibilidade de ter havido corrupção. Cilins respondeu que era improvável, dada a quantidade de pessoas envolvidas, o então primeiro-ministro Jean-Marie Doré e o presidente interino Konaté. "Esse não se assemelha a um cenário de corrupção", escreveu Cilins. De acordo com seu relato, Michel Billard de la Motte confirmou a sequência dos fatos e "Steven não fez nenhum comentário suplementar".

Cilins entendeu que Alpha Condé, mencionado como AC, e seus advogados questionam a legitimidade para firmar um compromisso da envergadura da exploração de Simandou. O francês relata que foram todos almoçar e que Fox se despediu parecendo satisfeito com o encontro. Depois que o americano deixou o grupo, Cilins e Michel Billard de la Motte voltaram para o escritório da Stratégies et Développement. O restante dessa conversa também foi importante.

Billard de la Motte disse ter proximidade com um antigo assessor do ex-presidente Valery Giscard d'Estaing e que este era um "amigo próximo de muito longa data de AC". Parece evidente que o chefe da Stratégies et Développement se referia à François de Combret e Cilins entendeu que ele estava sendo indicado para intermediar a solução do conflito entre o governo da Guiné e a VBG. Em seguida, explicou o problema.

"AC" via a BSGR como uma empresa oportunista que obtivera suas licenças por meio de corrupção, pretendia levantar o máximo de dinheiro possível com elas e, em seguida, deixar a Guiné. Isso Alpha Condé estava decidido a não deixar acontecer. "Ele deseja romper o contrato com a BSGR e se reaproximar da Vale para retomar o projeto (para informação Vale está em reunião há dois dias com o ministro de Minas em Conacri para tratar desse assunto)", escreveu Cilins em francês.

As informações seguintes de Cilins são ainda mais intrigantes. Aparentemente, Billard de la Motte passou três mensagens ao presidente Alpha Condé em nome da BSGR:

- A BSGR ingressou na Guiné e obteve suas licenças minerárias sem apelar para corrupção;

- O contrato firmado entre a Vale e a BSGR é forte e não permite que as duas empresas se dissociem. Não é possível excluir uma empresa e ficar com a outra; e

- A BSGR não quer sair da Guiné de forma alguma e pode, inclusive, entrar em outros projetos, se chegar bom termo com o governo local.

Sem se despedir, Cilins terminou o texto prevendo que haverá uma reação do governo da Guiné e defendendo que reforce as três mensagens de Billard de la Motte ao governo da Guiné. Incluídos em um dos processos judiciais abertos sobre o caso na Europa, o e-mail e seu anexo foram fornecidos por Cilins para embasar este livro e dar suporte à sua versão dos fatos.

O que se pode dizer com certeza é que ele foi, de fato, procurado por dois executivos da Stratégies et Developpement em Cannes, foi a Paris, conversou com Stephen Fox na frente dos executivos e eles almoçaram juntos. Em tudo mais, o relatório da Veracity é exatamente o contrário do que diz Cilins. Não há meio termo possível: ou um é totalmente mentiroso ou o outro é. Cabe ao leitor – e às autoridades – escolher em que versão acreditar.

Como já foi dito, o espetacular relato de Stephen Fox falha em declinar os motivos pelos quais Cilins teria viajado para dar um depoimento que o incriminaria e por que Billard de la Motte e Thirouin teriam participado disso. Em nenhum momento fala que esse encontro ou relato foi comissionado. O e-mail de Cilins deixa em aberto outras questões. Cilins era sócio de Michael Noy e Avran Le Ran na Pentler e, por meio dela, da operação da BSGR na Guiné. Presume-se que eram próximos. Por que Cilins não telefonou para Noy para contar o que tinha acontecido? Por que não escreveu tudo isso no corpo do e-mail, como faziam os executivos da Vale? Por que fez um relato tão circunstanciado, enviou para si mesmo num arquivo anexo e para o sócio só nas primeiras horas do dia seguinte? Estava deixando um registro para os tribunais? Salta aos olhos ele se referir ao dia do encontro como "5/10", e não "hoje" ou "ontem". Quem faz isso em um e-mail para um sócio? O único erro aparente de Cilins é chamar Stephen Fox de Steven – e isso conta a favor da legitimidade ao documento.

A verdade pode estar com Cilins ou com a Veracity, mas quem ganhou esse lance foi Stephen Fox. O documento da Veracity chegou à imprensa. O de Cilins estava escondido na pilha de provas dos processos judiciais até a publicação deste livro. A Veracity impôs a sua versão ao mundo porque tinha a seu lado Scott Horton, o advogado de George Soros. Os dois sabem manejar as peças do tabuleiro da opinião pública. Estão no topo do quem é quem internacional. O sociólogo americano C. Wright Mills poderia escrever um capítulo do clássico The Power Elite com base na atuação da dupla. Com a justificativa de salvar um povo africano depauperado, o advogado impôs sua versão com a força do elefante – assim como o personagem de Dr. Seuss que protagoniza Horton e o Mundo dos Quem.

XV. "VAMOS TENTAR INICIAR O DIVÓRCIO"

O novo presidente da Vale estava em seu escritório no Rio de Janeiro quando soube que o magnata George Soros estava ao telefone. Naquela segunda-feira, Murilo Ferreira completava sua segunda semana no cargo. Eram 18 horas e estava fresco no Rio. A temperatura iria subir dentro do gabinete da Vale e não havia ar-condicionado capaz de dar conta. Ele atendeu a ligação. Do outro lado da linha, Soros lhe disse que estava trabalhando com presidente da Guiné, Alpha Condé, e cumpria uma missão. Condé o orientou a entrar em contato com o CEO recém-empossado na Vale e reforçar o interesse da Guiné em manter e desenvolver sua relação com a Vale. Ferreira respondeu que a companhia estava pronta para continuar o projeto e compartilhar a experiência brasileira em mineração. Aí, vieram as bombas.

Soros disparou: o presidente Alpha Condé não reconhece o contrato com Benjamin Steinmetz, a quem o megainvestidor tratou como "dealer" e que Murilo Ferreira traduziu como "negociante". Não é um termo lisonjeiro para definir um empresário. Todas essas informações estavam em negrito em um e-mail enviado minutos depois do telefonema para Eduardo Ledsham, José Carlos Martins, Vania Somavilla, Guilherme Cavalcanti, Mário Barbosa, Tito Martins e Eduardo Bartolomeo, o atual presidente da Vale. Aparentemente, Murilo Ferreira conferiu menos importância à informação seguinte: havia uma investigação em curso contra Steinmetz e a VBG. Para ele, o relevante era que a relação com a Vale não deveria "ser afetada pelo resultado da investigação". Isso também estava grafado em negrito.

A consequência óbvia da conversa com Soros vinha a seguir. O megainvestidor, falando em nome da Guiné, dizia que era necessário abrir "um canal paralelo de negociação" (também em negrito). A mensagem sedutora de Soros podia ser traduzida da seguinte forma: era preciso transformar Steinmetz em um marido traído. Se a Vale topasse, poderia seguir na festa da Guiné. Caso contrário, seguiria de mãos dadas com o cônjuge pela porta da rua.

Murilo Ferreira respondeu que via necessidade de se reunir com o governo guineano para discutir o futuro do projeto no país. Soros perguntou como isso aconteceria. Ferreira garantiu que mandaria "pessoas-chave para discutir a fundo os principais pontos de interesse", que poderia ir à Guiné ou, se Alpha Condé preferisse, poderia vir ele mesmo ao Brasil. Frisou ainda que a Vale gostaria de saber os termos e condições negociadas pela Guiné com a Rio Tinto. Para quem lê o e-mail à luz de hoje, não está claro se Murilo Ferreira conhecia o boato de que a Rio Tinto teria pagado US$ 700 milhões para manter as licenças que já tinha para explorar os blocos 3 e 4 de Simandou. A sequência indica que é mais provável que Ferreira não soubesse.

George Soros se comprometeu em repassar as mensagens do presidente da Vale a Alpha Condé. Em seguida, engatou outro assunto delicado: a logística. "Presidente Condé não vê com bons olhos a saída pela Libéria", escreveu Ferreira para seus funcionários, com o negrito com que destacava as frases mais relevantes de Soros. Nesse quesito, o megainvestidor disse defender a posição da Vale. Afirma ter buscado explicar a necessidade de uma rota mais curta. "Crê que está fazendo progresso", contou Ferreira. A Rio Tinto entrou de novo na conversa. Soros disse que a companhia anglo-australiana aceitara fazer o transporte por Conacri e que isso poderia melhorar a situação negocial da Vale, porque o país poderia ter duas rotas diferentes de escoamento. Um dos dois ressaltou que a Guiné ganharia mais em royalties se aceitasse a saída pela Libéria. Ferreira sublinhou que ter um porto de águas profundas era essencial para o negócio de minério de ferro e as condições geográficas determinavam que esses postos ficassem na Libéria. Ressalvou, porém, que a

Vale estava pronta para discutir os pontos de preocupação, mostrar seus estudos ao governo num "diálogo franco e construtivo". Por fim, Soros reconheceu que uma discussão sobre a questão logística era útil, porque a Guiné não havia decidido o plano de escoamento.

Aparentemente, foi nesse momento que Murilo Ferreira começou a tomar ciência da gravidade da situação na Guiné. Eduardo Ledsham respondeu o e-mail relatando a conversa que ele e Roger Agnelli haviam tido com Soros na casa dele em Londres, no princípio de março. Mencionou os US$ 250 milhões cobrados pelo magnata primeiramente para confirmar os direitos cedidos à VBG pelos governos anteriores da Guiné e que, uma semana depois, Soros passou a dizer que os US$ 250 milhões eram necessários apenas para se sentar à mesa com o governo local. Ou seja, era o preço salgado a se pagar para entrar na festinha de Alpha Condé. Ledsham disse a Murilo Ferreira que desconfiava do mandato de Soros para falar em nome do presidente da Guiné, embora reconhecesse que os dois eram próximos.

Na sequência, Ledsham mostrou que continuava em contato com os sócios israelenses e bem informado a respeito dos seus próximos passos. Segundo ele, "Le Professeur" teria uma reunião com a BSGR para tratar de impostos. Disse também que a então presidente da Libéria, Ellen Johnson-Sirleaf, gostaria de ter uma reunião com a Vale no início da semana seguinte para tratar do acordo de escoamento do minério de Zogota e de Simandou 1 e 2 pelo porto de Buchanan. A presidente queria assinar logo o acordo.

O mineiro Murilo Ferreira percebeu que tinha um abacaxi enorme para descascar. Seu currículo exibia as melhores credenciais possíveis para suceder a Roger Agnelli. Era um executivo para lá de experiente no mundo da mineração. Já presidira a Alunorte, a Albras e a Mineração Vera Cruz. Tinha participado dos conselhos daMineração Rio do Norte, da Valesul Alumínio, da Usiminas, da Vale New Caledonia e da indonésia PT Inco. Fora da própria Vale entre 1998 e 2008. Chegou a diretor da Vale do Rio Doce Alumínio e a presidente da Vale Inco, no Canadá. Sua relação com Roger Agnelli se deteriorou e ele deixou a empresa.

Substituí-lo não deixava de ser uma volta por cima, mas não havia currículo nem simpatia que evitasse a desconfiança dos formadores de opinião no Brasil. Agnelli tinha fama de Midas. Levara a Vale ao topo do mundo. Tomara decisões polêmicas e, como se vê neste livro, absolutamente questionáveis. Mas a imprensa entendeu que ele perdera o cargo pelos motivos errados. Supunha-se que ele fora bombardeado porque não aceitara subordinar os interesses comerciais da empresa – ou seja, dos acionistas – às veleidades dos governantes petistas, que viam a Vale como uma empresa paraestatal e a queriam embarcada num projeto populista. Já se sabe que não houve uma razão única para a substituição de Agnelli.

Em todos os lugares, a opinião pública tende a ser maniqueísta. Constrói heróis e vilões com traços mais simples. A realidade é sempre mais complexa e tende a estar mais para tons de cinza do que preto ou branco. Murilo Ferreira jamais angariaria admiração semelhante à obtida por Roger Agnelli. Mas demonstrou discrição e habilidade em conduzir uma confusão que envolvia celebridades internacionais, presidentes estrangeiros, serviços de inteligência, espiões privados, supostas tentativas de golpes de estado, além de denúncias de corrupção nos mais variados níveis.

Um mês depois que o abacaxi caiu no seu colo, Ferreira se preparou para um encontro com Alpha Condé em Conacri. A comitiva da Vale embarcou no dia 18 de julho. Antes, a empresa se mobilizou para preparar dois dossiês para municiar o presidente: um documento que recebeu o sugestivo apelido de mega análise e um arquivo em PowerPoint. Uma parte deste último texto tratava dos cenários de negociação e fora elaborado pelos executivos Alex Monteiro e Paulo Bergman, que partilhavam não apenas a autoria como o desapreço pela turma da BSGR. A outra parte compreendia uma análise da conjuntura da Guiné e os desafios de Alpha Condé.

A Vale pretendia que as conversas com Alpha Condé não mergulhassem em minudências das negociações. Ao contrário, tinham a expectativa de fazer um movimento político que facilitasse os entendimentos com o governo de "Le Professeur".

O PPT de treze slides recebeu o título "Projeto Simandou – Cenários para Negociação com GoG". GoG é a abreviação em inglês para governo da Guiné. Não era incomum que os documentos da Vale aparecessem parte em português e parte em inglês. O Projeto Simandou é assim. A primeira seção é em português e tem oito páginas. A segunda é em inglês, tem cinco páginas e recebe a tarja "CONFIDENTIAL". O termo está mal colocado. A parte que realmente interessa está escrita no idioma pátrio.

É difícil ter acesso aos documentos mencionados neste livro sem deixar de admirar Alex Monteiro. Mais uma vez, ele parece preciso, claro e profundo na abordagem dos desafios da Vale. Os slides que ele e Paulo Bergman prepararam para Murilo Ferreira sugerem dois caminhos diferentes para a negociação com o governo da Guiné. Um deles é aguardar o novo Código Mineral da Guiné e tentar reduzir os danos a partir da sua publicação.

O segundo sugere trajetória oposta. A Vale deveria fechar um acordo com a administração Alpha Condé antes da divulgação do novo código. Monteiro e Bergman expõem quatro cenários diferentes. O mais benigno inclui a validação dos acordos negociados pela BSGR sobre Zogota e os blocos 1 e 2 de Simandou com saídas pela Libéria. No quarto e pior cenário, a Vale seria obrigada aceitar um pacote fiscal mais duro sobre Zogota, com o qual a Rio Tinto já concordara, e engoliria a saída do minério pelo porto de Conacri. O segundo e terceiro cenários ficam entre esses dois extremos.

Monteiro e Bergman dedicaram quatro slides à descrição da situação política na Guiné. Os dois primeiros formam um "quem é quem" no país. As pessoas mais influentes são descritas e analisadas uma a uma. Os dois últimos fazem uma radiografia do front externo. Soros sozinho aparece no mesmo nível de influência que a França, a Rússia e os organismos multilaterais. Na verdade, os autores lhe atribuíram prestígio ainda maior, porque o apresentaram antes dos demais. Monteiro e Bergman apontam duas possíveis conexões com Soros. Ambas estão relacionadas ao Vale Columbia Center (VCC), braço da universidade nova-iorquina de Columbia patrocinado pela mineradora brasileira. Karin Lissakers, do Revenue Watch Institute, integrava o conselho da VCC. O famoso economista Jeffrey Sachs, amigo de Soros, era vice-presidente do Vale Columbia Center.

O documento também alerta para as conexões francesas de Soros. Segundo o texto, Alpha Condé tinha como confidente Bernard Kouchner, ex-ministro das Relações Exteriores da França. Militante comunista na juventude, Kouchner teria ajudado Soros a fincar bandeira na Guiné. Outro amigo de Kouchner com influência na Guiné seria o megaempresário Vincent Bolloré. Multibilionário, Bolloré pertence a uma das famílias mais influentes da França. Seu pai era amigo do ex-presidente Georges Pompidou e ele mesmo manteria relação de amizade com Nicolas Sarkozy.

O slide menciona o fato de que, após uma visita de Kochner e Bolloré a Conacri, o empresário ganhou o direito de reformar e operar o porto da Guiné. "A concessão acabou gerando um processo judicial na França, pois um consórcio liderado por outra empresa francesa, a NCT Necotrans, havia ganhado a concessão anteriormente, mas a perdeu mais tarde de modo pouco transparente", relatam Monteiro e Bergman. O caso trouxe grande constrangimento a Bolloré. Em 2018, ele chegou a ser detido e passou a responder a um processo por corrupção na justiça francesa.

Os registros da preparação da reunião de Murilo Ferreira com Alpha Condé são mais ricos do que os relatos posteriores ao encontro. Sabe-se que ele de fato ocorreu. Um e-mail enviado por Pedro Rodrigues em 30 de julho de 2011 a Eduardo Ledsham o comprova. Não fornece tantas informações quanto os anteriores, mas as notícias que ele contém são bombásticas. Pedro Rodrigues relata que somente Murilo Ferreira e Rafael Benke, diretor de assuntos corporativos, haviam participado do encontro. O próprio Pedro Rodrigues teve um relato de segunda mão, feito por Ricardo Saad.

Não é possível saber com que riqueza de detalhes Ricardo Saad relatou a reunião de "Le Professeur" com a Vale, mas Pedro Rodrigues passou duas informações essenciais a Ledsham. A primeira: a Vale teria de esquecer a saída pela Libéria. A viabilidade econômica do projeto estava, portanto, comprometida. Para relatar a segunda é melhor usar as palavras do próprio Pedro Rodrigues: "não quer o sócio". O casamento celebrado por Roger Agnelli e Eduardo Ledsham catorze meses antes tinha tomado o caminho do vinagre.

O relacionamento das duas empresas azedaria no momento seguinte. A Vale procurou ser sincera com o seu sócio. "Posteriormente, tive um call com o Asher e Beny. Falamos para eles da mesma forma que mencionei aqui", descreveu Pedro Rodrigues. A reação do bilionário israelense não foi das melhores. "Beny estava furioso e disse que vai brigar", relatou. O passo seguinte seria uma reunião na primeira semana de agosto. Pedro Rodrigues sugeriu que se encontrassem em Londres. Steinmetz descartou. Queria fazer o encontro em Nice, na Côte d'Azur. Pedro Rodrigues não gostou. "Acho que não devo ir. Vamos deixar eles suarem", contou, como se quisesse ouvir a opinião do colega.

Não restava dúvida sobre que caminho a Vale pretendia seguir. Pedro Rodrigues foi claro: "Vamos tentar iniciar o divórcio. Only God knows..." É compreensível que Ledsham tenha sentido um baque ao ler o texto. O núcleo de poder na Vale era outro. Eduardo Ledsham não era mais o homem forte, visto pelos executivos da BSGR como braço direto de Roger Agnelli. Ele seria presença garantida numa reunião desse nível na gestão Agnelli. Com Murilo Ferreira, teve de saber das decisões por terceira mão. Como costuma acontecer no mundo corporativo, ele mantinha o cargo, mas não detinha mais a força de outrora. O ostracismo de Ledsham ainda não tinha sido percebido pela BSGR, que continuava a procurá-lo em busca de informações. Steinmetz tentara contato com

Ledsham em busca de informações três dias antes. Só agora ele teria algo para dizer ao israelense. Ledsham estava fora do jogo, ao menos momentaneamente.

A nova administração da Vale fora pressionada a escolher entre o sócio israelense e o governo da Guiné, dono das reservas de minério de ferro e que lhe pressionava a dar mais dinheiro para permanecer no jogo. As negociações com Alpha Condé continuariam. Rafael Benke, um advogado jovem e com aspecto de quem acabou de sair do banho, falaria por telefone com o filho de Le Professeur. A conversa com Mohamed Condé foi meio travada. Benke entendeu que seu interlocutor tinha medo de ser grampeado. O executivo da Vale reagiu de acordo. Depois, reportou a conversa para os novos responsáveis por Simandou na Vale: Pedro Rodrigues, Ricardo Saad e Márcio Senne. O relato é tão positivo quanto errado.

Em suma, Benke entendeu que estava tudo "progredindo bem", que Condé era favorável à saída pela Libéria, que estava sendo convencido, conversaria sobre o assunto com os outros países da região e que gostaria de falar de novo pessoalmente com Murilo Ferreira. Ou Benke entendeu tudo errado ou algo desandou depois disso. A parte mais precisa do relato envolve a BSGR. Nesse caso, não havia espaço para dúvida. A BSGR "vem fazendo muita pressão, também utilizando intermediários". Para quem conhece algo de relações governamentais, a expressão "pressão" é sempre mencionada numa acepção negativa. Se fosse bom, era convencimento. "Pressão" significa apenas chateação. O uso de "intermediários" não melhora o caso.

Mohamed Condé afirmou que seu pai estaria disposto a receber Benjamin Steinmetz, mas não deu nenhuma indicação de que o empresário conseguiria melhorar sua situação. Ao contrário. Mohamed Condé cobrou uma posição da Vale sobre seu sócio antes que Steinmetz pudesse ser admitido no palácio presidencial. Queria a resposta logo, mas foi elegante. "No tempo que nos for possível", disse Benke a seus colegas.

Enquanto seu sonho de Simandou ganhava os contornos de um pesadelo, a Vale via outras portas se abrirem no Brasil. Em janeiro de 2012, a mineradora obteve a licença ambiental necessária para exploração de uma parte importante da Serra Norte de Carajás. A área N5 Sul, parte da mina N5, é o caviar beluga do minério de ferro. Tem as melhores reservas com maior concentração do metal de todo o portfólio da Vale e qualidade suficiente para garantir ao Brasil uma posição de destaque no cenário mundial por muitos anos.

Como a maioria das notícias em relação à Vale, o anúncio não causou grandes comoções na imprensa nacional, que se restringiu a divulgar o comunicado escrito pela própria empresa em um press release. Mas o pessoal da mineradora sabia o que isso significaria. Seria um novo campo para extrair minério de alta qualidade sem os riscos políticos, jurídicos e de imagem associados à investida africana. Se abria a oportunidade de uma saída de Simandou.

Em junho, a Vale teve outra boa notícia. O governo brasileiro concedeu as licenças ambientais para exploração da Serra Sul de Carajás. A Vale daria início ao seu maior projeto no Brasil, com investimento previsto de US$ 8 bilhões na mina e mais US$ 11,4 bilhões em logística para extrair 90 milhões de toneladas de minério por ano. Seria o maior projeto da história da mineradora, que nele pretendia empregar uma tecnologia inovadora livre de caminhões e sem o uso de água. Utilizando apenas a umidade natural, a Vale reduziu ao máximo a produção de rejeitos. Com o caminho livre na Serra Norte e na Serra Sul de Carajás, a empresa tinha um bom motivo para concentrar suas operações em território nacional, como desejava o governo Dilma Rousseff, em vez de continuar a briga pelas reservas da Guiné.

Roger Agnelli disse em seu depoimento à Corte de Arbitragem Internacional de Londres que um dos motivos pelos quais a Vale se interessou por Simandou se relacionava às restrições de exploração de Carajás. "Os regulares ambientais brasileiros tinham limitado as oportunidades de a Vale expandir as operações em Carajás ao não emitir as autorizações necessárias. Então, Simandou oferecia uma oportunidade de aumentar nossa produção a partir de outra fonte", explicou Agnelli. Em meados de 2012, as autoridades brasileiras retiraram as restrições.

Se o Brasil só dava boas notícias, a Guiné era uma constante fonte de decepção. A Vale se preparava para encerrar o contrato que tinha celebrado em 2010 com a Odebrecht para a construção da mina de Zogota. A empreiteira tinha sido contratada por US$ 49 milhões para fazer canteiros, terraplanagem, acessos e sondagens. Se tudo desse certo, a Odebrecht passaria de contratada a parceira estratégica da Vale na Guiné.

Logo os problemas começaram a aparecer. A Vale questionava a qualidade do trabalho da construtora e a Odebrecht reclamava dos pagamentos. Depois de inúmeras reclamações e reuniões, as duas empresas resolveram em maio de 2012 recorrer a uma arbitragem para resolver seus problemas e contrataram uma empresa externa para fazer a medição dos serviços efetivamente executados pela empreiteira. Quando essa empresa concluiu a medição, a Vale levou a pior. A Odebrecht tinha razão e a mineradora lhe devia US$ 64 milhões.

XVI. AS MANDINGAS DE MAMADIE

Como era de se esperar, Mamadie Touré, a autointitulada quarta mulher do presidente Lansana Conté, caiu em desgraça na Guiné depois que o ditador morreu. Após os tradicionais 40 dias de luto, Mamadie deixou a Guiné rumo à vizinha Serra Leoa. Depois de alguns meses no país, mudou-se para os Estados Unidos. Em 2012, fixou residência em Jacksonville, na Flórida, levando consigo milhões de dólares. Mas sua paz não foi duradoura.

O governo da Guiné, já presidido por Alpha Condé, iniciou uma investigação sobre o suposto esquema de suborno envolvendo a BSGR naquele mesmo ano. Até o assunto resvalar em Mamadie Touré foi apenas uma questão de tempo. Em janeiro de 2013, o FBI encontrou indícios de irregularidades em transações bancárias que envolveram transferências de valores para contas bancárias de Mamadie em território americano. No mês seguinte, Mamadie começou a colaborar com as autoridades americanas em um processo criminal que tramitava no Grande Júri Federal de Manhattan.

A suposta quarta viúva do ditador africano firmou um acordo com o DoJ, o Departamento de Justiça americano. Assinou um contrato para delatar crimes em troca do abrandamento de pena. Mamadie confessou aos investigadores ter aceitado US$ 5,3 milhões em subornos que incluíram dinheiro, joias com diamantes e veículos como uma SUV Toyota Land Cruisers. Desde que passou a viver nos Estados Unidos, Mamadie recebeu pagamentos de pessoas investigadas por corrupção e propina. Encrencou-se com o governo americano porque usou o sistema bancário daquele país. "(Mamadie) Touré lavou os pagamentos de suborno por meio do sistema financeiro dos

Estados Unidos, realizando várias transferências entre contas bancárias superiores a US$ 10 mil", escreveu o promotor Alex Loeb em uma das peças de acusação.

A ação judicial da qual consta a manifestação do promotor Loeb não faz menção a Benjamin Steinmetz ou à BSGR, mas há documentos relacionados à empresa nos autos. Mesmo assim, o relato de seis páginas que Mamadie Touré fez, e foi incluído no processo, é devastador.

Mamadie conta que foi apresentada à BSGR por um amigo de sua família, Fodé Soumah, então ministro da Juventude e Esportes. Na sequência, Soumah visitou Mamadie em Dubreka, a cidade natal dela e de Lansana Conté. Ele estava acompanhado de Frédéric Cilins, que relatou o interesse da BSGR em explorar as jazidas de minério de ferro da Guiné e disse, segundo Mamadie, que gostaria de aproximar a empresa do ditador da Guiné. De acordo com Mamadie, Cilins e Soumah disseram que a BSGR estava disposta a pagar US$ 12 milhões a ela, ministros e servidores públicos que a ajudassem a obter as licenças. "Isso ocorreria desde que o encontro com meu marido fosse bem-sucedido", disse a outrora bruxa no testemunho que apresentou ao FBI.

Mamadie diz ter feito diversos contratos com os representantes da BSGR. Em 2006, teria assinado um memorando de entendimentos que integra os autos do processo americano e teria sido levado por Cilins à sua casa em Dubreka. Pelo que se pode entender, a contraparte desses documentos era a Pentler Holdings, empresa que Cilins dividia com seus dois parceiros sul-africanos, Michael Noy e Avran Le Ran, que tinha feito o primeiro contato entre ele e a BSGR. Quando a jovem questionou a presença da Pentler, Cilins teria respondido que era uma empresa que agia em nome da BSGR.

Mamadie disse ao FBI que pediu a Conté que recebesse Cilins no palácio presidencial e o levou pessoalmente até o ditador. Durante a reunião, Conté chamou o ministro de Minas, Ahmed Tidiane Souaré, e determinou que ele encontrasse formas de ajudar

Cilinse a BSGR. Aparentemente, trata-se da mesma reunião narrada por Cilins em Paris para Stephen Fox, Michel Billard de la Motte e Denis Thirouin. Muitos dos demais encontros relatados por Mamadie Touré não aparecem mais em lugar nenhum dos documentos em que se amparam este livro. Depois desse contato, a BSGR entrou com um pedido de obtenção de licenças de exploração, mas elas não foram concedidas imediatamente.

De acordo com o depoimento de Mamadie, Frédéric Cilins lhe pediu para averiguar a razão do atraso na concessão das licenças. Ela diz ter cobrado providências de Souaré e que, em seguida, a BSGR obteve duas áreas, 'Simandou Blocos Norte e Sul'". "Uma vez que a BSGR recebeu os direitos de mineração para Simandou Norte e Sul, Cilins e meu irmão, Ibrahima Sory II Touré ("Ibrahima Touré"), me disseram que Beny Steinmetz viria em breve para a Guiné com o dinheiro". Mamadie disse ter providenciado, então, para que o empresário israelense conhecesse o presidente.

O encontro teria ocorrido no pátio do palácio. Segundo ela, estavam presentes Steinmetz, Marc Struik, Cilins, Michael Noy e Ibrahima Sory Touré. Ela mesma não teria participado. Tudo ia bem até que Frédéric Cilins cometeu uma gafe. "Cilins disse ao presidente que a BSGR queria comprar todos os diamantes que ele possuía", relatou Mamadie. A conversa com Conté azedou, mas Steinmetz, Struik, Cilins, Noy, Ibrahima Touré e Asher Avidan seguiram todos para Dubreka, onde a teriam encontrado na casa do autocrata.

Mamadie conta que Steinmetz lhe disse que estava feliz por ela ter auxiliado a BSGR a obter as licenças e precisava de mais ajuda para conquistar os blocos 1 e 2 de Simandou. Segundo ela, o empresário israelense chegou a lhe propor sociedade em caso de sucesso. "Steinmetz ofereceu-se para me dar cinco por cento do faturamento da BSGR na Guiné", declarou Mamadie. Conforme o relato, ao fim da reunião ela recebeu US$ 200 mil das mãos de seu meio-irmão, Ibrahima Touré. "Eu falei com o presidente Conté sobre os 200.000 dólares e ele me disse que era minha sorte", contou.

A jovem mencionou também ter participado da apresentação feita pela BSGR no Novotel Ghi, quando ela desfilou triunfalmente com seu boubou e turbante brancos. "Asher Avidan me convidou para a recepção porque se fôssemos vistos juntos, a BSGR receberia credibilidade", gabou-se. Ironicamente, a presença dela no evento foi usada como um indicativo de possíveis relações suspeitas entre as duas partes.

Em 2007, a BSGR ganhou direitos sobre jazidas de urânio. Na esteira, a Matinda, empresa de Mamadie Touré, celebrou um contrato com a BSGR pelo qual ela ficaria com 5% das operações da companhia de Benjamin Steinmetz na Guiné. Em sua colaboração com as autoridades americanas, Mamadie contou que a BSGR lutava pelos blocos 1 e 2 de Simandou. No início de 2008, Asher Avidan foi ao seu encontro na casa de Conté em Dubreka. Segundo ela, Avidan ligou para Benjamin Steinmetz e colocou o telefone no viva-voz para que Mamadie pudesse ouvi-lo. A negociação teria gerado mais um contrato da comissão e memorando de entendimentos. Por ele, Mamadie receberia US$ 2 milhões se a BSGR obtivesse as licenças dos blocos 1 e 2 de Simandou.

Segundo Mamadie Touré, Steinmetz, Struik e Cilins foram ao sítio de Conté em Brameya para encontrar o ditador. Essa visita também aparece no testemunho prestado por Struik à Corte de Arbitragem Internacional de Londres. No relato de Struik, não era Steinmetz quem estava presente, mas Asher Avidan. Mamadie tomou o crédito da visita para si, afirmando que Conté só recebeu os executivos porque ela pediu. No seu testemunho, ela diz que presenciou o encontro. No de Struik, ela não estava presente. Ambos os relatos concordam que foi nesse momento que a BSGR entregou a Conté a miniatura do carro de Fórmula 1 encrustado de diamantes. Mas na versão de Mamadie, quem entrega o mimo é Steinmetz. Mamadie acusou Steinmetz de ter oferecido dinheiro a Conté, que, segundo ela, teria recusado a tentativa de suborno.

Mamadie afirmou ter levado Asher Avidan e Ibrahima Touré para mais uma reunião com o presidente. Nela, a própria Mamadie teria pedido ao ditador que entregasse os blocos 1 e 2 de Simandou à BSGR. Conforme seu relato, Conté teria então chamado Mamady Sam Soumah, secretário-geral da Presidência, e determinado que analisasse o contrato da Rio Tinto e avaliasse as possibilidades de transferência. Como a operação demorou, Mamadie e Avidan se reuniram novamente com Conté. Sam Soumah propôs compartilhar os quatro blocos entre quatro empresas. O ditador decidiu, porém, dividi-los entre a BSGR e Rio Tinto.

Nesse momento, Mamadie teria recebido novos presentes. Antes de ser assinado o decreto que subtraiu da Rio Tinto os blocos 1 e 2 de Simandou, a jovem disse ter recebido de Avidan dois automóveis Land Cruisers. "O presidente me disse para ficar com um Land Cruiser e dar o outro para seus filhos, que poderiam usá-lo durante as férias", afirmou Mamadie. Ela contou que Avidan também lhe deu um colar e uma corrente de ouro branco adornada com sete diamantes.

Ainda conforme o testemunho de Mamadie, Avidan continuou com as ofertas. Mamadie disse ao FBI que o executivo israelense pediu que ela fosse até o escritório da BSGR. Lá, Avidan teria lhe mostrado uma cama na qual havia espalhado cerca de US$ 1 milhão. Depois, teria colocado os valores em uma sacola e a entregado à Mamadie. Em seguida, Avidan pediu, segundo Mamadie, mais um encontro com o ditador. A reunião aconteceu e Conté disse a Avidan que um dia sua protegida seria expulsa da BSGR. O israelense respondeu que isso nunca aconteceria. Na sequência, o autocrata chamou o novo ministro de Minas, Louceny Nabe, e lhe orientou a repassar os blocos 1 e 2 de Simandou para a BSGR, o que de fato aconteceu no início de dezembro de 2008, dias antes da morte de Conté.

As pesadíssimas acusações de Mamadie teriam consequências dramáticas, mas ela foi além. Contou aos federais que Frédéric Cilins a teria dito por telefone que ela precisava destruir "com muita urgência" documentos que a vinculassem a pagamentos da empresa. Segundo ela, Cilins se ofereceu para pagar sua passagem de avião dos Estados Unidos para Conacri a fim de evitar que ela tivesse de responder às perguntas dos investigadores americanos. Atuando como delatora do FBI, Mamadie concordou em protagonizar uma ação controlada usando uma escuta a fim de que os federais pudessem produzir provas adicionais para o caso.

Os telefonemas de Mamadie com Cilins foram gravados por quase trinta dias, entre março e abril de 2013. A ex-bruxa que se dizia paranormal também concordou em usar um microfone oculto para registrar em áudio as conversas com o empresário francês. Elas foram transcritas e usadas como provas na investigação. Os diálogos de Cilins e Mamadié eram sempre longos, como mostram as transcrições literais juntadas aos autos da investigação do FBI.

Durante este diálogo telefônico, Cilins aparentemente sugere que Mamadie destrua arquivos e cópias de documentos que estabeleciam uma relação financeira entre ambos. Os dois falam também de uma pessoa de idade avançada que estaria com câncer. Repleta de interjeições, tentativas de Cilins de se mostrar íntimo, confiável e amistoso, a conversa foi captada em 15 de março de 2013.

— Ok. Então está tudo resolvido agora? –, pergunta Mamadie.

— Já está tudo acertado há muito tempo –, responde o francês, para logo depois se referir a um diálogo anterior. – Porque, logo depois, eu tinha... Não sei mais quem eu tinha ao telefone, mas depois não consegui mais falar com você. Então, deixei um recado. Eu tinha, bem, você sabe muito bem o quê. Você sabe bem. Não sei como você deseja organizar isso, mas não podemos fazer isso por telefone.

— Hum, hum –, concorda a moça, com o som alto de um televisor ao fundo.

Depois de tergiversar por alguns instantes, eles parecem voltar ao assunto.

— Então, aqui, e, depois de ouvir, caso contrário, nada mais. Lá, no nível da coisa, lá. Bem, acho que todo mundo sabe de qualquer maneira, mas descobri que o velho estava muito doente. Eu não sabia disso.

— Quem, quem está muito doente? –, interessa-se Mamadie, mas não fica claro de quem estão falando.

— O velho ali, o patrão ali. Ele tem, eu acho que ele tem câncer. E isso é muito sério.

— Sério?

— É muito sério. Sim.

— Sério?

— Sim, sim. Aparentemente ele tem, ele tem uma substância cancerígena ruim. Ele tem câncer forte e está preocupado. Pelo que eu sei, não vai durar – fofoca Cilins. - Ah. Bem, isso é uma notícia. É uma notícia que eu não tinha há muito tempo. E, quando falei sobre isso com a Cény, a Cény me disse que sabia disso. Então, eu não sabia. Achei que também você soubesse disso. Não sei, ou talvez Cény tenha entendido mal, não sei. Em qualquer caso, o que estou dizendo é uma certeza. O que estou dizendo é certo.

— Ele continua a se mover...

— Sim, continua. Bem, até agora continua. Até agora, ainda está lá. O que você quer fazer? Ele está sempre presente. Ok?

— Ok.

— Então, observe. Quer que lembremos quando corrigir isso? Você quer que nós lembremos, você pensa sobre isso e me diga amanhã o dia que lhe interessa?

— Ok—, concorda Mamadie.

— Ah? Você está assistindo isso? –, diz Cilins, referindo-se ao alto volume da TV.

— Ok. Ok.

— Ok, funciona.

— Você quer que eu vá com os arquivos ou (inaudível, registra o FBI)?

— É como você quiser. Se você quiser, temos que nos ver primeiro para ver como fazemos os detalhes e, depois, fazemos. Mas a primeira vez temos que nos ver para conversar sobre isso.

— Ok.

— Então, se você quiser, posso voar para ver você. Como quiser, é (você) quem decide—, oferece Cilins.

— Ok.

— Veja o que é mais fácil para você e faremos assim.

A cooperação com as autoridades amainaria o peso da Justiça americana sobre Mamadie, mas não a isentaria de algum sofrimento. Fazia calor e a umidade do ar estava elevada na manhã de 25 de novembro de 2014, uma terça-feira, quando agentes do Departamento de Justiça americano realizaram uma busca em uma propriedade integrada por três casas no subúrbio de Jacksonville, na Flórida. Eram os imóveis de Mamadie. Cumprindo ordem judicial, os federais apreenderam vários equipamentos para restaurantes, incluindo uma máquina de fazer sorvetes, geladeiras, fogões, churrasqueiras e vitrines refrigeradas para peixes avaliados pelos federais em cerca de US$ 1 milhão.

Segundo os autos da investigação, o material arrecadado durante a investida policial foi fruto de uma operação de lavagem de dinheiro que seria parte de um esquema de pagamento de subornos para aquisição de direitos de exploração de Zogota e dos blocos 1 e 2 Simandou.

Em seu depoimento às autoridades americanas, Mamadie lembrou-se dos tempos em que integrava a corte mística de Lansana Conté.

— Eu costumava ser uma bruxa.

Pura modéstia. Mamadie ainda continuava a lançar seus feitiços.

A BSGR desmentiu as acusações de Mamadie por meio de depoimentos de Benjamin Steinmetz e de Marc Struik. Steinmetz alegou que foi pela primeira vez à Guiné em fevereiro de 2008. Como prova, apresentou em juízo seus passaportes e planos de voos de seu jato particular mostrando que não tem registro de visitas suas ao país africanos em 2006 e 2007, como afirmou Mamadie. Portanto, os encontros que ela cita são falsos. Steinmetz também desmentiu o encontro que Mamadie diz ter ocorrido entre eles em Dubréka.

"Nem sei onde é Dubréka", escreveu em inglês. Steinmetz negou categoricamente ter oferecido os tais Land Cruisers e o colar ao qual Mamadie se refere em seu depoimento ao FBI.

Steinmetz confirma que esteve no encontro ao ar livre ocorrido no pátio do palácio e que foi citado por Mamadie. O empresário contou que se lembrava de que Lansana Conté estava com três mulheres e uma das quais lhe foi apresentada como esposa do presidente.

Steinmetz afirmou que sua primeira memória de Mamadie Touré remonta a 2012, quando Asher Avidan lhe relatou o que ele considerou uma tentativa de chantagem feita pelo empresário sul-africano Walter Hennig e que foi denunciada à Diretoria de Execuções Públicas do Reino Unido.

Marc Struik, por sua vez, negou que tenha sido Mamadie a organizadora dos encontros da BSGR com Lansana Conté. "Não estou a par de nenhum encontro que ela tenha organizado para a BSGR com o presidente", disse Struik em seu testemunho. Struik classifica como "mera invenção" a história de que Steinmetz queria comprar os diamantes do ditador. Segundo ele, o episódio em que ele, Steinmetz, Avidan, Cilins e Noy a visitaram em Dubreka também é falso. "Esse encontro não ocorreu, nós definitivamente nunca procuramos a ajuda dela para obter os blocos 1 e 2 de Simandou nem pedimos para ela fazer lobby em nosso benefício junto ao presidente, nem prometemos dar a ela 5% da BSGR em troca", declarou Struik.

Struik também acusou Mamadie de forjar documentos inexistentes com o intuito de atingir a BSGR. "A BSGR certamente não entrou em arranjos contratuais com ela ou qualquer de suas empresas", afiançou Struik. O executivo holandês disse que viu um documento apresentado por Mamadie com data de 2007 que trazia a assinatura dele e era falso. Struik afirmou que Avidan também foi confrontado por contratos com a Matinda com a assinatura dele. Segundo o holandês, esses papéis embasaram uma ação judicial movida em Conacri pela Matinda contra a BSGR em 2010. Na época, Avidan enviou uma carta ao advogado de Mamadie ameaçando processá-la na justiça por forjar documentos se a ação não fosse retirada. A ação foi efetivamente retirada. "Infelizmente, essa não foi a única tentativa de chantagem que tivemos de enfrentar no nosso tempo na Guiné", lamentou Struik.

O holandês negou que a BSGR tenha usado a Pentler, empresa de Frédéric Cilins, Michael Noy e Avran Le Ran, para firmar acordos com Mamadie Touré, com a Matinda ou seus parceiros de negócio. "Qualquer relacionamento que a Pentler tenha tido com ela (Mamadie Touré), não tinha nada a ver com a BSGR e nós certamente o desconhecíamos", disse Struik.

O executivo da BSGR foi enfático também ao negar ter feito pagamentos à suposta quarta esposa de Lansana Conté. "A senhora Touré nunca recebeu qualquer pagamento da BSGR", assegurou. "Igualmente desconheço qualquer dinheiro ou presente que Asher Avidan tenha dado a ela e, considerando a natureza de meu relacionamento com ele, estou convencido de que ele teria me contado se tivesse dado esse tipo de presente. Ele não me disse", ponderou.

Para acentuar ainda mais a barulheira em torno do caso, toda a história dos negócios entre Mamadie e a Pentler veio à tona com a divulgação dos escândalos Panama Papers, cuja base foi montada a partir de 11,5 milhões de documentos confidenciais de autoria da sociedade de advogados panamenha Mossack Fonseca. Essa papelada forneceu informações sobre mais de 214 000 empresas instaladas em paraísos fiscais offshore, o que incluía as identidades dos acionistas e administradores.

No caso dos testemunhos oficiais, certamente há quem conclua que a verdade está no enredo contado por Mamadie Touré ou no desmentido peremptório de Marc Struik – ou mesmo num meio de caminho entre as duas versões. O que está acima de qualquer disputa é que Mamadie lançou uma maldição sobre a BSGR, e seria preciso mais do que mandingas e água benta para neutralizá-la.

XVII. "WOW!!!!"

O advogado americano Scott Horton convocou Clóvis Torres, indicado por Murilo Ferreira para a diretoria jurídica da Vale, para participar de uma reunião no endereço da DLA Piper em Paris. Em 12 de abril de 2013, Torres apareceu acompanhado de um advogado da Cleary Gottlieb Steen & Hamilton, do escritório sediado em Nova York que presta serviços para a mineradora brasileira no exterior. Do outro lado da mesa, estavam Horton e Stephen Fox, que, junto com Michel Billard de la Motte e Denis Thiroin, colheram o acachapante depoimento de Frédéric Cilins. Falando em nome de Alpha Condé, Horton começou dizendo que tudo o que seria dito naquela reunião assim como os documentos que seriam revelados eram confidenciais. Isto posto, entrou no assunto.

De acordo com depoimento por escrito prestado por Clóvis Torres à justiça de Nova York, o advogado americano disse que o motivo da reunião era partilhar informações com a mineradora brasileira e que o próprio encontro era "prova do alto nível de confiança que o governo da Guiné tinha na Vale". Em seguida, enfatizou que Le Professeur entendia que a Vale nunca esteve ligada ou envolvida na corrupção que estava sendo investigada. Ao contrário, "era vítima dessa corrupção".

Scott Horton prosseguiu e apresentou Stephen Fox como um investigador a serviço da gestão Condé e fez uma proposta inusitada. O advogado americano sugeriu que a Vale se unisse ao governo da Guiné para "defender e proteger seus interesses legais comuns contra a BSGR". Clóvis Torres aceitou. Stephen Fox começou a mostrar suas descobertas, mas não permitiu que os representantes da Vale tirassem cópias dos documentos.

No dia seguinte à reunião no DLA Piper, Frédéric Cilins foi preso nos Estados Unidos por obstrução de Justiça. O FBI entendeu que, na conversa reproduzida no capítulo anterior, Cilins estava realmente tentando convencer Mamadie Touré a destruir provas de que o suborno azeitou a decisão do governo Lansana Conté de favorecer a BSGR em detrimento da Rio Tinto. Nos Estados Unidos tal prática pode ser tipificada como crime de conspiração.

Foi um golpe duro para a companhia de Benjamin Steinmetz. A empresa negava e ainda nega ter dado propina ou realizado qualquer pagamento irregular a autoridades da Guiné. Seus concorrentes diziam o contrário. No meio da mineração era voz corrente que a concessão das licenças de Zogota e dos blocos 1 e 2 de Simandou havia sido facilitada por propina da BSGR. As condições locais reforçavam essa versão em detrimento da defesa da empresa.

Como a BSGR provaria a idoneidade das relações com o antigo governo Alpha Condé se Cilins havia sido preso por falar em destruir documentos que comprovariam os pagamentos ilegais? Afinal, fora Cilins o responsável pelo ingresso da BSGR na Guiné. Ele recebeu os executivos da empresa em Conacri em 2006, levou-os para encontros com as autoridades de mineração, participou de reuniões dos executivos da BSGR com o ex-presidente Lansana Conté. E, mais grave, era sócio da BSGR na Guiné por meio de uma pessoa jurídica que, anteriormente, pertencia ao grupo de empresas de Benjamin Steinmetz.

Scott Horton alardeou a prisão de Cilins como se fosse obra sua. Às 14h19 do dia 16 de abril, enviou um e-mail com o título Update ("atualização", em português) para Brian Heller, um dos mais reputados advogados criminais do Canadá. No corpo do e-mail, a reprodução de uma notícia publicada no site do respeitado jornal inglês The Guardian. No título, lia-se, em inglês, "FBI prende agente por encobrir corrupção em batalha judicial sobre montanha de US$ 10 bilhões". O subtítulo dava mais informações: "Francês é acusado de destruir provas de como um bilionário israelense ganhou o controle de uma montanha rica em minério de ferro na Guiné".

Com o e-mail, Scott Horton não só espalhou a notícia como pareceu cobrar algum crédito pela própria prisão de Cilins. "Está é minha investigação e do time do FBI. Muito orgulhoso deles", escreveu Horton sobre o corpo da reprodução da notícia. Seu amigo canadense respondeu com três letras e quatro pontos de exclamação: "Wow!!!!"

Não foi só Frédéric Cilins que foi preso nos Estados Unidos. A situação ficaria ainda pior. As autoridades da Guiné encarceraram Ibrahima Sory Touré, o meio-irmão de Mamadie que exercia a vice-presidência a BSGR na Guiné, e Issiaga Bangoura, que também trabalhava na BSGR. Os dois acabariam respondendo a processo por corrupção ao lado do ex-minstro de Minas, Mahmoud Thiam, e do empresário Aboubacar Bah. O caso RP nº 104/2013 seria encerrado anos mais tarde com a absolvição de todos os acusados, mas naquele momento atordoou ainda mais a BSGR e a Vale.

Com esse cenário à frente, é compreensível que os executivos contratados por Murilo Ferreira logo depois que ele chegou à presidência da Vale quisessem fazer de tudo para enxotar o que os conectasse a uma operação suspeita. Scott Horton aproveitou a oportunidade e aumentou a pressão sobre a Vale. Segundo Clóvis Torres, o advogado americano o procurou novamente assim que Frédéric Cilins foi preso. Reiterou que a Vale não estava sob investigação e que o governo Condé a considerava vítima da conduta da BSGR. Em seguida, pediu que a Vale permitisse que o governo da Guiné tivesse acesso à due diligence feita pela mineradora na época da formação da joint-venture com a BSGR.

De acordo com o relato de Clóvis Torres, Scott Horton foi absolutamente claro sobre o uso que daria a essas informações: "ajudar o Governo da Guiné na sua investigação" sobre a BSGR. Horton também colocou o assunto como uma questão de reciprocidade, já que ele e Stephen Fox tinham permitido que Torres e o seu advogado pudessem examinar as investigações da Veracity.

Clóvis Torres topou, e isso se tornaria um grande problema. Contratualmente, a Vale não poderia expor as informações obtidas por seus advogados, sobretudo pelo Clifford Chance e pela empresa de investigação que esse escritório tinha contratado, a Nardello. A lei inglesa prevê que as relações entre clientes e advogados são sigilosas. Como o relatório da Nardello foi encomendado por um escritório de advocacia, ele também estava protegido e cabia à Vale resguardar o sigilo sobre tal documento.

Em seu depoimento, Torres deixa claro que avalizou o pedido de Horton e não o tomou como uma ameaça. "Fiz isso porque considerei que a Vale era uma vítima e (...) considerei que a Vale tinha a obrigação de reciprocidade com o governo da Guiné". Para Torres, os objetivos da mineradora nacional estavam alinhados com os da gestão Condé. "Vale tinha interesses comuns com o governo da Guiné em descobrir qualquer corrupção praticada pela BSGR", disse o advogado brasileiro à Justiça.

Qualquer que tenha sido sua intenção, Clóvis Torres abriu um flanco na esfera judicial ao permitir que Stephen Fox fosse recebido em 19 de abril de 2013 nos escritórios da Vale no Rio e tivesse acesso à documentação da due diligence, em especial o relatório produzido pela Nardello. Fox pôde ler os documentos, mas não tirar cópias nem fotografias. Foi uma precaução semelhante a passar o ferrolho numa porta arrombada. De nada adiantou. Dois anos depois, a Vale estaria respondendo em Nova York a um processo por ter violado a relação de sigilo entre cliente e advogado. E o motivo foi justamente a visita de Stephen Fox autorizada por Clóvis Torres.

No testemunho que prestou por escrito, o financista Dag Cramer afirma que a investigação da Veracity é a base de um relatório de 27 páginas da DLA Piper intitulado "Report on investigations relating to the acquisition and transfer of rights to Simandou by BSGR" (Relatório das investigações relacionadas à aquisição e transferência de direitos sobre Simandou para a BSGR, em português).

Precedido dos alertas "internal memorandum" (memorando interno) e "confidential draft" (projeto confidencial), o documento não faz qualquer referência direta a Veracity ou a StephenFox. Sobretudo, em nada se assemelha à qualidade da investigação na qual Fox obteve, em Paris, o surpreendente depoimento de Frédéric Cilins sobre suas relações com a BSGR e suas atividades na Guiné.

Embora não revele quem são seus autores, o texto é claro sobre seu objetivo. Já no primeiro parágrafo diz que "o propósito da investigação foi verificar a veracidade das alegações trazidas ao conhecimento do governo da Guiné de que a BSGR usou de corrupção para influenciar os procedimentos de aquisição dos direitos sobre Simandou". Segundo o DLA Piper Report, como o documento ficou conhecido, a corrupção, no caso, se materializou na forma de "comissões" e "benefícios pecuniários" irregulares concedidos aos servidores públicos guineanos.

Na sua introdução, o texto afirma que não traz "conclusões definitivas", mas é recheado de acusações pesadas. Diz, por exemplo, que "Beny Steinmetz e sua BSGR fizeram vários pagamentos para funcionários atuais do governo da Guiné ou de seus predecessores no curso do período que vai de 2004 a 2010 em troca de participações nos projetos minerários". A base dessa afirmação são "fontes bem-informadas". Vale mencionar algumas das outras bombaso que euacredito contidas no documento.

* De acordo com outra fonte, Steinmetz e a BSGR deram nada menos que US$ 100 milhões a Mahmoud Thiam, ex-ministro de Minas da Guiné.
* Thiam seria passageiro frequente dos jatos da BSGR e teria dado dinheiro para a campanha presidencial de Alpha Condé.
* Segundo um executivo ocidental que mora em Conacri, Thiam distribuía mensalmente US$ 300 mil para "manter as pessoas felizes". A fonte oculta diz que não sabe quem eram os beneficiários, mas poderiam ser o ex--primeiro-ministro Jean-Marie Doré, o ex-ministro das Finanças Ibrahima Kassoury Fofana e o ex-presidente SékoubaKonaté, que comandou a transição entre Moussa "Dadis" Camara e o presidente Alpha Condé.

* Sékouba Konaté teria recebido US$ 5 milhões para concordar com a concessão das licenças de Simandou para a BSGR.
* A BSGR teria tentado pagar propina com um cheque sem fundos.
* Mamadie Touré, a autointitulada quarta mulher de Lansana Conté, teria recebido US$ 350 mil para passar as permissões de Simandou para a BSGR..

Pode ser tudo verdade, mas não há como saber. O DLA Piper Report não apresentou provas nem declarou suas fontes. Preferiu descrevê-las. Ao todo, são quinze fontes – três financistas, dois jornalistas, quatro especialistas em mineração, um empresário indiano, dois detetives, um executivo do setor de petróleo, um servidor do Ministério de Minas e um familiar de Lansana Conté. A DLA Piper lhes atribuiu graus variados de credibilidade e acesso, mas não disse como chegou a essas conclusões.

Mesmo numa leitura rápida do relatório saltam aos olhos descuidos comprometedores para uma investigação dessa gravidade. Por exemplo, grafa Mamadie Touré como "Mamady". Repete uma página inteira – a que leva o número 117 é igual à 118. Diz que Frédéric Cilins é uma cidadão franco-israelense, quando ele é apenas francês. Também entra em conflito com o relato que Cilins fez de sua conversa com Stephen Fox em Paris e que baseou o relatório da Veracity Worldwide. Em e-mail enviado a Michael Noy horas depois do encontro, Cilins disse que Fox identificou sua empresa e declarou que ela havia sido contratada pela DLA Piper para investigar as condições nas quais a BSGR ingressou na Guiné. De acordo com o DLA Piper Report, Cilins teria falado com alguém que tentava avaliar o ambiente de negócios da Guiné para um investidor estrangeiro.

Se fosse uma reportagem, o DLA Piper Report teria sua credibilidade fortemente comprometida por esses erros e contradições. Mas a onda contra a BSGR era um verdadeiro tsunami. A Guiné se preparava para as eleições legislativas em setembro de 2013 quando o jornal francês Le Canard Enchaîné (O Pato Acorrentado, em português) publicou uma reportagem acusando Benjamin Steinmetz de contratar um bando de mercenários para matar Alpha Condé e dar um golpe de estado. Apesar do nome engraçado, Le Canard Enchaîne é um periódico sério, e muito. Foi criado em 1915 por um grupo de intelectuais da esquerda francesa e só deixou de circular quando Paris foi ocupada pelos nazistas na Segunda Guerra Mundial.

A reportagem dizia que relatórios da CIA e da agência francesa de inteligência, a Direction Générale de la Sécurité Extérieure (DGSE ou Direção Geral de Segurança Exterior, em português) descobriram os preparativos do golpe. A repercussão foi imensa. Inúmeros veículos reproduziram o texto. O Governo da Guiné prendeu quatro israelenses que moravam no país e seriam associados à BSGR. Os quatro acabariam sendo liberados depois da eleição.

Steinmetz reagiu à reportagem com um processo contra o Le Canard Enchaîné por difamação. No curso da ação, o jornal apresentou o tal relatório do DGSE. O diretor do DGSE não reconheceu o documento. Tratava-se de uma fraude urdida contra a BSGR. O verdadeiro golpe tinha sido dado contra a reputação do prestigiado jornal francês e de Benjamin Steinmetz. Cinco anos depois, Le Canard Enchaîne perdeu a ação e foi condenado a indenizar o bilionário israelense, mas Alpha Condé já havia vencido a eleição que ocorreu dois dias depois da publicação da reportagem e a BSGR tinha sido arrolada em um escândalo político internacional.

Em novembro de 2013, Horton convocou novamente os executivos da Vale para uma reunião. Dessa vez, no escritório da DLA Piper em Londres, um local perto do Barbican Centre, a casa da London Symphony Orchestra e da BBC Symphony Orchestra. Representavam a Vale Clóvis Torres, Pedro Rodrigues e advogados do Clifford Chance e do Cleary Gottlieb Steen & Hamilton. Asher Avidan e Dag Cramer falariam pela BSGR. Scott Horton deixou claro que a BSGR não teria qualquer futuro na Guiné, mas não apresentou restrições à Vale. Horton aventou, então, a possibilidade de o governo do país africano comprar a parte da BSGR na VBG.

O encontro teria sequência em uma segunda reunião já em janeiro de 2014, em Paris. Os participantes eram os mesmos e a conversa começou mal. Asher Avidan fora declarado persona non grata na Guiné. Não podia mais entrar no país. Segundo Dag Cramer, entenderam que Scott Horton mencionou a constrangedora punição em tom de galhofa. Só os presentes podem dizer se isso aconteceu dessa forma ou se os representantes da BSGR estavam com os nervos à flor da pele. Cramer recorda, porém, de Horton ter sugerido que Avidan desse um depoimento à comissão de inquérito do governo da Guiné que investigava como a BSGR tinha obtido as licenças de Zogota e dos blocos 1 e 2 de Simandou.

— Nós podemos ajeitar isso –, disse Horton, segundo o relato de Cramer.

Daí em diante, passou-se a falar em negócios. A alternativa de o governo da Guiné substituir a BSGR como sócio da Vale voltou à mesa. A companhia de Benjamin Steinmetz estava derrotada. O melhor que poderia fazer era obter um dinheiro razoável para sair do negócio. Tratava-se, então, apenas de uma questão de valores. Dag Cramer e Asher Avidan tinham mandato para prosseguir nas negociações.

Clóvis Torres e Pedro Rodrigues pediram tempo para conversar a sós com seus advogados e com seus superiores na companhia. Quando a reunião recomeçou, deixaram todos de queixo caído.

— Nós não podemos concordar com isso. Estamos felizes com a BSGR. São os únicos com quem queremos estar –, anunciou Clóvis Torres.

Cramer e Avidan ficaram atônitos. A decisão da mineradora brasileira equivalia a fechar as portas da VBG. A Vale estava dando adeus ao negócio. O sonho da Carajás africana tinha ficado para trás. Os direitos minerários da mina de Simandou seriam revogados pela Guiné em seguida. Era hora de juntar os cacos.

Em abril de 2014, a Vale iniciaria um processo contra a BSGR na Corte de Arbitragem Internacional de Londres. A mineradora brasileira alegou que sua sócia teria ocultado de forma fraudulenta episódios de corrupção e suborno relativos à obtenção das licenças de Zogota e dos blocos 1 e 2 de Simandou. A Vale argumentou que a BSGR deveria ressarci-la pelo valor investido na joint-venture e indenizá-la pelo que gastou no início da exploração das jazidas da Guiné.

O pleito formulado pela Vale na arbitragem partiu da premissa de que a BSGR a teria induzido a erro ao omitir que os direitos minerários sobre a mina de Simandou teriam sido adquiridos por meio de corrupção. A Vale alegou que teria deixado de assinar o contrato de joint-venture com a BSGR se tivesse conhecimento sobre a forma como a concessão da mina de Simandou teria sido supostamente obtida.

A BSGR negou todas as acusações, mas recebeu outro golpe.

Também em abril de 2014, a Rio Tinto entrou com uma ação na justiça americana contra a Vale e a BSGR com base em uma lei anticorrupção americana, a RICO (Racketeer Influenced and Corrupt Organizations Act ou Lei de Organizações Corruptas e Influenciadas por Criminosos, em português). Nesse momento, descobriu-se que a Vale, mesmo estando sujeita às regras da lei Sarbanes-Oxley relativas à preservação de documentos, havia destruído diversos deles que tratavam do negócio com a BSGR, como os e-mails de executivos que tinham saído da empresa. Entre eles, Roger Agnelli e Eduardo Ledsham, que, naquele momento, trabalhavam juntos na construção da B&A, a joint-venture formada pela AGN de Roger e o BTG Pactual.

O desaparecimento desses e-mails tornou mais difícil recompor nos tribunais a verdadeira história da aventura da Vale em Simandou. Ainda é possível capturar a visão de Roger Agnelli por meio do depoimento que ele prestou à corte de arbitragem. Mas trata-se de uma visão distante de quem olha o passado a partir do presente e não com o calor do momento expressado nos e-mails, que por muitas vezes humaniza os relatos e torna os fatos mais compreensíveis. Ledsham, personagem central em todo o processo decisório, não chegou a apresentar um testemunho no processo de arbitragem. Mais tarde, soube-se que José Carlos Martins, outro importante diretor-executivo da Vale à época, preparou seu depoimento, mas este não foi adicionado aos autos.

Exatos cinco anos depois, em abril de 2019, a Corte de Arbitragem Internacional de Londres deu ganho de causa à Vale. Entendeu que a BSGR induziu a mineradora brasileira a entrar na joint-venture escondendo fatos relacionados a corrupção e suborno. Por isso, condenou a BSGR a pagar à Vale US$ 1,2 bilhão a título de indenização e mais US$ 770 milhões referentes a juros. A mineradora brasileira recorreu, então, às cortes inglesa e americana para receber o dinheiro.

A BSGR reagiu com uma ação em Londres para anular a sentença arbitral. Segundo ela, os juízes teriam sido parciais por se recusarem a aceitar como prova as transcrições de outra arbitragem, esta movida pela BSGR contra o governo da Guiné no Centro Internacional para Resolução de Controvérsias sobre Investimento, que demonstrariam que a revogação dos direitos minerários sobre Simandou teria ocorrido de modo ilegal. O processo ainda não foi concluído porque BSGR e Guiné começaram a negociar um acordo. Tanto é que a Guiné recuou das acusações feitas anteriormente à empresa e ainda permitiu que ela voltasse a operar no país.

Em 3 de dezembro de 2019, a Vale ajuizou um processo contra Benjamin Steinmetz, Dag Cramer, Marcus Struik, Avidan Asher e outros ligados à BSGR sob a acusação de terem mentido durante as negociações para a constituição da joint-venture. A Corte londrina emitiu uma ordem válida no mundo todo para congelar US$ 1,8 bilhão em ativos da Steinmetz e dos demais executivos.

A BSGR estava sufocada, mas restava uma carta na manga.

XVIII. "TALVEZ, EU TENHA AIDS, OK?"

José Carlos Martins estava falante e parecia satisfeito enquanto degustava uma taça de vinho tinto californiano e saboreava um suculento sirloin steak, um corte especial de carne bovina conhecido pela maciez, no Benjamin Prime, um dos restaurantes da Quinta Avenida, entre a Madison e a Park Avenue, em Nova York. É verdade que ele causou estranheza ao pedir que lhe servissem o creme de espinafre à parte. Afinal, é preciso certa dose de ousadia para desmanchar um prato em ambientes requintados como aquele – um estabelecimento elegante e confortável com sofás de couro escuro, mesas impecavelmente arrumadas com toalhas de linho claro e paredes decoradas com lambris de madeira. O fato é que Martins conquistara esse direito. Executivo de sucesso, habitou o topo de grandes corporações por décadas, notadamente no setor de mineração. Foi CEO de diversas empresas e, por dez anos, diretor-executivo da Vale. No coração de Manhattan, naquele instante, Martins só poderia estar empolgado com a carreira longeva. Aos 70 anos, deixara o Brasil rumo aos Estados Unidos a convite de um grupo britânico de investidores. Esse pessoal havia se instalado em Lima, no Peru, e estava interessado em realizar aportes na área de mineração na América do Sul. Mas temia fincar os pés em países com escassa estabilidade econômica e farta complexidade institucional. O brasileiro sabia jogar com cartas desse tipo. Assim, os investidores recorreram a ele como um conselheiro. Acenaram-lhe ainda com uma possível tarefa caso o grupo europeu decidisse mergulhar nas jazidas latino-americanas.

Tudo somado, Martins sentia-se à vontade. O jantar com Alexander Miller, um alto executivo da Mersus Energy, empresa americana disposta a fazer negócios em países da América do Sul, se arrastou por duas horas e meia e o brasileiro tratou de temas variados. Dedicou especial ênfase à aventura africana da Vale, iniciada em meados dos anos 2000, período em que a companhia acionou seu plano de desembarque na Guiné, no topo das montanhas de Simandou.

O tema era complexo, por vezes delicado, mas o colóquio nova-iorquino se desdobrava de forma amistosa. Tanto é assim que um segundo round de bate-papo foi marcado para a manhã seguinte, num brunch. O brasileiro chegou ao encontro esbaforido e suado. Disse que resolvera caminhar. A dupla falou por mais algumas horas e, na sequência, Martins se se retirou para fazer "compras para a família" que o esperava no Brasil. Os dois novos amigos se despediram. Mas voltariam a entrar em contato.

Os encontros em Nova York aconteceram nos dias 12 e 13 de fevereiro. À essa altura, a pandemia do coronavírus iniciava sua marcha sobre o planeta. Martins contou ao colega que lhe tomaram a temperatura ao desembarcar no aeroporto de Newark, em New Jersey. Isso "apenas" porque havia espirrado durante a viagem. Naquela época, um espirro já não era um ato inocente. Logo a seguir, o mundo mergulhou no isolamento. Mesmo assim, houve uma nova conversa. Desta vez, por Skype, em 30 de março. Martins, já no Brasil, em sua casa de campo, no interior paulista, acomodou-se em frente a um notebook. E dá-lhe prosa.

Na soma dos encontros, José Carlos Martins forneceu detalhes da operação da Vale na África. Disse coisas surpreendentes. Falou, por exemplo, que o conselho de administração da mineradora brasileira sabia das suspeitas de corrupção que recaíam sobre a BSGR, antes da assinatura do contrato da joint-venture. O tema, contudo, fora tratado de maneira informal, sem registro em ata. Ele próprio, além de assinar o documento final firmando o compromisso entre as duas empresas, apoiara a parceria, mas, observou que o fez "de nariz fechado", pois a coisa toda "cheirava mal". Ainda que alertados sobre a situação delicada, os conselheiros, acrescentou Martins, reagiam com tiradas do tipo "vamos nessa, não digam mais nada, vamos fechar", referindo-se ao acordo com Benjamin Steinmetz, da BSGR.

— Eu disse: "Olhem, nós estamos entrando nesse negócio, mas estamos fechando nossos olhos", contou o brasileiro.

— Fechando os olhos, como os macacos? – questionou o representante do grupo britânico, referindo-se aos três bichanos que ocultam, cada um deles, os ouvidos, a boca e os olhos, provenientes do provérbio japonês cujo sentido é "não ouça o mal, não fale o mal e não veja o mal".

— Sim, confirmou o ex-diretor da Vale, ao ouvir a comparação.

Papo bom, ambiente agradável, tudo certo. A não ser por um detalhe. Martins não refletiu – e, se refletiu, não o fez com o devido zelo – por que havia sido escolhido para aquela série de conversas. Se conquistasse a vaga de consultor para o projeto de mineração no Peru, receberia remuneração de milhões de dólares, conforme o prometido pelo executivo da Mersus. Martins era mais um entre centenas, talvez milhares de executivos do setor de mineração espalhados pelo mundo. Claro que ostentava um excelente currículo. Mas carreiras estelares pululam nesse segmento.

Na verdade, o mundo não passa de um pequeno quintal para os exploradores de riquezas naturais. Não há recanto na face da Terra ou especialistas nos mais diversos campos que as gigantes do setor não possam alcançar se alguma possibilidade de lucro lhes sorri. O brasileiro também não questionou por que a conversa tomara um rumo tão específico. Ou seja, a Vale, a BSGR, o contrato entre ambas, a África. Em suma, Martins parece não ter questionado a razão daquilo tudo. E deveria tê-lo feito.

Isso porque, se por um instante, ainda que breve, um observador neutro tivesse entrado no dia 12 de fevereiro no restaurante da Quinta Avenida, ele teria desconfiado de alguma coisa. De muitas coisas, aliás. Ficaria intrigado, por exemplo, com o fato de haver uma terceira pessoa especialmente interessada no falatório dos dois colegas – o brasileiro e o representante britânico. A curiosidade desse terceiro indivíduo era tamanha, que ele fotografou o encontro seguidas vezes, enquanto ambos se refestelavam com o banquete. Se essa sede por um registro tivesse sido percebida, é provável que Martins tivesse pisado no freio da loquacidade. Caso isso acontecesse, poderia desconfiar que tudo aquilo não passava de um embuste. Um imenso ardil.

O sujeito interessado na conversa, por exemplo, o tal "fotógrafo" presente no jantar, era um detetive contratado para testemunhar o encontro. O representante da empresa britânica de investimentos com interesse na América Latina não era um head hunter. Na verdade, nem sequer existia a tal empresa britânica. E com certeza não havia nem cheiro de investimento em qualquer país latino-americano. O homem que conversava com Martins – e dava corda à sua eloquência – era um agente privado, um espião que usava nome e credenciais falsas. Tudo o que o brasileiro havia vivido até aquele momento se resumia a um conjunto de artimanhas para atraí-lo a uma emboscada. O filé, o vinho, a passagem aérea em classe executiva e as duas diárias em um hotel 5 estrelas de Manhattan. Tudo estava conectado a sutis fios de seda que formavam uma grande teia. Martins era a presa.

O espião que participou das conversas fazia parte de uma equipe montada pela empresa de investigações corporativas Black Cube. Embora atue em diversos países, o "Cubo Negro" tem origem em Israel. Seus escritórios se espalham por Tel Aviv, Londres e Madri. O negócio é administrado por um grupo de veteranos do Mossad, o serviço secreto israelense, cujo nome significa "instituto", em hebraico. Companhia de capital aberto registrada com o nome de BC Strategy Ltd., a Black Cube foi fundada em 2010 por dois ex-agentes da inteligência israelense: Dan Zorella e Avi Yanus. "Um grupo seleto de veteranos das unidades de inteligência de elite israelenses que se especializa em soluções personalizadas para desafios complexos de negócios e litígios". Essa é a forma como a agência de inteligência privada se define na internet.

A empresa é a ponta de um lado pouco conhecido do mundo dos negócios, para não dizer obscuro, mas usual em disputas biliardárias. Na prática, a Black Cube, assim como outras empresas desse ramo – a maioria formada por quadros oriundos de serviços secretos de diversos países –, atua em litígios de pesos-pesados. Se existe uma grande encrenca corporativa em jogo e um dos lados quer evidências para usar contra o adversário, é nessa hora que o pessoal do Mossad privado entra em campo. E para isso usa gente qualificada. Entre os membros do conselho consultivo da Black Cube, por exemplo, estão Efraim Halevy, o nono chefe do Mossad, e Yohanan Danino, ex-comissário da polícia israelense, responsável pela criação da unidade especializada em crimes cibernéticos, fraude e corrupção, a Lahav 433.

O Cubo Negro conta com 120 funcionários. Há arapongas em profusão, mas também advogados, economistas e pessoas procedentes do mercado financeiro. Nas fileiras da empresa, encontram-se até psicólogos. Muitas vezes eles são responsáveis por identificar eventuais fragilidades nas mentes e corações dos alvos investigados. É a partir dessas fendas que a mão da espionagem entra para extrair informações de todo tipo. Cada alvo tem seu perfil psicológico cuidadosamente analisado para orientar as diretrizes de aproximação até o bote.

As atividades de espionagem da Black Cube ganharam notoriedade na imprensa internacional nos últimos três anos. Principalmente depois que uma reportagem da revista americana "The New Yorker" foi publicada em 2017. A matéria rendeu um prêmio Pulitzer a seu autor, o jornalista Ronan Farrow. O texto afirmava que Harvey Weinstein, um produtor de cinema americano processado sob acusação de estuprar atrizes, contratou o Cubo Negro para investigar as mulheres que o acusavam. Weinstein alegava ter sido vítima de uma campanha difamatória. Em uma das investidas, dois investigadores da Black Cube, usando identidades falsas, abordaram a atriz Rose McGowan que acusou publicamente Weinstein de estupro.

Um agente também se passou por ativista dos direitos das mulheres e gravou secretamente ao menos quatro encontros com

MacGowan. Uma investigadora, da mesma maneira valendo-se de uma identidade falsa, deu a entender que tinha uma nova acusação contra Weinstein e se reuniu duas vezes com um jornalista para descobrir quais mulheres estavam conversando com a imprensa. Segundo a revista, o objetivo da sondagem era impedir a publicação de acusações de abuso contra o produtor, que, no entanto, acabaram sendo realizadas tanto pela "The New Yorker" como pelo jornal "The New York Times".

Outra polêmica emergiu em maio de 2018. A mesma "The New Yorker" apontou que a empresa israelense de investigação estava por trás de uma suposta ação de espionagem de assessores do ex-presidente americano Barack Obama. No caso, eram pessoas que haviam atuado na negociação do acordo nuclear com o Irã. A Black Cube teria sido contratada para a missão por uma equipe do presidente americano Donald Trump. A denúncia de espionagem foi publicada primeiramente no jornal britânico "The Observer", uma edição dominical do The Guardian.

De acordo com a reportagem, que nessa ocasião não mencionou o nome da agência israelense, a Black Cube teria investigado a vida privada, as relações pessoais e a carreira política de Ben Rhodes, que atuou como vice-conselheiro de Segurança Nacional para Comunicações Estratégicas de Obama. Colin Kahl, conselheiro de Segurança Nacional de Joe Biden enquanto este exerceu o cargo de vice-presidente durante a gestão Obama, teria sido outro alvo – Biden venceu Donald Trump na eleição presidencial de 2020 e foi declarado presidente eleito em novembro. Nesses dois casos, a ideia era saber se os ex-integrantes do governo americano mantiveram contato com lobistas favoráveis ao Irã e se obtiveram algum tipo de benefício ou favor pessoal por conta da assinatura do acordo nuclear.

Diante desse tipo de caso, a operação com foco na Vale soa até minguada. Mas não foi pequena. Batizada de Double Star, ela foi planejada em detalhes e envolveu tanto estrangeiros como duas pessoas especialmente contratadas para a encenação no Brasil. No caso, ambas residiam no Rio, cidade onde a mineradora tem sua sede.

Para dar credibilidade à trama, a coisa toda foi montada no melhor estilo de Hollywood. A Black Cube criou cenários, roteiros e escalou um elenco. A tal "companhia" de investidores britânicos, embora não existisse de verdade, tinha um escritório em Londres. Ela contava com secretária (real, não virtual) para atender ligações telefônicas e um corpo de executivos. Alguns deles postaram seus perfis em serviços on-line como o LinkedIn. Tudo de fachada, fajuto, obviamente. Mas se alguém resolvesse checar a história dos falsos investidores pela internet teria dificuldade em desbaratar a arapuca. A trama era verossímil e resistiria a uma busca no Google.

Os locais escolhidos para as conversas, preferencialmente bares ou restaurantes, também propiciavam a abertura do diálogo. Com encontros regados a uísque e *boulevardiers*, além de pratos feitos com esmero, os agentes privados lançaram mão de técnicas psicológicas para estimular os interlocutores a falar. Para isso, após longas e detalhadas explicações sobre as oportunidades negociais e profissionais fictícias, os arapongas costumam narrar um problema pessoal. Bobagem, tudo mentira. Mas a situação exposta normalmente guardava alguma semelhança com experiências pessoais vivenciadas pelo investigado. Essa afinidade estabelece um vínculo, uma certa identificação entre os interlocutores. Com isso, fecha-se um elo de confiança. E a vítima se abre.

A pergunta que fica é por que tudo isso? Para que montar um cerco tão grande em torno de Vale e seus ex-executivos? A resposta está no ferro de Simandou. Após ter sido sentenciado em 2019 a ressarcir US$ 2 bilhões à mineradora brasileira, isso por decisão da Corte de Arbitragem Internacional de Londres (LCIA na sigla em inglês), o empresário israelense Benjamin Steinmetz decidiu partir para o ataque. Foi ele quem contratou a Black Cube para escarafunchar a mineradora brasileira.

Os espiões tinham como tarefa provar que a cúpula da Vale sabia previamente que as licenças da BSGR sobre Simandou poderiam ter sido obtidas por meio de falcatruas. Isso desmontaria os argumentos usados contra Steinmetz em Londres. E é impressionante o conjunto de depoimentos colhidos que dão força a essa tese e desnudam as vísceras da negociação entre as duas empresas. E como se sabe de tudo isso? A entrada da firma de espionagem na história foi tornada pública nos autos do processo arbitral em maio de 2020. E ela oferece um retrato raríssimo, para não dizer único, de como esses arapongas atuam no ambiente global dos negócios.

Os trabalhos da Black Cube com foco na Vale começaram em 29 de dezembro de 2019. O cerco sobre os alvos não aconteceu sem que tenha havido um fiasco. Daniela Chimisso, a ex-diretora-jurídica da mineradora, foi contatada pelos agentes. Mas desconfiou da cilada e escapou das investidas dos espiões. Sabe-se que vários personagens da história de Simandou foram fisgados. Mas no caso de Daniela, parece que sua espertiza e senso de risco prevaleceram. A advogada, que mostrou destreza e inteligência nos e-mails da Vale que constam das arbitragens, farejou o cheiro de armação e deslindou-se da armadilha.

Além de Martins, a lista da Black Cube inclui: Alex Monteiro, o economista ex-executivo da Vale que conduziu a due diligence e a maior parte das negociações com a BSGR, em 2010; Denis Thirouin, o francês que trabalhou como consultor na África e assessorou as negociações com a firma de Steinmetz; Titus Edjua, que dirigiu o escritório Clifford Chance na África até 2019; e Steven De Backer, um dos responsáveis pela investigação realizada pela Vale antes de assinar o contrato de joint-venture com os israelenses. De Backer, na época, era sócio do Webber e Wentzel, um renomado escritório com sede em Johanesburgo e com ampla experiência em negócios na África.

Boa parte dos integrantes desse grupo fazia parte da vanguarda da investida africana da Vale. Estavam, por assim dizer, entre os "cabeças" do projeto. Mas o cérebro da história, Eduardo Ledsham, ex-diretor-executivo de exploração mineral, energia e implantação de projetos, até onde se sabe, não passou nem perto da teia armada pelos espiões. A maior parte das conversas presentes nos autos do processo, todas em inglês, foram travadas com Martins. Na opinião dos bisbilhoteiros, ele era qualificado, detinha as informações desejadas por Steinmetz e, segundo indicações de seu perfil psicológico, estava entediado com a rotina de consultor. Martins, de acordo com a análise dos espiões, queria ação. E a encontrou.

A conversa em Nova York, no restaurante em Manhattan, aconteceu em tom descontraído e não raro permeada por termos contundentes. O executivo brasileiro não sabia que estava sendo gravado. Por isso, não economizou na informalidade e no uso de comparações que beiram o escárnio. Em um trecho do diálogo, José Carlos Martins afirmou que a Vale estava "desesperada" para obter os direitos minerários de Simandou. A mina era a uma "porta aberta" para a companhia na África.

— Sim, nós queríamos ir para este cortiço. Infelizmente, você não tem isso na Quinta Avenida – disse Martins, usando de sarcasmo para se referir à Guiné – no mínimo - de maneira nada elogiosa.

O ex-executivo da Vale explicou ainda que parte da motivação da empresa para desembarcar na Guiné estava associada ao perfil agressivo de Roger Agnelli, o ex-CEO da mineradora, e à doutrina geopolítica do então presidente Luiz Inácio Lula da Silva. Lula tinha o sonho do "Brasil Grande", com "Campeãs Nacionais", empresas competitivas o bastante para fazer frente às corporações estrangeiras, além da presença em regiões do globo historicamente desprezadas pelas grandes potências. Agnelli nunca escondeu que desejava transformar a Vale na maior mineradora do planeta.

— A Vale não é estatal. Mas o governo tem muita participação nela. Na época, o presidente Lula estava disposto a ir à África. O Brasil tinha de estar perto da África. Então, todos os caras do conselho da Vale que eram do governo o apoiaram nisso - anotou Martins.

Durante o bate-papo, ex-diretor-executivo da área de ferrosos deixa claro que a Vale sabia, antes de firmar a joint-venture com a BSGR, que existia uma "falha na origem da licença" de mineração obtida pela empresa, ainda durante o governo do ditador Lansana Conté. Ele observa que, segundo o "plano de negócios para a mina", cada empresa entraria com 50% de um montante total de US$ 5 bilhões. Mas a BSGR não desembolsaria essa quantia para o início do projeto.

— E aí temos de carregar o parceiro, vamos fazer um investimento completo e ele vai pagar a sua parte com o lucro futuro. Há taxas de juros boas, o negócio foi muito bem estruturado, certo? Mas havia uma falha na origem.

Nesse contexto, o ex-diretor da Vale observou que a licença não poderia ter sido concedida a Benjamin Steinmetz somente por conta de seus "olhos azuis".

— Então ele ganhou o cortiço. E ninguém na indústria de mineração entendeu. Por quê? Então, essa foi a primeira dica, ok? – enumerou Martins.

Em diversos momentos dos diálogos, o agente da Black Cube insiste em saber se os conselheiros da Vale realmente estavam a par das suspeitas que recaíam sobre a BSGR. Por sucessivas vezes, o Martins confirma a hipótese.

— E qual foi a reação do conselho de administração da Vale quando você disse "algo não cheira bem"? – apertou o espião.

— Eles não gostaram. Eles não gostaram, mas aceitaram -, respondeu o executivo.

— Por que o acordo era bom? - insistiu o agente.

— Foi importante para a companhia - concluiu Martins.

Em outro ponto do diálogo, o agente travestido de executivo volta à carga.

— E não havia uma parte do conselho que fosse totalmente contra o acordo?

— Não, não, não.

— Então, todo mundo era a favor no conselho?

— Todos a favor, não há voto contrário. Nenhum voto contra, 100% a favor de fazer o negócio – afirma o ex-executivo da Vale.

Ainda não satisfeito, o investigador retoma o tema. Martins, nesse momento, trata a decisão dos conselheiros, e a própria determinação da mineradora, como algo quase inescapável.

— E o conselho tinha consciência de tudo, mas, você sabe, é a única porta aberta. E nós atravessamos essa porta... – acrescenta Martins.

— Porque ela estava aberta – diz o espião.

— Era apenas a porta aberta, então... E então nós corremos o risco – arremata o ex-executivo da mineradora brasileira.

Martins revelou à Black Cube, ainda, que, além de saber que havia algo suspeito na aquisição dos direitos minerários de Simanou por parte da BSGR, a Vale também foi alertada sobre o risco oferecido pelo novo parceiro até mesmo pelas concorrentes BHP Billinton e Rio Tinto.

— Os concorrentes sempre nos falando que "ah, não faça isso, porque tem algo errado aí" –, pontuou o brasileiro, acrescentando que essas empresas já haviam investigado a BSGR.

— Ah, eles disseram que fizeram investigação? – quis saber o agente – Quem eram os concorrentes?

— BHP e Rio, disse Martins.

Em outro ponto, por conta do empenho do agente, o executivo volta a falar do conselho da Vale nesse contexto.

— Os concorrentes também nos contaram, OK? Rio Tinto e BHP, porque eles estavam envolvidos também... Isso, é melhor eu não me envolver com esse cara – diz Martins.

— E o conselho [da Vale] sabia disso – pontua o agente a Black Cube.

— Todo mundo sabia disso, não tinha segredo, OK? Eles (os concorrentes) contrataram alguma empresa de inteligência... Normalmente é de Israel.

— E a empresa [BSGR] também era de Israel, então eles conseguiram alguém quase infiltrado, certo? – conclui o espião, que vai mais longe e pergunta: – Então, como não havia nenhuma prova se eles contrataram uma (empresa de) inteligência?

— Ah, é porque as pessoas falam, mas não colocam no papel – explicou Martins.

— Ok. Então, só flagrando? – diz o agente da Black Cube.

Martins deixa claro que a Vale sabia mais do estava na due diligence, mas a usou para amparar sua decisão.

— Naquela época, nós decidimos ir porque era muito importante para a Vale. Era um dos maiores desafios para a companhia. E, como eu lhe disse, você tem de discutir isso com o conselho (de administração) e dizer tudo ao conselho. Nós fizemos uma due diligence e nunca encontramos algo errado. Nós fizemos a due diligence, mas sabíamos que tinha alguma coisa errada, ok?

Na sequência, Martins dá a entender que era difícil obter provas contra a BSGR, pois pelo menos parte de seus quadros era formada por ex-integrantes provenientes do serviço secreto de Israel. Mas ele não se lembra do nome do Mossad. Irônico, o espião da Black Cube dá corda na história.

— Sim, era conversa, porque, você sabe, esse cara, o Steinmetz, todos os... Todos os seus oficiais vieram de agentes, espiões israelenses, qual é o nome... – tenta se lembrar Martins.

— Não é CIA, a CIA é da América..., diz o agente.

— É uma espécie de... Mais eficiente, mais eficaz do que a CIA – avalia Martins.

— Então, temos de ser cuidadosos – arremata o espião, em um momento de cinismo lapidar, já que ele mesmo era parte desse universo.

Martins observa no diálogo que havia boatos, alertas, mas não provas contra a BSGR.

— Eles [os concorrentes] nos contaram o milagre, mas não revelaram o nome do santo, certo? Mas eles disseram, "OK, nós sabemos que havia alguma coisa meio esquisita aqui, você está metendo a mão em algo que é sujo, blá, blá, blá, blá".

Especialmente interessados no que o conselho de administração da Vale sabia sobre o negócio com Steinmetz, o tema também foi abordado pelos investigadores nas conversas com o advogado Steven De Backer. Em um dos trechos do diálogo, ele afirma que foi questionado pelo board da empresa sobre o assunto. Os conselheiros queriam saber, ainda que de maneira informal, se ele recomendava a continuidade do negócio.

— É uma discussão verbal no nível do conselho. E muitas vezes somos perguntados muito diretamente: "Você investiria, sim ou não?". Então, damos nossa opinião –, disse De Backer.

— Ok. E sua opinião era para prosseguir? – aperta o agente.

— Nossa opinião, estranhamente, era para não prosseguir – conclui o advogado.

No caso de Martins, ele aborda ainda outros pontos polêmicos do acordo. Pairavam dúvidas não apenas em relação a como as licenças haviam sido obtidas, mas sobre a validade desses documentos. Mesmo porque elas foram concedidas pelo então presidente Lansana Conté, morto pouco depois do ato, em dezembro de 2008. Entretanto, o documento não havia sido referendado pelo Parlamento da Guiné, como exige a legislação do país. Na ocasião, o Poder Legislativo havia sido dissolvido pelo déspota guineano.

— Havia uma regra na Guiné de que o Parlamento precisa confirmar uma licença que é concedida, uma licença que é concedida a uma empresa de mineração. E, nesse caso, porque não havia Parlamento naquela época, porque o governo tinha que dissolver o parlamento, então aquele cara (Steinmetz) não passou por aquele processo – explicou Martins.

Alex Monteiro, o outro ex-executivo da Vale que caiu na armadilha da Black Cube, um dos responsáveis pelo processo de due diligence que antecedeu o acordo com a BSGR, também abordou a questão das incertezas que cercavam o negócio. Ele foi contatado pelo agente da Black Cube por videoconferência, em 30 de março de 2020. Nesse caso, o espião se apresentou como um consultor financeiro independente. A conversa ocorreu em inglês.

— Na verdade, naquela época, o CEO da Vale (Agnelli) estava bastante interessado em adquirir esses ativos, disse Monteiro. – Nossa recomendação foi colocar tudo em uma conta-garantia, acrescentou o brasileiro. – Não pague um centavo para o cara, frisou. Até quando pudéssemos, porque estava para acontecer uma mudança de governo na Guiné. Então, o que recomendamos foi: vamos colocar tudo em conta-garantia até que o novo governo aconteça, execute sua diligence, sua investigação e então nós estaremos seguros. Mas o presidente, o CEO naquela época era tão... Ele estava com muito medo de que os chineses pudessem colocar as mãos naquelas reservas.

Momentos antes, Monteiro já havia dado sua opinião sobre a visão do mercado de Agnelli e como isso pode ter influenciado o processo que culminou com o acordo com a BSGR. Ele observa que a ausência de provas definitivas contra a empresa também pesou na decisão final da Vale.

— O que eu acredito é que ele (Agnelli) foi um pouco mais agressivo do que deveria ter sido. Muita gente tentou convencê-lo, meu chefe (Fábio Barbosa, o ex-CFO da Vale) saiu da empresa por causa disso e assim por diante – realçou Monteiro, concluindo: - Porque... Sim, porque nós não fomos... No final do dia, não fomos capazes de convencê-lo. E, claro, a razão pela qual não fomos capazes de convencê-lo foi porque não tínhamos nenhuma alegação crível. Toda a due diligence que fizemos foi boa, mas ainda assim, havia aquele cheiro de algo que poderia ter sido feito de forma errada.

Para José Carlos Martins, contudo, um dos maiores erros estratégicos cometidos pela Vale foi nem sequer considerar a mudança de governo que se anunciava como inevitável na Guiné. Naquela época, meados de 2008, circulavam relatos de que o ditador Lansana Conté já tinha a saúde bastante debilitada. Segundo um executivo que esteve com Conté meses naquele período, o ditador dava sinais claros de não estar bem de saúde. Tinha muitas varizes nas pernas e mantinha o hábito de fumar compulsivamente durante as madrugadas que costumava varar assistindo a vídeos de jogos de futebol na África.

Os agentes da Black Cube também falaram com Denis Thirouin, o consultor francês, engenheiro químico por formação, que trabalhou para a Vale na África entre 2005 e 2010. Nesse caso, por conta da pandemia, foram feitas duas ligações, uma por Whatsapp e outra por telefone, nos dias 3 e 14 de maio. Ambas foram gravadas. Thirouin afirmou que a Vale tinha ciência das circunstâncias em que os direitos minerários da BSGR foram obtidos. Mas o espião insistiu no tema até cumprir sua missão. Queria uma afirmação inequívoca sobre o assunto.

— A Vale conhecia perfeitamente bem a forma como a licença tinha sido obtida pelo sócio? –, questionou o agente, em uma espécie de interrogatório, indo direto ao ponto.

— Ah, bem, sim, claro – assentiu o consultor francês.

O que Thirouin acabara de afirmar ao agente da Black Cube seguia a mesma linha das declarações feitas pelo ex-diretor de ferrosos da Vale aos investigadores israelenses. José Carlos Martins disse ainda que um pedido de suborno foi feito à empresa depois que Alpha Condé assumiu o governo da Guiné. Eis o que Martins disse a respeito.

— Nós já pagamos meio bilhão de dólares e começamos a investir muito rápido, o presidente brasileiro estava conosco, Lula se reuniu conosco em um jantar para conversarmos com o novo presidente, mas esse era o problema na África. Você faz um acordo com um cara, o outro também quer dinheiro. Então, o que eles fazem? – narrou o ex-executivo.

— Eles tiveram de pagar a todos [os governos]? – quis saber o agente.

— Eles destroem o negócio para que possam receber o dinheiro. Eles querem a parte deles – explicou Martins.

— O novo governo? – questionou o investigador.

— O novo governo, sim, o novo governo. Então, a maneira de conseguir isso é criando problemas. Todo o acordo que foi feito com o último governo [de Lansana Conté] não foi mantido pelo novo governo (de Alpha Condé). Aí, ele deu início a muita discussão e então você nunca fecha o negócio, porque não está disposto a pagar de novo, ok? – explicou Martins. Na sequência, ele esclarece que houve um novo pedido de pagamento de propina. Não para Steinmetz, mas para a Vale.

— Mas desta vez, não você, você paga... Ele pagou – diz o agente.

— O cara pagou – observa Martins, em aparente referência a Steinmetz.

— Sim. Então, ele não estava pronto para pagar? – prossegue o investigador, achando que o pagamento em questão estava associado à BSGR.

— Mas agora, esse novo governo não estava pedindo dinheiro do antigo, do judeu, estava pedindo dinheiro a nós (à Vale) – esclarece Martins.

— Ah, eles estavam pedindo dinheiro para...?

— Sim.

Martins conta outros detalhes sobre o mesmo tema que aguçam o interesse do espião corporativo. Ele é indagado sobre o fato de o governo da Guiné procurar a Vale para pedir dinheiro e responde que isso se deu por meio de intermediários.

— Então, o novo governo veio até você para pedir mais dinheiro? – frisa o agente.

— Certo. Mas não o governo, na realidade alguns... Você sabe, eles não fazem isso diretamente. Eles enviam alguém...

— Algum intermediário.

— Sim.

É verdade que, não raro, o ambiente masculino – e machista – do mundo dos negócios muitas vezes oferece um campo fértil para anedotas sexistas e analogias infelizes, para dizer o mínimo. Martins saiu-se com uma dessas piadas de mau-gosto ao se referir ao impasse vivido pela Vale na África. Ele usa a imagem de um homem que, momentos antes de começar uma relação sexual com uma mulher deslumbrante, é informado que ela pode ser portadora do vírus HIV. Com isso, quer dizer que o negócio parecia maravilhoso, mas reservava uma surpresa desagradável.

— Você a traz (a mulher) para o seu quarto, ela está nua, maravilhosa, e então ela diz: "Há um pequeno problema, talvez eu tenha AIDS, ok?". Isso é um problema.

Nas gravações da operação Double Star, Martins, que é economista de formação, graduado em 1974 pela PUC de São Paulo, mostrou nutrir baixas expectativas sobre como os negócios são feitos em algumas regiões do mundo – no caso, na África.

— É muito difícil ir para a África sem sujar as mãos de alguma forma, diz para, na sequência, reafirmar: – Isso é a África.

— E você disse que a diretoria sabia disso? – indagou, mais uma vez, o investigador privado travestido de representante de investidores.

— Sim. Eles sabem perfeitamente, porque sabem, no passado, no Brasil, era a mesma coisa.

Diante disso tudo, a outra questão que surge é a seguinte: mas isso é permitido? Esse tipo de devassa é legal? Afinal, as pessoas são pegas de surpresa por funcionários de empresa privadas. No geral, as técnicas usadas por companhias como a Black Cube são mantidas em segredo. Como as relações entre as firmas privadas de investigação e seus clientes geralmente são intermediadas por escritórios de advocacia, elas podem ser protegidas pelo privilégio advogado-cliente.

A estratégia costuma evitar que detalhes da espionagem sejam divulgados em tribunais. No caso específico da Black Cube, a obtenção de informações de ex-executivos da Vale, que não tinham a menor ideia de que estavam sendo gravados, teve como justificativa o fato de a mineradora brasileira ter reconhecido em juízo que adotara uma política de destruição sistemática de documentos, como e-mails trocados por seus diretores e funcionários. Assim, o arapongagem foi usada sob o pretexto de ser um recurso disponível para "recuperar essas informações".

Em muitos países, esse método de coleta de provas é considerado lícito. Isso se aplica, por exemplo, aos locais onde as gravações com ex-executivos da Vale ocorreram (Nova York e Israel). No caso dos Estados Unidos, a lei também exige a presença de um investigador privado com autorização para conduzir esse tipo de serviço dentro do território americano. Foi por isso que na conversa entre Martins e o espião no restaurante de Manhattan havia um sujeito fotografando desesperadamente o encontro. Ele era um detetive particular. Mais uma peça na trama do Cubo Negro.

XIX. A MALDIÇÃO DE SIMANDOU

Não se poderia estranhar se, depois de analisar fatos, documentos e relatos apresentados neste livro, algum observador conclua pela existência de uma "Maldição de Simandou". Uma força etérea que se manifesta como uma mística incognoscível. Ou, quem sabe, um mau-agouro que se impõe como impulso invisível e inexorável. Um anátema tropical implacável, que condena sumariamente à maledicência todos aqueles que ousam prosseguir com planos e estratégias que visem à extração do singular metal que permanece repousando - intocado - no subsolo da segunda maior mina de ferro do planeta.

Afinal, o ambiente em que as situações aqui descritas se desdobram é muito permeável a toda sorte de misticismo. E bastante propício a conclusões impetuosas na tentativa de entender como a ambição por jazidas minerais preciosas pode ter resultado em tanta má sorte. E infligido consecutivos revezes aos personagens que se envolveram na aguerrida e injusta disputa pelos direitos de exploração minerária da Guiné.

Mas a racionalidade não terá dificuldade para demonstrar que as colinas de ferro de Simandou e o manto verde de suas cadeias montanhosas nada têm a ver com feitiçaria ou mau-olhado. Não são os vodus e as bruxarias os culpados pela sina trágica imposta aos homens. Não se trata de infortúnio do destino. A conclusão mais plausível é de que não existem mocinhos ou bandidos nesta história. A Guiné é uma oportunidade de negócio ímpar para os grandes conglomerados da mineração mundial, sejam chineses, britânicos ou brasileiro. Na prática, é um tesouro a ser apanhado.

Adicione-se a esse ímpeto comercial, que não chega a ser surpreendente ao se analisar a perspectiva histórica das nações, um país com baixos índices de desenvolvimento humano, gravíssimos problemas de infraestrutura, saúde e formação educacional. A Guiné padece de uma epidemia sócio-econômica, que relega sua população depauperada à negligência e ao sofrimento, geração após geração. Obviamente, isso não é resultado de uma vontade divina ou de supostas forças sobrenaturais maléficas. É a consequência de vontades, anseios e decisões de seres humanos, os mais e os menos humanos deles. É mais um capítulo do secular ciclo de explorações - que pode ser facilmente conhecido nos livros de história que ainda estão disponíveis em bibliotecas públicas do Brasil.

O país africano passou por um processo desumano de colonização levado a cabo pelos franceses. E tem como pano de fundo uma sucessão de regimes de exceção, que se instituíram à base da violência e intransigência impostas por déspotas sedentos de poder e sangue. E não se trata de uma mazela exclusiva deste país localizado na África Ocidental. É a história de quase todos os países que formam o continente africano.

Também há de se considerar um aspecto técnico fundamental para entender o desenrolar das situações em Simandou. A exploração da mina de ferro da Guiné está longe de ser uma tarefa simples. Sob muitos aspectos nem sequer é viável. As montanhas de ferro ficam a 600 quilômetros da costa, em uma floresta tão densa e intransitável que as primeiras sondas de perfuração tiveram de ser levadas até o topo das colinas em potentes helicópteros. Mas o acesso precário nem chega a ser o maior empecilho para a operação. Se todo o problema se resumisse à essa questão, seguramente os gigantes do setor poderiam fazer frente a ele.

O problema está nos números. A conta não fecha. O atual governo guineano exige que o minério de ferro seja escoado pelo interior do país até o mar. Como já exposto acima, tal saída requer a construção de uma ferrovia suficientemente robusta para suportar o pesado minério, além da construção de um novo porto com um píer capaz de receber os imensos navios de caladro profundo. E é aí que a inviabilidade econômica se impõe. Tal solução custaria algo entre 15 e 20 bilhões de dólares. Uma cifra com potencial para tornar o empreendimento irrealizável. Até porque não há precedente na história de obra de tamanha monta financeira relacionada à construção de um porto e de uma via férrea. Apesar de um sem-fim de promessas, ninguém se havia disposto a colocar a mão no bolso. Pelo menos até agora.

No dia 12 de novembro de 2020, o governo da Guiné aprovou um acordo básico para que um consórcio multinacional construa uma ferrovia e um porto de águas profundas destinados a exportar minerais do projeto de minério de ferro de Simandou. O consórcio - que inclui a cingapuriana Winning Shipping, a companhia guineana de logísticas de mineração United Mining Supply (UMS), a produtora de alumínio chinesa Shandong Weiqiao e o governo da Guiné - venceu uma licitação em 2019 para desenvolver os blocos 1 e 2 de Simandou. Como parte do lance vencedor, o consórcio concordou em construir uma ferrovia de 650 quilômetros e um porto de águas profundas. O grupo havia manifestado, em outubro de 2020, a intenção de colocar os dois blocos em produção até 2025. Depois de anos de atrasos provocados por disputas judiciais e preços elevados, o Ministério de Minas da Guiné divulgou um comunicado em que confirmou a celebração do acordo de desenvolvimento. O projeto foi orçado pelo governo em US$ 16 bilhões.

É compreensível que as autoridades da Guiné finquem pé nessa posição. À primeira vista, parece que a construção da ferrovia e do porto representariam uma oportunidade de ouro para o desenvolvimento da infraestrutura do país. Ela aparenta ser tão evidente que, para muitos, não pode ser ignorada – nem sequer negociada. Ocorre que, se o dilema fosse tão simples, esta história teria se desenrolado com um desfecho diferente. Além do mais, relataram reportagens no Brasil, nem sequer havia trabalhadores qualificados para o trabalho de mineração e demais tarefas exigidas na extração do minério na Guiné. A Vale teria considerado a possibilidade de usar o "fly- in, fly--out", estratégia empregada em plataformas de petróleo, com equipes de trabalho rotativas. A cada duas semanas, um novo time de brasileiros voaria para Simandou, enquanto outro retornaria para o Brasil. No caso da Guiné, a milhares de quilômetros do Brasil, a solução exigiria a contratação de um cargueiro do porte de um Boeing 747, que teria de pousar na Libéria. Dali os trabalhadores seriam transportados para a montanha em estradas improvisadas. A ideia não só era inviável, parece estapafúrdia mesmo.

O fato é que os embates travados pela conquista de Simandou só fizeram desmantelar negócios, reputações e fortunas. Paralelamente a isso, o povo guineano segue há muito aguardando uma oportunidade de desenvolvimento real, que possa conduzi-lo a uma vida minimamente digna.

Enquanto o povo aguarda, Benjamin Steinmetz, Asher Avidan e outros executivos ligados à BSGR se envolveram em uma disputa de proporções gigantescas com a Vale, e ninguém sabe como vai terminar. Fréderic Cilins e Ibrahima Touré amargaram prisões e o desgastante enfrentamento de uma acusação criminal, apesar da decisão proferida pela Corte guineana em março de 2020 inocentando todos os envolvidos. Roger Agnelli e Fábio Barbosa, executivos de expressão e que tinham potencial de muitos anos produtivos pela frente, acabaram por morrer precocemente. O primeiro em um acidente aéreo e o outro em decorrência de uma doença que se mostrou fatal, um câncer, que o matou em 2015. Barbosa rompeu com Agnelli, com quem mantinha relação de amizade, e deixou a Vale por causa de Simandou. E, por uma ironia do destino, foi justamente a mina de ferro africana o mote usado pelo governo Dilma Rousseff para apear Agnelli do Comando da Vale.

A Rio Tinto perdeu executivos no escândalo que envolveu o banqueiro De Combret, que assim teve a reputação aviltada. O financista George Soros voltou a ter seu nome relacionado a um escândalo. Terá sido ruim? De fato, ele já passou por situações piores das quais saiu ileso. Valeu a pena? Se a intenção dele foi resolver os problemas da Guiné, ou lucrar com a empreitada, talvez a resposta para as duas hipóteses seja *não*.

Alpha Condé, Le Professeur, com formação acadêmica na Sorbonne e verniz democrata se revelou inebriado pelo poder. Foi reeleito em outubro de 2020 para o terceiro mandato, manobra expressamente vedada pela constituição local – cujo texto foi alterado por influência do atual presidente guineano. A Guiné parece condenada a seguir em mãos de autocratas da estirpe de Ahmed Sékou Touré e Lansana Conté.

Com a farta documentação que embasa este livro, incluídos e-mails internos da mineradora brasileira extraídos dos processos judiciais e da arbitragem, fica muito difícil até para o mais ingênuo dos homens acreditar que a companhia realmente entrou de gaiato no conto do vigário da BSGR. Os e-mails internos – que a direção da empresa alega terem sido destruídos juntamente com outros documentos relacionados ao caso Simandou – revelam que a companhia estava monitorando a BSGR muito antes da assinatura do contrato de joint-venture em abril de 2010 e estava muito interessada em obter a mina a qualquer custo. Os e-mails também mostram que muita gente na Vale sabia de tudo o que acontecia na Guiné. Os diálogos captados pela Black Cube sinalizam nesta mesma direção. Houve corrupção ou não houve? A Vale sabia ou não dos riscos do negócio? Os documentos e-mails estão aí para quem quiser verificar e tirar suas próprias conclusões.

Não se pode negar à Valehabilidade no acordo idealizado para a entrada najoint-venture. Assim como a estratégia de saída do negócio, que permitiu que a Vale ejetasse seu assento de um avião que mergulhava em direção ao solo. Sequer a imagem da empresa saiu arranhada. Para termos de comparação, não é improvável que o impacto decorrente de uma eventual saída fracassada de Simandou resultasse em uma crise próxima daquelas geradas pelas repercussões das tragédias decorrentes dos rompimentos das barragens de Mariana e Brumadinho, ambas em Minas Gerais. A Vale ainda deve muitas explicações sobre esses dois episódios devastadores, que resultaram na inaceitável perda de centenas de vidas e deixaram um rastro de devastação ambiental que jamais serão reparadas. Até novembro de 2020, 228 mortos haviam sido identificados em Brumadinho e 19 em Mariana.

Creio que cabe aqui uma crítica ao papel tímido desempenhado pela imprensa brasileira na cobertura do caso Simandou. Principalmente porque, se essa história fosse um filme, certamente a Vale teria papel de protagonista na película. Com a exceção de três alentadas reportagens produzidas pela Revista Piauí, as estripulias dos personagens que se envolveram em diatribes desdobradas em solo guineano passaram ao largo do interesse dos grandes jornais brasileiros.

O fato é que a maldição de Simandou e todos os seus dissabores acabaram por abrir uma frente judicial também no Brasil. Isso despertou o interesse de colunistas de jornais, como Lauro Jardim e Bela Megale, ambos d'O Globo. Não por se tratar de Simandou. Mas sim pelos desdobramentos que surgiram nesta história no final de 2020.

Dando claros sinais de que não vai largar o osso em sua briga com a Vale, Steinmetz resolveu jogar na casa do adversário. Mal entrou em campo e já partiu com tudo para o ataque.

No dia 5 de outubro, o empresário apresentou uma notícia-crime na Procuradoria da República no Rio de Janeiro. No documento, relatou supostos crimes de tráfico de influência e de corrupção ativa em transação comercial internacional, a partir do ano de 2011, envolvendo executivos da Vale e o financista George Soros, no contexto da relação comercial para a exploração de minério de ferro em Simandou.

Uma outra notícia-crime foi apresentada no Ministério Público do Estado do Rio de Janeiro no dia 9 de outubro de 2020. Segundo essa representação, os executivos da Vale acreditavam que a concessão da mina de Simandou teria envolvido pagamento de suborno e, mesmo assim, prosseguiram com o negócio. Steinmetz também alega que a Vale realizou um processo de due diligence fraudulento para acobertar as suspeitas sobre os riscos envolvidos no negócio. Além disso, o israelense afirma que os executivos da mineradora brasileira deixaram de reportar ao mercado e aos investidores informações sobre o risco do negócio.

Assim como no mundo dos negócios, no ambiente jurídico é preciso criar jogadas criativas para se chegar a algum resultado. Para que a frente jurídica iniciada no Brasil encontrasse lastro, seria preciso que um parecer jurídico sólido avalizasse a tese de defesa de Steinmetz. Foi aí que os advogados de Steinmetz no Brasil fizeram um movimento inteligente: encomendaram o parecer ao ex-ministro da Justiça e ex-juiz federal Sergio Moro.

Foi o primeiro parecer do ex-juiz anticorrupção desde que deixou o governo Bolsonaro, do qual saiu atirando para então começar a advogar. Mas parece evidente que a opção por Moro foi estratégica. O ex-juiz da linha punitivista do direito desperta ódios e paixões. Mas o fato é que Moro tem larga experiência na análise de casos de corrupção – e isso pode fazer toda a diferença na hora de a Justiça aceitar ou rejeitar a notícia-crime.

O ex-magistrado impôs a Lava-Jato goela abaixo de poderosos – ainda que se valendo de métodos questionáveis antes de pendurar a toga e entrar na política associado a Jair Bolsonaro. O ex-subordinado do presidente foi o responsável por conduzir a Operação Lava-Jato de Curitiba por mais de quatro anos e meio. Em 1º de novembrode 2018 aceitou o convite do então presidente eleito para chefiar a pasta da Justiça e renunciou ao cargo de magistrado e a uma carreira de 22 anos como servidor público federal.

No parecer jurídico elaborado por Moro, sob encomenda de Steinmentz, o ex-magistrado escreveu que "não há dúvidas sobre a importância estratégica para a Vale S.A da mina de Simandou, já que esta representa uma das maiores reservas inexploradas de minério de ferro do mundo". Após analisar todos os comunicados de fatos relevantes e formulários de referência da Vale relativos a Simandou até novembro de 2020, o ex-condutor da Lava-Jato, Sergio Moro, assinalou que a Vale "sempre negou qualquer participação ou conhecimento prévio à formação de joint-venture com a BSGR de que suspeitaria que teria havido qualquer ilícito, especificamente o pagamento de qualquer vantagem indevida, para obtenção por esta dos direitos de concessão minerários".

Na avaliação de Moro, que consta do parecer, se havia suspeitas concretas de parte da Vale de que a BSGR teria adquirido os direitos minerários em troca de corrupção ou suborno, a companhia deveria ter se recusado a celebrar o negócio, uma vez que o vício gerava risco de revogação da concessão pelo novo governo de Alpha Condé – além de expor a Vale por violação à legislação americana anticorrupção.

O ex-juiz federal também apontou que, na opinião dele, é inequívoco que a suspeita de que a concessão teria sido obtida por meio de corrupção e suborno, e os riscos decorrentes de revogação, constituíam fatos relevantes atinentes à celebração do contrato de joint-venture para a exploração de Simandou. Portanto, a suspeita e os riscos deveriam ter sido comunicados ao mercado e aos acionistas, de modo a diminuir as expectativas de ganho em relação ao negócio.

Sobre os e-mails e documentos apresentados na arbitragem da Corte de Londres, Sergio Moro concluiu, no parecer, que a due diligence realizada pela EY "não poderia ter sido invocada pela ValeS.A como escusa para celebrar o contrato de joint- venture diante das suspeitas que tinha acerca de ilícitos de origem". Moro também observou que a Vale não poderia invocar a due diligence nos comunicados ao mercado e a acionistas "como uma escusa por ter celebrado o negócio e eximir-se de suas responsabilidades pelos riscos do desfazimento".

Tal fato, se confirmado por investigação, é, segundo Moro, mais um indicativo de que o real propósito da Vale ao contratar a due diligence era obter uma justificativa para prosseguir no negócio, a despeito das suspeitas que pairavam sobre a empresa. Também seria uma garantia para evitar a responsabilização na hipótese de revogação da concessão ou de processo por violação da FCPA. Algo como uma apólice de seguro.

A contratação de Moro como parecerista da causa de Steinmetz contra a Vale repercutiu na imprensa. Os principais jornais do país, Valor Econômico, O Globo, Folha de São Paulo e O Estado de São Paulo dedicaram páginas ao tema. Em 1º de dezembro de 2020, Moro oficializou sociedade com a empresa de consultoria Alvarez & Marsal, da qual se tornou diretor. Daí a polêmica se incendiou: a empresa tinha, em dezembro de 2020, cerca de R$ 26 milhões a receber de alvos da Operação Lava-Jato. O escritório atua como uma administradora judicial, não assumindo a gerência de empresas em recuperação, mas fiscalizando as atividades do devedor e o cumprimento do plano de recuperação judicial. Como nos áureos tempos da Lava-Jato, Moro voltava às páginas de jornais. O tribunal de ética da Ordem dos Advogados do Brasil, seccional de São Paulo, notificou Sergio Moro para que não incorresse em "violação aos preceitos éticos-disciplinares".

Enquanto isso, os advogados de Steinmetz no Brasil faziam um novo movimento de peças no xadrez jurídico: contrataram os serviços de outro parecerista para opinar sobre os supostos atos imputados à Vale na parceria firmada com a BSGR para explorar Simandou. Mas ao contrário de Moro, dessa vez o parecer foi encomendado a um jurista de viés garantista. O advogado e professor Pedro Estevam Serrano, sócio do escritório Serrano, Hideo e Medeiros, de São Paulo, foi o escolhido. Serrano advogou para a Odebrecht durante a Operação Lava-Jato. Doutor em Direito do Estado pela PUC-SP e com Pós-Doutoramento em Teoria Geral do Direito pela Faculdade de Direito da Universidade de Lisboa, Serrano é um advogado identificado com causas e temas progressistas. Steinmetz passou a contar com pareceres de dois expoentes de linhas antagônicas do direito brasileiro. Mas mesmo situados em polos opostos, tanto Moro quanto Serrano vislumbraram indícios de irregularidades de parte da Vale na parceria com a BSGR.

O parecer de 70 páginas, assinado por Serrano e pelos advogados Anderson Bonfim e Fernando Lacerda, afirma que os administradores da Vale estão obrigados a comunicar imediatamente à bolsa de valores e a divulgar pela imprensa "qualquer deliberação da assembleia-geral ou dos órgãos de administração da companhia ou fato relevante ocorrido nos seus negócios que possa influir, de modo ponderável, na decisão dos investidores do mercado de vender ou comprar valores mobiliários emitidos pela companhia".

Mas o que chama a atenção no parecer produzido por Serrano é o fato de o advogado ter avaliado a hipótese de a Vale ser responsabilizada no âmbito da lei anticorrupção brasileira. Ele observou que, no contexto do mercado de valores mobiliários, "o descumprimento do dever de divulgar informações sobre ato ou fato relevante relativo às companhias abertas (...) é considerada infração grave".

O parecer de Serrano também contempla a hipótese aventada por Moro, de que a Vale teria omitido de seus investidores informações sobre a joint-venture estabelecida com a BSGR por Simandou, o que configuraria infração da instrução CVM nº 480/2009.

Ao cabo de toda a história, o fato é que as singulares jazidas de minério de ferro de Simandou continuam intocadas, desde que as formações naturais destinaram toda essa riqueza mineral a essa região da África Ocidental. Na superfície, forças econômicas e políticas continuam a se movimentar com energia equivalente à dos fenômenos físico-químicos que caracterizam as profundezas do planeta.

*

A estratégia de Steinmetz de atacar a Vale em seu próprio território se revelou bem-sucedida. No dia 9 de dezembro de 2020, o Ministério Público Federal (MPF) aceitou a notícia-crime protocolada pelo empresário na Procuradoria da República do Rio de Janeiro. Com isso, foi aberta formalmente uma investigação no âmbito criminal para apurar o envolvimento de representantes da Vale em atos de corrupção transnacional.

A investigação menciona executivos da Vale como o atual presidente Eduardo Bartolomeo, o ex-diretor de projetos minerais da companhia, Eduardo Ledsham, além de Alex Monteiro e do ex-diretor de ferrosos da mineradora, José Carlos Martins.

O investidor George Soros e sua ONG Open Society Foundations também são citados no procedimento investigatório conduzido pelo MPF. Como se trata de uma apuração sobre supostos ilícitos praticados na esfera criminal, as eventuais condutas irregulares serão individualizadas. Se prosperar ao longo da instrução do inquérito, a investigação poderá se converter em uma denúncia a ser oferecida a uma das varas criminais da justiça federal do Rio de Janeiro. No caso dessa hipótese se confirmar, os executivos ligados à Vale e a George Soros poderão se tornar réus e passarão a responder a um processo pena. Também há a possibilidade de o inquérito não avançar e a investigação acabar sendo arquivada.

APÊNDICE

A representação da Open Society Foundations no Rio de Janeiro foi procurada pelo autor deste livro. Perguntei sobre a intermediação de Soros nas negociações da Vale e por que e em quais condições e termos ele representava o governo da Guiné. E, ainda, se o adiantamento de US$ 500 milhões pedido por ele à Vale não pode ser interpretado como solicitação de vantagem indevida. A resposta veio na forma de uma nota telegráfica.

> "George Soros e a Open Society Foundations têm uma longa e bem documentada história de apoio e financiamento de programas anticorrupção em todo o mundo. As acusações de BSGR são distorcidas ou falsas".

* * *

Tive o cuidado de procurar a Vale para ouvir a versão da companhia sobre a empreitada em Simandou. A empresa foi contatada por e-mail, enviado aos endereços eletrônicos do Gerente de Relacionamento com a Imprensa, Mídias Digitais, Publicidade e Marca, Guilherme Scarance, e da Gerente de Relacionamento com a Imprensa, Fatima Cristina. Na noite de 9 de novembro de 2020, uma segunda-feira, mandei mensagem pelo WhatsApp do celular de Fatima que consta do site da Vale. Avisei que havia encaminhado e-mail a ela e a Guilherme. Na mesma noite Fatima confirmou o recebimento do e-mail. Na terça-feira de manhã ela me enviou uma nova mensagem pelo aplicativo confirmando o recebimento das perguntas e informou que me daria retorno. Mas não houve novo contato da assessoria de imprensa da Vale até a conclusão deste livro.

Sem resposta da Vale, mas ainda disposto a ouvir a versão da empresa e a dar à companhia a oportunidade de se manifestar, procurei um membro do conselho de administração da mineradora que já o integrava desde antes dos episódios que se desenrolaram em Simandou: Oscar Augusto de Camargo Filho. Afinal, ninguém melhor para falar sobre a epopeia da Vale na Guiné do que um membro de seu conselho.

Segundo o site da companhia, o conselho de administração da Vale é responsável pela definição das políticas e das diretrizes gerais da empresa, análise de planos e projetos propostos pela diretoria executiva e avaliação dos resultados. Suas decisões exigem um quórum que represente a maioria de seus membros e são tomadas por voto majoritário. Encaminhei, então, algumas perguntas ao conselheiro Oscar Augusto de Camargo Filho. Ele respondeu ao meu e-mail enviado na tarde de 9 de novembro. A resposta, reproduzida a seguir, veio três dias depois, na tarde de 12 de novembro, uma quinta-feira.

"Boa tarde Andre

Em relação (sic) as suas perguntas posso responder com convicção que jamais houve qualquer irregularidade ou (sic) pratica ilícita da Vale ou de seus representantes na aquisição dos direitos minerários dos lotes 1 e 2 de Simandou. Penso que sua percepção dos fatos esteja equivocada. A boa fé e lisura da Vale foram expressamente atestadas e reconhecidas por sentenças - arbitrais e judiciais - na Inglaterra e Estados Unidos, após longo processo baseado em provas concretas. Ademais, desconheço completamente os alegados documentos a que se refere. Portanto, para que suas perguntas possam ser respondidas de forma completa, preferi (sic) encaminha-las para o jurídico da Vale, pedindo que nossos advogados façam (sic) contacto (sic) consigo.

Atenciosamente

Oscar A. Camargo Filho".

* * *

Quatro dias depois, na tarde de 16 de novembro de 2020, uma mensagem surgiu em minha caixa de e-mails. Vinha de David Rechulski, advogado que representa a Vale e Oscar Augusto de Camargo Filho. No e-mail escrito em tom cordial, o criminalista disse que atua, ao mesmo tempo, representando a Vale e o conselheiro da companhia. Ele respondeu todas as perguntas que eu havia anteriormente enviado a Oscar Augusto de Camargo Filho.

"Prezado Jornalista, Sr. André Delgado Vieira. Muito boa tarde! Espero encontrá-lo muito bem! Sou advogado da Vale, bem como do Dr. Oscar Camargo e, a pedido destes, escrevo-lhe para colocar-me à disposição para esclarecer os fatos relacionados ao tema de Simandou, considerando a informação de que está produzindo um livro a respeito. Inicialmente, gostaria de informar que o Dr. Oscar nos encaminhou seus questionamentos e pediu-nos para respondermos com total abertura, de forma a pontuar a verdade dos fatos.

Por derradeiro, coloco a Vale igualmente à disposição, sendo importante, segundo acreditamos, também ouvir a Empresa. Eis as respostas e ficamos à disposição para que possamos esclarecer quaisquer dúvidas, para que seu trabalho seja enriquecido com a bilateralidade!

01. Documentos de ações de arbitragem internacionais indicam que a Vale sabia que a BSGR pode ter subornado pessoas para adquirir os direitos de exploração sobre os lotes 1 e 2 de Simandou. Se a mineradora e o conselho sabiam e foram alertados, então por que houve a assinatura da joint-venture com a BSGR?

Conforme atestou o Dr. Oscar, jamais teve ele conhecimento à época das negociações e da formação da joint-venture com a BSGR de quaisquer irregularidades ou práticas ilícitas na aquisição dos direitos minerários dos lotes 1 e 2 de Simandou pela BSGR ou por quaisquer de seus representantes. Desconhece ele completamente os alegados documentos por você referidos e entende que sua percepção está totalmente equivocada, na medida em que a boa fé e a lisura da Vale, refletidas em extensa e aprofundada due diligence realizada com apoio de empresas e escritórios de advocacia de renome mundial, foram expressamente reconhecidas por tribunais na Inglaterra e nos Estados Unidos, que certamente não se baseiam em versões para decidir e sim em provas!

02. Apesar de as investigações privadas contratadas pela Vale alertarem sobre os indícios de que a BSGR teria pago propina para obter as licenças minerárias, assim como alertaram também executivos da Vale e advogados encarregados da due diligence, por que então a companhia e o conselho decidiram seguir em frente e firmar a joint-venture com a BSGR?

Não são verdadeiras essas afirmações. São gritantemente inverídicas e alinhadas com o discurso do Sr. Beny, o qual, inclusive, já foi desmantelado por decisões de cortes internacionais, em distintas jurisdições. Aliás, já recebemos essas mesmas exatas indagações de outros jornalistas que trataram do tema diretamente com o Sr. Beny Steinmetz. Reitera-se que nenhuma irregularidade acerca da obtenção dos direitos minerários pela BSGR foi detectada na due diligence realizada de forma completa e minuciosa pela Vale.

03. Por que a Vale aceitou tão rapidamente os termos da BSGR para constituir a joint-venture VBG, adiantando US$ 500 milhões?

O negócio foi realizado a tempo e modo regulares, com a adoção das providências de estilo. O pagamento de US$ 500 milhões foi regularmente disciplinado em contrato, inclusive já avaliado por Cortes de Arbitragem

Internacionais, não mais subsistindo qualquer teoria da conspiração de interesse do Sr. Beny.

04. A saída do CFO Fábio Barbosa deveu-se ao fato de ele não concordar com a joint-venture? O desligamento dele ocorreu depois que o executivo Alex Monteiro, um dos responsáveis pela due diligence, o alertou de que a assinatura da joint-venture com a BSGR poderia implicar em problemas com as legislações americana FCPA e RICO. Justamente porque havia indícios de que a BSGR havia obtido os direitos minerários de maneira pouco republicana.

O Dr. Oscar afirmou que desconhece completamente que Fábio Barbosa tenha se desligado da Vale por esse motivo. Além de tratar-se de profissional sério e respeitado, Fábio Barbosa participou diretamente da due diligence e nunca levantou qualquer ressalva que seja de conhecimento do Dr. Oscar no tocante à realização do negócio.

05. Como Fábio Barbosa se recusou a assinar a due diligence, assinou em lugar dele o então diretor de ferrosos José Carlos Martins. Por que o conselho aceitou essa solução heterodoxa?

Não há qualquer solução heterodoxa, como você se expressa. José Carlos Martins era o diretor executivo de ferrosos à época e nada mais natural que assinasse um contrato referente à sua área de atuação. Essa fantasia foi criada em defesa dos argumentos do Sr. Beny e está superada há muito.

06. Em um dos processos que tramitam em cortes arbitrais internacionais, os advogados da Vale alegaram que não tinham mais acesso a documentos e e-mails trocados durante o período em que se desenrolaram as tratativas visando Simandou, porque tais documentos teriam sido destruídos. Por que a Vale os destruiu se a companhia está sujeita à legislação FCPA, regramento que exige que documentos sejam preservados por ao menos 5 anos?

Essa resposta deve ser coletada com os advogados nos EUA e Londres. Se precisar, o jurídico da Vale pode passar os contatos.

07. O conselho da Vale sabia que os documentos seriam destruídos? Concordou com isso?

Não compete ao Conselho deliberar sobre destinação de documentos. A Vale possui políticas que estão em linha com a legislação. Sem mais para o momento, despeço-me cordialmente, esperando ter contribuído com o seu trabalho e reitero que estaremos todos à disposição para contribuir com a verdade dos fatos, se assim o quiser.
Cordialmente,
David Rechulski"

* * *

Em 20 de novembro de 2020 enviei um e-mail ao ex-poderoso diretor de exploração e desenvolvimento de projetos minerais da Vale na gestão Roger Agnelli, Eduardo Ledsham, atualmente CEO da Bahia Mineração S.A. Expliquei que tive acesso a e-mails trocados por executivos da Vale durante o período em que a companhia buscou obter os direitos de exploração de Simandou. Eu o indaguei sobre o fato de a Vale ter conhecimento de que a BSGR poderia ter subornado pessoas para conquistar as licenças minerárias. Também perguntei sobre as investigações privadas contratadas pela mineradora brasileira que alertaram sobre os riscos de uma parceria com a BSGR. Ledsham respondeu na noite de 23 de novembro.

"Prezado Sr. André,
Boa noite.

Posso afirmar ao senhor, com absoluta convicção, que eu jamais havia tido conhecimento de qualquer prática ilícita por parte da BSGR na aquisição dos direitos minerários de parte do Simandou na época do negócio, e desconheço que alguém da Vale o tivesse. Houve uma Due Diligence muito rigorosa na época e nada de ilegal nesse sentido foi apontado. Quanto às suas demais perguntas, pelo tempo já transcorrido, mais de 09 anos que me desliguei da Vale e quando do desligamento todas as informações ficaram na empresa e por não ter nenhuma informação adicional a acrescentar, peço que procure o jurídico da Vale para maiores informações.
Atenciosamente,
Eduardo Ledsham"

* * *

Também procurei José Carlos Martins. Liguei para o celular pessoal dele e enviei mensagem via aplicativo WhatsApp no dia 29 de outubro de 2020. Nela expliquei que sou jornalista e que estava finalizando um livro que contaria a história da disputa bilionária por Simandou. Disse que gostaria de conversar para ter a versão do ex-diretor de ferrosos da Vale. Salientei que o livro não faria juízo de valor sobre pessoas ou empresas citadas. Martins visualizou a mensagem, mas nunca a respondeu. Voltei a ligar no começo de novembro, mas ele não atendeu.

José Carlos Martins enviou um e-mail para a repórter Consuelo Dieguez para a matéria publicada na revista piauí na edição de dezembro de 2020. Sobre o fato de ter sido gravado pela Black Cube, alegou ter sido muito afetado psicologicamente pela história de Simandou, conforme a publicação. Não negou o que contou ao espiãoda agência privada, mas disse que não era fato. Afirmou que não sabia que estava sendo espionado e alegou ter exagerado na história para "dar um colorido que achei oportuno para atingir o meu objetivo de obter a contratação oferecida". Disse também, segundo a revista: "Nunca imaginei que algumas colocações que foram, sim, exageradas, típicas de uma entrevista onde qualquer um busca sempre valorizar-se, pudessem ser exploradas fora do contexto de uma entrevista de recrutamento".

REFERÊNCIAS

ALJAZEERA. Conde and Diallo, old rivals facing off in Guinea election. 13 de outubro de 2020.
AGNELLI, Roger. Witness Statement in a matter of arbitration under the LCIA arbitration rules between Vale S.A. (Claimant) and BSG Resources Limited (Respondent). 14 de janeiro de 2016. The London Court of International Arbitration (LCIA).
BORN, Gary. First Affidavit of Gary B. Born in the Royal Court of Guernsey (Ordinary Division) in a matter of BSG Resources Limited (in administration). 19 de agosto de 2020.
BSGR. The Simandou Conspiracy. ICSID Case Nº ARB/14/22. International Centre for the Settlements of Investments Disputes.
CLEARY GOTTLIEB STEEN & HAMILTON LLP. Case 1:14-cv-03042-RMB-AJP. Document 263. Filed 06/05/15. Re: Rio Tinto plc v. Vale S.A. et al., Civil Action, nº 14-cv3042 (RMB) (AJP) (S.D.N.Y.). 5 de junho de 2015.
DLA Piper Report. The London Court of International Arbitration (LCIA).
CRAMER, Dag Lars. Witness Statement of Dag Lars Cramer. High Court of Justice, Queen's Bench Division. Administrative Court. 25 de novembro de 2014.
DIEGUEZ, Consuelo. Contrato de risco. Revista piauí. Edição 90. Março de 2014.
DIEGUEZ, Consuelo. Feliz no Leblon. Revista piauí. Edição 90. Julho de 2014.
DIEGUEZ, Consuelo. O bilionário do barulho. Edição 171. Dezembro de 2020.
DOUMBOUYA, Hadja Manama. Jugement Correctionnel nº 046 du 30 Mars 2020. 1- Mamadie Touré, 2- Ibrahima Sory Touré IST, 3- Lieutenant Issiaga Bangoura, 4- Mahmoud Thiam, 5- Aboubacar Bah, 6- Ismael Daou. 30 de março de 2020.
ECONOMIST, THE. Why Rio Tinto and Chine are at loggerheads. 10 de outubro de 2020.
ELS, Frik. Vale very much still in the running for Simandou. Mining.com. 2 de dezembro de 2013.
ETCHART, Eduardo. Witness Statement in a matter of arbitration under the LCIA arbitration rules between Vale S.A. (Claimant) and BSG Resources Limited (Respondent). The London Court of International Arbitration (LCIA). 26 de janeiro de 2015.
ETCHART, Eduardo. Second Witness Statement in a matter of arbitration under the LCIA arbitration rules between Vale S.A. (Claimant) and BSG Resources Limited (Respondent). The London Court of International Arbitration (LCIA). 17 de março de 2016.
FRIEDLANDER, David, MODÉ, Leandro. A guerra no banco começou na troca da presidência da Vale. Estado de S. Paulo. 29 de fevereiro de 2012.

GABON ENERVANT, LE, or ANNOYNG GABON. The writing transcription of the marvelous speech by Alpha Conde in Brasilia. La transcription écrite du splendide discours d'Alpha Condé á Brasilia. 4 de fevereiro de 2012.

GREENBERG TRAURIG, LLP. BSG Resources (Guinea) Limited, BSG Resources (Guinea) Sàrl, and BSG Resources Limited (Plaintiffs) against George Soros, Open Society Foundations, Open Society Institute, Foundation to Promote Open Society, Inc., Alliance for Open Society International, Inc., Open Society Policy Center, and Open Society Fund. Civil Action n° 1:17-cv-02726. United States District Court Southern District of New York. 30 de junho de 2017.

KEEF, Patrick Radden. Buried secrets. The New Yorker. 8 de julho de 2013.

KOBRE & KIM LLP. Memorandum of law in support of the application of Benjamin Steinmetz for an order to take discovery form Vale S.A., Vale Americas, Inc., Rio Tinto PLC, and Rio Tinto Limited Pursuant to 28 U.S.C. § 1782. 21 de maio de 2020.

LEVY, Doron. First affidavit of Doron Levy in the Royal Court of Guernsey (Ordinary Division) in the matter of BSG Resources Limited (in administration). 24 de agosto de 2020.

LISBON, James Lewis. Witness Statement of James Lewis Lisbon in the High Court of Justice, Queens Bench Division, Administrative Court. BSG Resources Limited (Claimant/Applicant) and The Director of Serious Fraud Office, The Secretary of Statte for the Home Departament (Defendants/Respondents) e Ony Financial Advisors (UK) Limited (Interested Party). 26 de novembro de 2014.

MORO, Sergio. Parecer jurídico sobre a falsidade e a ocultação fraudulenta de fato relevante em comunicações ao mercado de valores mobiliários – crime-sem tese. 03 de novembro de 2020.

MONTEIRO, Alex. Witness Statement of Alex Monteiro in a matter of arbitration under the LCIA arbitration rules between Vale S.A. (Claimant) and BSG Resources Limited (Respondent). The London Court of International Arbitration (LCIA). 13 de feveiro de 2016.

MONTEIRO, Alex. Second Witness Statement of Alex Monteiro in a matter of arbitration under the LCIA arbitration rules between Vale S.A. (Claimant) and BSG Resources Limited (Respondent). The London Court of International Arbitration (LCIA). 29 de janeiro de 2015.

NARDELLO. Report to Clifford Chance LLP Re: Beny Steinmetz and BSG Resources Ltd. The London Court of International Arbitration (LCIA).

QUINN EMANUEL TRIAL LAWYERS. Rio Tinto v. Vale et al, Civil Action N° 14-cv-3042 (RMB) (S.D.N.Y.) United States District Court Southern District of New York. 6 de maio de 2015.

REYA, Mishcon de. Statement of Defence in a matter of an arbitration under the LCIA Rules Between Vale S.A. (Claimant) and BSG Resources Limited (Respondent). Submited for and on behalf of the Respondent. The London Court of International Arbitration (LCIA). 1 de julho de 2015.

SAAD, Ricardo, LEDSHAM, Eduardo, FERREIRA, Murilo. E-mails. VALE -LCIA-00019176-7. The London Court of International Arbitration (LCIA). 6 de junho de 2011.
SERRANO, Pedro; BONFIM, Anderson; Lacerda, Fernando. Parecer jurídico.
SPECTATOR, THE. Where did it all go wrong for Tony Blair's protégé in Guinea? 29 de fevereiro de 2020.
STEINMETZ, Benjamin. First Witness Statement. ICSID Case N° ARB/14/22. International Centre for the Settlements of Investments Disputes. 29 de fevereiro de 2016.
STEINMETZ, Benjamin. Second Witness Statement. ICSID Case N° ARB/14/22.International Centre for the Settlements of Investments Disputes. 10 de janeiro de 2017.
STRUIK, Marcus Joannes Paulus Maria. Witness Statement in a matter of an abitration under de the arbitration rules of the London International Court of Arbitration. 26 de junho de 2015. The London Court of International Arbitration (LCIA).
FORTSON, Danny. Secret deal threatens big miners. The Times. 3 de junho de 2012.
FORTSON, Danny. 'Sweetheart deals' sour Guinea's plan minning. The Times. 22 de julho de 2012.
TORRES, Clovis. Declaration of Clovis Torres. Rio Tinto plc, Plaintiff, against Vale S.A., Benjamin Steinmetz, BSG Resources Limited, VBG-Vale BSGR Limited aka BSG Resources Guinée Ltd, BSG Resources Guinée SARL aka BSG Resources (Guinea) SARL aka VBG-Vale BSGR, Frederic Cilins, Mamadie Touré, and Mahmoud Thiam (Defendants). United States District Court Southern District of New York.5 de junho de 2015.
TOURÉ, Mamadie. Exhibit N° 1.
VALE. Proposta de deliberação n° DEGC/DIAA. 23 de janeiro de 2013.
VALE. Robert Project. Sugestion os issues to be discussed in quick of meeting. DIPM. Exploration. The London Court of International Arbitration (LCIA).
VALE. Informações adicionais a serem incluídas no PDD. The London Court of International Arbitration (LCIA).
VALE. Vale BSGR March 2010. The London Court of International Arbitration (LCIA).
VASSALO, Luiz. O deslize da Vale. Revista Crusoé. 5 de junho de 2020.
VERACITY WORLDWIDE. Frédéric Cilins.
WANG, Ona T. Order granting ex parte application to conduct discovery for use in foreign proceedings pursuant to 28 U.S.C. § 1782. United States District Court Southern District of New York. 20 de julho de 2020.
YANUS, Avi. Declaration of dr. Avi Yanus in support of application ofr an order to take discovery from Vale S. A., Vale Americas, Inc., Rio Tinto PLC, and Rio Tinto Limited pursuant to 28 U.S.C. § 1782. United States District Court Southern District of New York. Maio de 2020.

pólen soft 80 gr/m2
tipologia garamond premier pro
impresso na primavera de 2020